陈昱 著

人口城镇化
与土地城镇化互动机理
及政策优化研究

RESEARCH ON THE INTERACTIVE MECHANISM
AND POLICY OPTIMIZATION OF
POPULATION URBANIZATION AND LAND URBANIZATION

社会科学文献出版社
SOCIAL SCIENCES ACADEMIC PRESS (CHINA)

**本书的出版得到以下项目的资助**

国家社科基金项目：空间异质性视角下人口城镇化与土地城镇化的互动机理及政策优化研究（16CJY045）

河南省高等学校哲学社会科学创新团队支持计划：后疫情时代我国制造业产业链重构研究（2021-CXTD-12）

河南省高等学校哲学社会科学创新人才支持计划：河南省县域人口城镇化与土地城镇化的互动关系及政策优化研究（2018-cx-012）

河南省高等学校哲学社会科学优秀学者支持计划：基于阶段对比的河南省人口城镇化与土地城镇化协调关系及政策优化研究（2019-YXXZ-20）

河南省高等学校哲学社会科学应用研究重大项目：黄河流域三生空间冲突诊断及优化调控研究（2022-YYZD-27）

河南省高等学校哲学社会科学基础研究重大项目：破解制约河南县域经济发展突出问题的实施路径研究（2021-JCZD-25）

# 摘　要

　　城镇化不仅是国家现代化的重要标志，也是实现现代化的必由之路，它作为扩大内需的潜力增长点，今后一段时期内将为我国的经济增长提供巨大动力。但是，城镇化不仅代表着农村人口迁移和城镇土地扩张，其本质上反映的是农村转移人口生活方式与价值观念的转变以及土地功能与用途的转型。所以，根据城镇化的社会属性和自然属性，可以将其划分为人口城镇化和土地城镇化两种形式，只有两者协调共生，才能实现城镇化持续健康发展。同时，人口城镇化与土地城镇化的良性互动不仅是社会可持续发展的重要一环，也是对党的二十大报告提出的推进以人为核心的新型城镇化的重要探索，并已成为促进城乡融合发展的重要手段之一。目前来看，我国城镇化发展面临人口城镇化与土地城镇化发展速度不一致、城市人口与城市建设用地脱钩、城市建成区与农业用地规划不合理等问题，而造成这些问题的主要原因是我国人口城镇化与土地城镇化尚未实现协调发展。因此，对人口城镇化与土地城镇化良性互动的研究就显得十分重要而迫切。本书以空间异质性为切入点，通过对人口城镇化与土地城镇化的发展现状、演变规律及良性互动内在机理等进行探析，构建差别化的城镇化发展政策体系，为促进人口城镇化与土地城镇化协调发展提供政策建议。

　　本书在系统梳理国内外相关研究的基础上开展了以下研究。首先，研究人口城镇化与土地城镇化良性互动的必要性。通过对我国城镇化运行现状及效率的分析，指出如何根据各地区人口城镇化与土地城镇化的空间格局及空间异质性特征来科学制定和实施差别化管控策略是当前亟待解决的问题。其次，研究创新人口城镇化与土地城镇化协调发展的依据。通过对人口城镇化、土地城镇化、空间异质性等内涵进行界定，对精明增长、区位理论、结构理论等概念进行剖析，对人口城镇化和土地城镇化的度量方法、相互关系、动力机制等进行深入探讨，并分析人口城镇化与土地城镇化空间异质性的形成原因。再次，从空间异质性角度出发，对人口城镇化和土地城镇化水平进行科学评价，并根据人口城镇化与土地城镇化的相关特性，采用发展水平评价模型对两者的互动关系进行现实考量，同时考虑到人口城镇化与土地城镇化的空间依赖效应，运用多种模型和方法探析了两者良性互动的内在机理。最后，在借鉴国外人口城镇化与土地城镇化良性互动做法基础上，依据空间异质性所导致的人口城镇化与土地城镇化在空间分布特征、动态耦合关系、外在拉力和内在推力等方面的不同，确定了顶层设计与区域差别化相结合、市场机制与政府调控相结合、遵循客观规律、突出质量内涵四个新型城镇化建设优化原则，依据差别化原则对户籍政策、产业发展政策、经济政策、社会保障政策、土地供应政策、土地规划管理政策、农地流转政策、集体建设用地流转政策等方面提出了相应的优化路径，主要得出以下结论。

第一，界定了人口城镇化和土地城镇化的内涵和互动机理，并指出经济因素、税制改革和就业环境是导致人口城镇化和土地城镇化形成空间异质性的重要因素。其中，经济因素中的产业发展方向和水平、不同用途土地的经济政策以及经济外向性程度等是造成人口城镇化与土地城镇化发展水平差距的主要原因；东部、中部、西部地区税收种类、税额来源、税收收入差异导致不同区域内的人口城镇化和土地城镇化发展出现异质性特征；土地、户籍身份、社会福利等就业环境等是造成各地区人口城镇化和土地城镇化差异进一步扩大的重要因素。

第二，依据科学性、全面性、代表性和可操作性等原则，从经济、社会、环境三个维度构建人口城镇化评价指标体系；从土地规模、土地投入、土地产出三个维度构建土地城镇化评价指标体系；运用变异系数法、发展水平评价模型、动态耦合模型、地理加权回归等分析人口城镇化和土地城镇化在时间维度上的变化。结果显示，各地区人口城镇化和土地城镇化发展速度并不一致，且大多未出现明显的收敛趋势。

第三，基于空间异质性视角，对我国人口城镇化和土地城镇化的互动关系进行了现实考量。利用核密度分析方法与冷热点分析方法分别探讨了人口、土地以及综合城镇化的空间分布特征；利用重心模型等探索人口城镇化和土地城镇化的空间格局、重心演变轨迹及变化规律；利用耦合协调度模型探讨了人口城镇化和土地城镇化耦合协调性的空间异质性。结果显示，我国人口城镇化与土地城镇化仍然面临着速度和质量发展不均衡以及两者协调发展水平较低的困境。

第四，考虑到人口城镇化与土地城镇化的空间依赖效应，探析了人口城镇化与土地城镇化良性互动的内在机理。利用地理加权回归模型分析了人口城镇化与土地城镇化良性互动的外在拉力的空间异质性，结果发现，人口密度、社会保险指数、基建投入、人均 GDP、产业高级化指数、金融规模、建筑业总产值、人均耕地面积、土地出让金等会在不同程度上促进或抑制城镇化进程；利用调查研究法分析了人口城镇化与土地城镇化良性互动内在推力的空间异质性，发现城镇化进程中农村推力的积极作用和城镇推力的消极作用同时存在，因此要促进农村人口更加合理有效地向城镇聚集，实现城镇化发展速度与质量并举。

第五，借鉴国外城镇化发展经验，构建中国人口城镇化与土地城镇化良性互动的发展路径。通过查阅相关文献资料发现，德国均衡城镇化发展道路，英国工业化与城镇化相辅相成的模式，法国工农业与城市化同步发展的模式，日本以大都市圈为主、大中城市与中小城镇共同发展的城镇化道路，韩国城乡互动城镇化发展模式以及美国低密度、蔓延式城镇化发展模式都促使这些国家城镇化良性发展，而反观拉美地区缺乏产业支撑的城镇化发展路径却催生出一系列问题。基于此，应从中国国情出发，把握好城镇化发展规模，遵循城镇化发展特定规律，走出一条具有中国特色的城镇化发展道路。

第六，从空间异质性角度出发，依据资源、环境、产业发展阶段等的空间异质性所导致的人口城镇化与土地城镇化在空间分布特征、动态耦合关系、外在拉力和内在推力等方面的不同以及国外城镇化发展历程和经验等，因地制宜构建包括户籍政策、经济政策、产业发展政策、社会保障政策、土地供应政策、土地规划管理政策、农地流转政策和集体建设用地流转政策在内的城镇化差别化发展路径。其中，从区域特征和生态环境角度出发制定户籍政策；从投资、出口、消费角度出发，为东部、中部、西部地区经济发展提供参考意见；从承接产业转移、区域资源优势角度出发，探讨东部、中部、西部地区的具体产业发展措施；从东部、中部、西部地区社会保障体系面临的问题和构建社会公共保障应急服务体系的角度出发，对社会保障体系建设提出具体的优化建议；从土地供应政策与合作政策角度出发，对土地供应提出差别化意见；从土地管理和集约用地角度做好土地规划管理工作；从人均耕地面积和土地补偿角度制定农地流转政策；根据集体建设用地的存量与溢价程度来采取差异化的集体建设用地流转政策和措施。

# 目　录

第一章

# 绪　论

## 一　问题提出

城镇化不仅是国家现代化的标志，也是实现现代化的必由之路，它作为扩大内需的最大潜力，持续推进中国经济健康发展。据估计，中国城市规模每扩大 1 倍，生产率将提高 10%（国务院发展研究中心和世界银行联合课题组等，2014）。城镇化的聚集效应使劳动力市场不断扩大，生产效率得到提高，进而降低交易成本，推动经济转型，促进经济发展。除此之外，城镇化还通过加快发展服务业促进产业结构转型升级；通过土地集约利用促进现代农业发展，解决"三农"问题，提升人民生活质量，促进社会全面进步。但是在城镇化进程中出现了规划脱离地方经济发展规律、发展缺乏产业支撑等问题，这影响城镇化进一步发展。就人口城镇化而言，一方面，人口不断增加带来的交通堵塞、环境污染、生活成本大幅提高等问题，在一定程度上抵消了城镇区域聚集效应产生的积极影响（国务院发展研究中心和世界银行联合课题组等，2014）。另一方面，农村人口向城镇转移过程中产生的成本会导致贫困集中化，带来不可逆转的负外部性（Ravallion，2007）。就土地城镇化而言，新城建设过程中出现以大为贵、密集投资、城市亚健康、空城、睡城等问题（姚士谋等，2015）；而大中城市存在城市边缘盲目扩展、土地流失、生态环境恶化等无序发展问题（姚士谋等，2016；姚士谋等，2014），且城镇化蔓延式发展会占用大量耕地，使得大量农民失去土地，从而对粮食安全造成潜在威胁（陆大道，2007）。同时，城镇化进程中人口城镇化与土地城镇化发展速度不一致会带来城市人口与城市建设用地的脱钩（路昌和周浩，2020）、城市建成区与农业用地规划不合理等问题。面对城镇化进程中出现的问题，国家相继出台了一系列措施。2014年国务院正式发布《国家新型城镇化规划（2014-2020年）》，要求2020年常住人口城镇化率要达到60%左右。2019年政府工作报告提出，要让以人为核心的理念贯穿新型城镇化始终，不仅要让治理更加柔性化，还要让服务水平更加精细化，这样才能使城市更加宜居、更具包容性与人文关怀。2020年4月，国家发展改革委发布的《2020年新型城镇化建设和城乡融合发展重点任务》指出要进一步放宽城市落户限制、优化城镇化空间布局、促进高质量发展系统的形成，在城市人口密度增大的同时，提供优质的公共服务，提升城市综合承载力。2020年10月举行的党的十九届五中全会建议推进以人为核心的新型城镇化，提出要优化国土空间布局，推进区域协调发展和新型城镇化，促进大中小城市和小城镇协调发展。党的二十大报告更明确提出要"推进以人为核心的新型城镇化，加快农业转移人口市民化。以城市群、都市圈为依托构建大中小城市协调发展格局，推进以县城为重要载体的城镇化建设"。要解决城镇化进程中出现的各种问题，就要建立新的增长方式，注重人口城镇化与土地城镇化的良性互动与协调发展，避免两者发展速度差距过大，有效抑制城市病的发生与发展。但就目前情况来看，现有政策大多存在普适性较强而针对性不足的缺陷，制定过程中未能充分考虑各地区不同的资源禀赋、自然环境、发展阶段、产业结构和人口集聚等特征，也就无法满足各地区的差异化发展和新型城镇化发展的需要（孔伟等，2014）。如何使城镇化持续为经济发展提供动力、保持城镇化发展的步伐与经济增长的步伐一致（朱纪广等，2020），如何根据各地区人口城镇化与土地城镇化的空间格局及空间异质性特征来科学制定和实施差别化管控策略，并对现有政策体系进行优化，已成为亟待解决的重要问题。

## 二　研究目的与意义

### （一）研究目的

2020 年政府工作报告显示，我国常住人口城镇化率首破 60% 大关，这意味着我国提前一年完成了《国家新型城镇化规划（2014-2020 年）》制定的目标。城镇化发展释放了总需求，使产业结构得到优化，进而带动了城乡经济增长（尹晓波和王巧，2020），不仅如此，人口、土地资源的高效配置在助推经济增长方面也发挥着重要作用。因此，人口城镇化与土地城镇化协调发展显得尤为重要，这不仅表现在人民生活方式的转变或土地投入产出水平的改变上，还表现在城镇化进程中两者的相互作用、关联互动上（刘欢等，2016）。无论是大量人口涌入城市带来的人口城镇化水平虚高，还是城市迅速扩张带来土地城镇化发展过快，都会导致两者协调度降低，出现诸如产业支撑能力不足、城乡发展结构失衡、基础设施供应不足等问题。低质量的城镇化发展模式若得不到改善，将会进一步拉大城乡差距，阻碍经济发展（Su et al.，2015）。本书从空间异质性角度出发，在界定人口城镇化、土地城镇化、空间异质性等概念的基础上，通过对人口城镇化与土地城镇化的现状、发展演变规律及良性互动内在机理等的探析，借鉴国外城镇化的做法，对我国人口城镇化与土地城镇化协调发展提出政策建议，促使人口城镇化与土地城镇化协调发展。

### （二）研究意义

1. 理论意义

（1）丰富并完善城镇化的科学内涵，从人口城镇化与土地城镇化两个方面对城镇化进行阐述。对人口城镇化与土地城镇化从发展历程、概念内涵和评价方法等多方面进行归纳总结，并以此为基础构建反映人口城镇化与土地城镇化的综合评价指标体系，了解两者的差别及存在问题，讨论两者空间异质性，使新型城镇化的内涵在现有理论与实证分析的基础上得到进一步丰富和完善。

（2）践行并深化城镇化的相关理论。深入了解城镇化发展历程及未来发展思路，挖掘以人为本的新型城镇化理论、精明增长理论、区位理论、结构理论、非均衡发展理论、最优协调度区间理论及可持续发展理论等城镇化相关理论，了解城镇化发展历程，总结新型城镇化的发展规律并积极探索新发展路径，构建差别化的城镇化管理政策体系。

（3）完善并拓展城镇化的研究视野和研究方法。以东部、中部和西部为视角开展时间维度的研究：利用人口城镇化指数、土地城镇化指数、综合城镇化指数，从经济、社会、文化三个角度对人口城镇化的平均发展状况、发展速度、区域协调发展进行分析。以土地规模、利用程度及利用效率为指标开展空间维度的研究：运用变异系数法对全国各地区人口城镇化、土地城镇化及综合城镇化水平的变化情况进行收敛性分析。通过全局莫兰指数对区域内空间相关性的总体趋势进行集聚趋势分析。通过核密度分析和冷热点分析等更直观地看出人口、土地和综合城镇化在空间中的集聚特征。通过重心迁移模型对城镇化的重心演变轨迹进行分析。将时间维度和空间维度相结合，找出人口城镇化和土地城镇化的变化规律及两者良性互动内在机理，使城镇化的研究视野和研究方法得到进一步拓展和充实。

2. 实践意义

本书基于空间异质性视角对人口城镇化与土地城镇化的良性互动提出政策优化建议。首先，针对顶层设计中出现的对城镇发展动力理解不深入、执行过程中可操作性不强和忽视地方个性化发展需求等问题，提出将顶层设计与区域差别化相结合。其次，在了解市场机制和政府调控各自的优势和弊端的情况下，提出实现市场机制与政府调控相结合。再次，遵循城市成长规律、人的需求规律及城乡一体化发展规律，形成对城镇化的科学认知，并将其运用到新型城镇化建设中。最后，根据人口城镇化与土地城镇化的内涵，对我国城镇化迈向高质量发展阶段中的障碍进行分析，提出提升城镇化质量的方法措施。具体来说，可以从户籍政策差别化、经济政策差别化、产业发展差别化、投融资体系差别化、社会保障差别化、土地供应差别化、规划管理差别化、农地流转差别化、集体建设用地流转差别化等路径对现有政策体系进行优化。

（1）通过对户籍政策差别化管理，以"因城而异，因群而异"为分类指导原则，对具有不同发展类型、经济规模和人口特征的城市采取不同的户籍迁移管理方法。并在不同区域推进不同产业的发展，做到产业发展差别化，真正实现以产兴城、以城促产，使产业结构、就业方式、人居环境等实现由"乡"到"城"的转变。要通过不断完善社会保障体系来实现公共服务水平均等化，还要加快培育市民现代生活方式，这不仅有利于践行以人为核心的新型城镇化战略，协调人口城镇化与土地城镇化之间的关系，还有利于推进城乡一体化新格局的发展。

（2）通过对农地流转、集体建设用地流转实行差别化管理，合理规划土地，改善用地结构及布局，充分挖掘土地潜力，有利于实施精细化管理，促使人口城镇化与土地城镇化良性互动、协调发展，破解城镇化发展中出现的人口城镇化率虚高、城镇空间建设无序扩张等难题。

（3）通过土地供应方式、供应价格等方面的差别化，对用地指标分配、用地规模、用地结构进行差别化管理，有利于推动国家提出的差别化土地利用战略的实施，降低国土资源管理成本，优化国土空间布局，推动区域协调发展，提高计划的针对性和有效性。

（4）通过建立政府、企业、个人多主体共同参与的成本分担机制，构建多层次、多样化、市场化的投融资体制，做到投融资体系差别化，有利于充分发挥社会资本的作用，激发社会资本活力，进而解决城镇化建设过程中的资金问题。

（5）通过建立不同的社会保障体系，促进公共服务均等化，实现社会保障差别化，并逐步形成全民覆盖、普惠共享的社会保障城乡一体化局面。

## 三 国内外研究进展及述评

### （一）国外部分

18世纪工业革命的兴起催生了城镇的繁荣，相关研究也由此开始。西班牙学者 Serda 最早在《城镇化的基本理论》一书中提出"城镇化"

的概念，他认为城镇由城市和乡镇组成；赫茨勒（Hertzler，1963）把城镇化理解为农村人口向城市移动，进而导致城市人口增加的过程；Hauser和Schnore则认为是社会发展和经济增长催生了城镇化，其表现为农村人口由从事简单的农业生产逐渐向制造业、服务业转变并不断适应城市生活方式的过程（冯云廷，2001）。随着城镇化发展，人口和产业不断向城镇聚集，此时公共服务价格远低于人口平均分布时期的价格，对个人来说，能以更低廉的价格享受在乡村无法获得的服务；对工厂来说，能以更低廉的成本进行生产（Button，1976）。而在这个过程中，交通拥挤、环境污染、土地浪费等问题随之凸显（Kug和Ahn，2013）。针对存在的问题，国外学者开展了大量研究，虽然没有像国内研究一样准确地定义人口城镇化、土地城镇化等概念，但是在人口迁移和土地利用等方面都有定量和定性的研究。

1. 人口城镇化与土地城镇化的理论基础

（1）区位理论。

区位理论（Location Theory）又称空间理论，用于研究产业、城市和区域经济等人类活动空间的组织及优化（《区域经济学》编写组，2018）。其中，区位是指人类为了生存和发展而进行的活动所占有的场所，既包括事物的位置也包括事物之间的空间联系，区位主体则是与人相关的经济社会活动。区位理论强调集聚思想，是最早研究城镇形成和人口聚集的理论，其发展主要经历了三个阶段。第一个阶段是新古典理论初创期，以马歇尔（Marshall）和韦伯（Weber）为代表。关于区位理论中的产业集聚现象，马歇尔提出了劳动市场的共同分享、中间产品的投入与分享以及技术外溢这三个概念。之后，韦伯（2010）在《工业区位论》一书中对集聚这一经济现象的形成机理、动力机制、集聚类型、竞争优势等内容进行补充，使得新古典区位理论更加完整。第二个阶段是新古典理论渐变期，代表人物有戴依（Day）、赛门（Simon）、史密斯（Smith）等，在这个阶段行为经济学被运用到新古典理论中，该理论认为区位选择的主体是人，信息不完全性的存在使得非完全理性经济人的决策行为受到个人因素的影响，所以区位选择是一个动态微调的过程，且结果不一定最佳。第三个阶段是现代区位理论空前繁荣期，克鲁格曼

（Krugman）及波特（Porter）是现代区位理论最权威的创立者。现代区位理论的共同核心可归纳为规模经济、外部性、向心力或离心力、区位竞争四个方面。其中，现代区位理论中描述的产业聚集现象所具有的规模经济是相关产业的核心竞争力；外部性表现在最先进入聚集地点的企业会为后来的企业创造一系列正面外部效益；向心力表现在正外部性吸引更多企业进入产业聚集的地点，进而产生更大的规模效益，企业也就具有更高的效益，但是当产业聚集扩大到一定规模时会带来环境恶化等负面影响，促使一些企业离开当前的产业，进而产生离心力；而现代区位理论在区位竞争方面一改以往忽视地区主体的缺点，将理论延伸至自然资源、社会文化及政策因素等方面。城镇化的动力源泉在于打造空间聚集更加紧密的生产要素以加强区域间的联系，使其创造的社会效益大于分散系统所创造的社会效益。同样，生产要素在不同区位的流动也会产生重要价值，从而加速人口城镇化进程。此外，在研究城市空间结构及分布形态时应用区位理论，完善土地利用政策，明确城镇化发展方向，为构建完善的城镇体系和合理的土地制度提供理论基础和现实指导。

（2）结构理论。

结构理论也称结构主义理论，是关于社会系统创造和再生产的社会理论，其中，结构是指系统内部各组成要素之间在事件或空间内相互联系、相互作用的方式，体现了要素之间相对稳定的组织秩序、联系方式及空间表现形式（魏宏森和曾国屏，1995）。结构理论未将结构和主体视为独立存在的两极，而是建立在对两者共同分析的基础之上，该理论主要由两部分组成：①整体性：任何事物都是一个整体，其中每一个部分都处在一个复杂的关系网络中，任何部分都要与其他部分联系起来才能被理解。②共时性：系统内部各要素都是共同存在并相互联系的。结构理论最早可追溯至 20 世纪，当时西方一部分学者对于现代文学中只求局部、不讲整体的原子论感到不满，进而提出了结构论。最初的结构主义理论由奥地利哲学家维特根斯坦提出，他认为世界是由状态构成的一个整体，一条众多事物组成的链条就是一种状态，它们构成的确定关系就是状态的结构。随后，施特劳斯将结构理论运用在人类学上，他将社会功能视为某一元素并建立具体逻辑来组织世界。到了 20 世纪 60 年代，结构主义理论与各个学科相结合，得到了较大的发展。从结构主义理论视角出发，某一事物作为整体中的一个元素，必然与其余要素相互关联，因此人口城镇化与土地城镇化的结构不应只是静态的数量关系，还应包含两者相互影响、相互依赖的互动关系。基于结构理论，有学者通过建立模型对城镇化中农业部门与工业部门的关系展开研究。刘易斯（Lewis，1989）建立两部门经济发展理论模型研究发展中国家传统农业部门与现代工业部门并存的现象，为研究二元经济结构奠定基础并提供借鉴；拉尼斯等（Ranis etal. 1961）修正并深化 Lewis 的模型，提出了著名的 Lewis-Fei-Ranis Model（刘易斯-费-拉尼斯模型），他们认为农业生产率得到提高后才有可能使农业劳动力转向工业部门，进而解放农业生产中的剩余劳动力；乔根森（Jogenson）通过建立乔根森模型，深入研究农业部门与工业部门的关系，提出农业消费结构的演变在拉动工业部门发展中发挥着重要作用，使农业劳动力向工业部门转移（谭崇台，2002）。也有学者针对某一国家的人口转移情况分析了其背后的原因，Wimberley 等（1983）研究了哥伦比亚当地农村社区的差别后，发现在发达程度较高的地区，教育会对人口资源向外移动产生强有力的正向影响，在发达程度较低的地区，就业机会和土地资源紧缺是导致人口资源向外移动的根本原因；Zamora 研究了移民美国的墨西哥人，发现不断增多的移民人口对美国的经济发展并没有太大的贡献，分析其背后的原因是移民人口既没有工作支撑，又没有受到美国政府合理的待遇；托达罗（Todaro，1969）建立托达罗模型探讨了欠发达国家人口转移和城市就业问题，指出收入预期和生活环境都是农业人口转移的影响因素，应通过发展农村经济、提高农村剩余劳动力收入水平来改善农村整体生活条件，防止农村人口无序转移。

（3）可持续发展视角下的城镇化理论。

新型城镇化的重要内涵之一就是可持续性，在城市发展的同时实现经济、社会、生态的动态平衡。20 世纪 60 年代，蕾切尔·卡逊的《寂静的春天》描绘了农药对环境造成的负面影响，引发了人们对可持续发展观念的关注（刘芳，2012）；1987 年世界环境与发展委员会在《我们共同的未来》中提出可持续发展，将其定义为既满足当代人的需要，又不对后代人满足其需要的能力构成危害的发展，并以共同、协调、公平、高效、多维为其发展目标；1992 年，在联合国环境与发展大会上达成《全球 21 世纪议程》，标志着可持续发展开始成为人类共同的行动纲领；2019 年，联合国人居署（United Nations Habitat Assembly，UNHA）第一届会议提出实现支持包容、安全、有弹性和可持续的城市和人类居住区以及加强城市与农村联系以实现可持续的城镇化。可持续发展视角下的城镇化理论以英国学者霍华德的"田园城市"理念、美国学者伊利尔·沙里宁的有机疏散理论和欧美新城市主义理论为代表。霍华德（2010）在代表作《明日的田园城市》中提出，新型社会必定是城乡一体化向前发展的，即城镇化的发展不应以牺牲乡村经济和乡村生态为代价，而是城乡文明共同发展进步的过程。该思想的先进性与科学性得到广泛认可，为现代城市规划发展提供了重要支撑。伊利尔·沙里宁（1986）认为随着城镇化进程不断向前推进，大城市的发展质量跟不上发展速度，使得城市病问题凸显。为此，《城市：它的发展、衰败与未来》应运而生。该书明确提出城市健康发展的理念，即城市不是毫无秩序的盲目扩张，而是由多个部门组成的有机整体。该整体功能正常运转需要良好的秩序做保证，即不同城市的规模根据所处发展阶段不同、发展特色各异，应有不同的发展定位，从而实现城市产业、人口和环境的良性循环以促进各个城市可持续发展。在此基础上，为解决城市郊区低密度人口聚集和边缘化经济发展带来的资源流失和贫富差距扩大等问题，有些欧美学者进一步提出新城市发展理念，即在原来城镇化强调面向未来发展的基础上，进一步提出面向未来与历史保护相结合，提出可持续是对过去、现在和未来的延续，该理论为众多国家城镇化发展提供了指导。目前对城镇可持续发展的研究主要集中在城市形态方面，Haughton 和 Hunter（1997）认为，区域内城市具有较高密度时可以实现对公共设施的集中设置和可持续利用，有利于缩短交通距离和减少污染，从而带来可持续发展，但是 Neuman（2005）和 Jabareen（2006）认为目前的紧凑型城市不符合宜居城市低密度的特征。随着信息技术的发展，智慧城市逐渐受到人们的重视（Albino et al.，2015），它不仅代表着一种城市形态，也是信息技术改善人民生活质量的一种表现。但是在可持续城市和智慧城市之间存在一定的差别：可持续城市更偏重生态环境，而智慧城市更偏重技术（朱晓丹等，2020），可持续智能城市可以很好地综合两者优势（Ahvenniemi et al.，2017），在技术服务高效率可持续且大数据为可持续智能城市带来环境效益的同时，社区、家庭也能够享受信息技术带来的便利（Bonow 和 Normark，2018；Nilsson et al.，2018）。在我国城镇化发展速度日益加快的同时，负面影响也随之出现，要实现城镇化的良性发展就必须在可持续理论的引导下，兼顾整体与局部的协调。城镇化的建设必然会与城市生态环境相互影响、相互作用，正确认识城镇化建设与生态环境发展之间相互联系、相互制约的关系是实现城市可持续发展的关键所在。只有在可持续发展的基础上推进城镇化建设，才能有效利用资源，改善经济发展与环境保护之间的关系，实现区域经济可持续发展，最终真正实现以人为中心的新型城镇化。

2. 人口城镇化与土地城镇化的相互关系

目前国外学者主要从两方面阐述人口城镇化与土地城镇化的相互关系：一方面是人口城镇化对土地城镇化的影响；另一方面是人口城镇化与土地城镇化相互影响。在人口城镇化对土地城镇化影响的研究中，学者主要从城镇土地扩张的影响因素进行分析：Gayyler Kuhn 等在对一些国家进行调研和分析后认为，在城镇化进程中，富余劳动力从农村向城镇转移带来的城镇人口聚集使得娱乐、医疗、住宅、教育等用地供给不足，进而导致城镇向周边地区扩张，促使城镇周边地区被城镇化；Zhang（2001）研究了美国芝加哥居住用地的扩张，发现该地区的经济和人口增长都是影响城市扩张的重要因素；Camagni 等（2002）以米兰为例研究欧洲的城市扩张情况也得出了相似的结论。针对人口转移与城镇扩张进程中可能存在的问题，学者提出要重视对土地使用情况的影响（Manju et al.，2011），不仅要考虑到人口快速增长和工业化巨大压力下土地利用模式变化造成的空间差异和环境机会不均等（Islam et al.，2014），还要强调土地集约利用的重要性（Gianni 和 Stefano，2014）。对于人口城镇化与土地城镇化相互关系的研究主要从城市扩张机制、农村劳动力转移、粮食安全和生态环境保护等方面进行。从城市扩张机制方面来看，随着城市发展，生产力不断进步，城市功能逐渐完善，各种资源与机会出现了大幅增长，吸引农村人口向城市转移。由于城市面积有限，容纳大量农村劳动力需要扩大城市土地面积。在这个过程中，土地城镇化逐步得到推进，而城镇中的农村劳动力开始适应城镇的生活方式和价值观，促使人口城镇化不断深化。从农村劳动力转移方面来看，Leah 和 VanWey（2006）认为土地城镇化对农村人口转移的作用表现在四个方面：非公平的土地所有权、投资机会、财富、就业。Maxim 和 Naftaly（2002）研究了以色列人口与土地之间的关系，发现土地使用情况与人口迁移之间的关系表现为城镇发达地区的人口密度大于其他地区的人口密度。从粮食安全和生态环境保护方面来看，Gray（2009）研究了不同国家城镇化过程后发现，人口城镇化与土地城镇化相互促进，客观上人口城镇化会导致城镇建设用地增加，而城镇建设用地增加又会吸引农村劳动力迁移，即相互促进。Firman（1997）对印度尼西亚城镇化状况进行研究后也得出了相同的结论。

3. 人口城镇化与土地城镇化的动力机制

在人口城镇化动力机制研究中，Lee 首次使用拉力和推力分析影响人口迁移的因素：推力即推动人口迁出的消极因素；拉力即吸引居民迁入的积极因素。从推动人口迁出的推力来看，Stark 和 Taylor 认为影响农业人口迁移的因素主要有以下三点：农业收入与都市打工收入之间的差距、农民在农村的相对贫困程度和农民进入都市后的相对贫苦感；Carrington、Borjas 和 Spilimbergo 认为效益最大化和福利最大化是影响农村人口迁移的两大因素；Sun 等（2013）发现影响农村人口城镇化的主要诱因是户籍制度和土地征用制度；Gray（2009）认为环境状况可以作为一种资本影响农村人口的流动，如负向的环境特征会推动农民向外部流动。从吸引居民迁入的拉力来看，Prescott 运用实际经济周期理论分析得出结论，科技水平促进了现代工业的发展，而当前工业的快速发展是人口城镇化的内在动力，间接推动非城镇户籍人员向城镇流动；Northam 认为，在人口向城市迁移的过程中，经济发展发挥着重要促进作用；Liu 等（2016）认为，就业机会、公共服务及城市生活方式是农村人口迁移的主要诱因；刘易斯（1989）建立了二元经济模型来研究流动人口，结果表明工业与农业之间的收入差距及工业部门更强的融资能力带来了人口城镇化，工业部门

"投资-收益-再投资"的不断循环使得工业生产规模不断扩大，进而导致工业生产人员不断增多，农业生产人员相应减少。以此对应的城市经济和农村经济彼此抗衡，最终形成二元经济发展模式。为了将二元经济模型引入发展中国家，Ranis 和 Fei（1961）将模型进一步细化，在考虑工业劳动力和农村剩余劳动力两个因素的基础上，进一步引入农业生产效率的概念，强调生产效率在城镇化发展过程中的重要性，提高模型的严谨性和科学性。

在土地城镇化动力机制研究方面，从城市扩张的内涵来看，Schwirian 和 Prehn 认为所谓城市扩张就是指从城市中心逐步向城市外围扩张的过程；Ridder（2008）认为城市扩张不仅是指城市土地面积的增加，还包括由城市扩张带来的自然资源消耗和自然景观破坏。从经济、社会与文化方面来看，Brueckner（2000）通过单中心理论模型总结了土地城镇化的影响因素；在此后的研究中，Brueckner 等（2001）进一步研究了加剧城市扩张的因素，包括交通拥挤成本、城市空间环境成本、新建基础设施成本等一系列市场失灵因素；Deng 等（2008）、Maxim 等（2002）通过对中国、以色列等国家开展研究也验证了这一观点；Glaeser 等（2004）研究美国城镇后发现，汽车等交通工具的广泛应用改变了原有低速、风吹日晒等笨拙的出行方式，为城市扩张提供了可能；Dutton（2000）和 Carruthers（2003）等学者从交通、文化等方面进行分析，也认为汽车等交通方式的出现是城市土地扩张的决定性因素，并且会受到"追求梦想、崇尚自由"思想的影响。从政治方面来看，Henderson 等（2007）认为政治体制因素会对城镇化产生正向推动作用，城市扩张的动力来源于政府资助，且技术进步对城市规模及数量的增长具有异质性作用。从个人意志来看，Miceli 等（2007）认为城市土地扩张会受到不同利益主体意志的影响，如开发商会选择在城市边缘地区进行开发建设以降低拆迁成本，这就会导致城市土地的扩张。

### （二）国内部分

城镇化一词源于"Urbanization"，翻译为城镇化或城市化。随着工业化进程的推进，非农产业向城镇聚集、农村人口向城镇移动，这一自然过程就是城镇化，它是人类社会发展的客观趋势（陈明星等，2019）。城镇化与经济社会发展相互促进，不仅包括城乡人口迁移、生产要素聚集和产业结构调整，还涉及资源配置、生态环境承载力和城乡规划建设等（齐红倩等，2015）。国内关于城镇化的研究始于1979年吴友仁发表的《关于中国社会主义城市化问题》一文。同年，高佩义首次提出城市化一词。辜胜阻（1991）正式提出城镇化概念，并提出以城市为基础的网络型城镇化和以县城为基础的据点式城镇化战略，为此后相关理论探索提供了依据。李辉（2005）认为城镇化与非农化不同，非农化没有考虑人口的地域变动问题，而城镇化不仅包含乡村人口职业转换和地域转换，还包括相应城市生活方式的形成过程。国内相关研究主要集中在三个方面。

1. 人口城镇化与土地城镇化的内涵与度量方法

对于城镇化内涵的研究主要从土地城镇化和人口城镇化两个角度展开。土地城镇化一词最早由陆大道和姚士谋（2007）提出，他认为农民和市民的主要差别正是土地城镇化的过快发展所致。从土地利用形态角度来看，土地城镇化是改变原有农村土地生产方式，使得农村土地向城市土地形态转变，进而改变城乡整体土地利用方式的过程（吕萍等，2008）；从土地权属转变的角度来看，土地城镇化是将农村所属土地转为城市所属土地的过程，即通俗意义上的土地国有化（鲁德银，2010）。城镇化的核心要义是以人为本，人口城镇化不仅是解决无序人口流动的根本途径，而且是城镇化的关键（李小建，2014）。大部分学者认为人口城镇化的内涵包括户籍制度完善、人口素质提高、基本公共服务全覆盖（郑鑫，2014）、产业结构转变、生活方式转换（陈凤桂等，2010）等方面。李辉（2005）指出，人口城镇化不仅指农村人口向城镇转移，使得城镇人口增加的量变的过程，还指人们的思想观念、经济活动、生活方式及价值观发生城市化转变的质变的过程。尹晓波和王巧（2020）认为随着城镇人口的增加，总需求潜力释放，同时城镇人力资本逐渐积累，使得城乡产业结构更加优化，带动城乡经济与城镇人口的增长。目前来看，我国人口城镇化速度远远落后于土地城镇化速度，即农村土地被城镇化，农村人口还未被城镇化，大量进城农民依旧不能在城镇定居并享受市民的待遇（周一星，2006）。究其原因，一些城镇的行政区划调整或辖区面积扩大虽然带来了城镇化率的提升，但是产业结构未转型，不仅使得城镇化过程中缺乏产业支撑力，而且缺乏配套的基础设施供应，从本质上讲这些区域仍是农村。

对于城镇化的度量方法，主要有单一指标法和复合指标法两种。尹宏玲和徐腾（2013）在衡量人口城镇化的发展水平时采用了单一指标测度法，即城镇人口占总人口比重。陈春（2008）选取城镇建成区面积与城镇总面积之比来衡量土地城镇化水平。李明月和胡竹枝（2012）衡量土地城镇化水平时对单一指标进行了修正，采用了非农村居民点建设用地面积与可开发利用总面积之比。林坚（2009）、杨洋等（2015）、庞瑞秋等（2014）、潘爱民和刘友金（2014）采用城镇人口比重和建成区面积比重分别衡量人口城镇化与土地城镇化水平。该方法一目了然、思路简单、计算方便，但由于选用数据过少，只选用一个指标进行衡量难免有失偏颇，并且城镇化是一个复杂的有机系统，由整个城市系统的人口、产业、社会、文化、生态等各方面共同组成，单一指标很难做到全方位、多角度考量，而复合指标法则可以对城镇化水平进行全面、综合的测量（杜幗男和蔡继明，2013）。薛德升和曾献君（2016）基于对人口城镇化质量概念的解读，从城市生活方式和价值观念两个视角切入，以就业状况、基本生活、消费和休闲、文化观念为评价内容，确定城镇人口质量指数来评价人口城镇化质量；尹鹏等（2015）基于农村转移人口市民化的概念，运用非农人口的相关指标衡量人口城镇化水平；唐隽捷等（2019）结合民族地区城镇化发展现状、坚持以人为核心的理念，分别从人口发展、人口质量、公共服务质量、生活质量和人居环境质量五个方面构建测度指标来评价民族地区人口城镇化质量。薛欧等（2011）多因素综合分析，以城市扩张中的农地流转和土地供给为切入点，从土地利用结构指标、程度指标、投入指标和效益指标四个方面构建土地城镇化指标体系。郭付友等（2015）从农村转移人口的生活水平、生活方式及心理素质三个角度，通过人口规模、人口强度和人口就业结构来反映人口城镇化水平；从土地用途转换和资本积累两个角度，通过土地规模、利用强度、利用结构及利用生态水平等方面反映土地城镇化水平。崔许锋（2014）从人口城镇化与土地城镇化的实质出发，从人口属性变化和从业结构变化视角构建人口城镇化评价指标体系,从建设用地规模增加以及内部结构调整视角构建土地城镇化评价指标体系。

2. 人口城镇化与土地城镇化的动力机制与影响因素

人口城镇化与土地城镇化的动力机制与影响因素研究不仅是探索提高城镇化发展质量的重要途径,也是构建政策体系的重要依据。

在城镇化动力机制研究中,邵大伟和吴殿鸣(2013)对山东省进行研究发现,城镇发展整体呈现聚集趋势,经济、工业化、外资、科技进步、交通等对推进城镇化起到重要作用,应重视大城市培育、加快小城镇发展,促进区域经济发展,以经济发展带动城镇化过程中各要素的协调发展,提高区域内人口城镇化与土地城镇化的协调程度(刘欢等,2016),确保城镇化健康持续发展;孔雪松等(2019)认为,湖北省以产业升级带动人口城镇化发展体现了城镇化的活力,要通过制度供给、人才支撑和科技发展提升新型城镇化的质量;马孝先(2014)研究全国 282 个地级市发现,生产要素、消费需求、空间聚集、人口素质等可以推动人口城镇化进程,政府作用和消费需求等虽然对人口城镇化具有正向作用,但是效果并不显著,应协同实行相关政策,优先保证内生驱动因素有效发挥作用。针对土地城镇化的研究始于珠江三角洲地区,该地区经济发展速度较快、人地矛盾突出(黎夏和叶嘉安,1997),能为后来的研究提供一定借鉴。此后相关研究扩展至三大都市连绵区城市(李加林等,2007;史培军等,2000)及其他中小城市(刘世薇等,2013;俞振宁和吴次芳,2016)。在学者的观点中,对城镇建设用地扩张解释度最高的因素有经济、人口、收入、工业化程度及投资数量等(刘纪远等,2003;王新生等,2005);王然等(2019)基于 31 个省(区、市)的面板数据,发现省域物流业的发展不仅对人口城镇化与土地城镇化有积极的影响,对周边地区也有一定的空间溢出效应,带动周边地区人口城镇化与土地城镇化水平的提升。

在城镇化影响因素研究中,针对人口城镇化,王亚力等(2013)通过分析影响环洞庭湖各县市人口城镇化水平的因素后发现,经济结构差异是人口城镇化空间结构差异产生的直接原因,地形结构差异是人口城镇化空间结构差异产生的自然原因,农业现代化水平是人口城镇化空间结构差异产生的重要原因；卢丽文等（2014）采用空间计量模型研究表明，良好的区位因素和第二、三产业发展对人口城镇化具有显著的正向影响，社会保障和就业、医疗卫生财政支出对人口城镇化的正向影响不大，而城乡收入差距、城镇固定资产投资等则对人口城镇化健康发展产生负向影响。针对土地城镇化，卢新海等（2019）对中部地区 80 个地级以上城市 2000~2016 年土地城镇化水平差异化影响因素进行分析，发现中部地区土地城镇化水平除了受到人口规模、经济发展的影响，还会受到产业结构的影响。张凯煌等（2020）选用 2005 年和 2016 年具有代表性的 102 个城市，从省、市两个层面进行实证研究，发现 2005 年要素投入是影响市级层面土地城镇化的最主要因素，区域经济发展水平差异是影响省级土地城镇化的最主要因素；而 2016 年经济发展水平差异超过要素投入成为市级层面土地城镇化最主要的影响因素；高金龙等（2018）对 2000 年和 2015 年中国县域土地城镇化的影响因素进行分析的结果表明，较为显著、稳定的因素不仅有经济发展、产业结构，还有人口集聚、城市特性与地理区位等；路昌和周浩（2020）认为，不同于城市人口，城市建设用地开发的强度和方向更易受到地方官员决策的影响。

3. 人口城镇化与土地城镇化的空间特征与匹配关系

人口城镇化与土地城镇化协调发展是城镇化健康可持续发展的重要保证。随着城镇化不断推进，城镇化过程中人口-土地的非协调性发展逐渐引起了专家学者广泛关注。研究区域涉及国家（陈凤桂等，2010）、民族地区（唐隽捷等，2019）、城市群（王富喜，2020）、省（严思齐和吴群，2016）、市（吕添贵等，2016）等，研究方法主要包括回归分析、主成分分析、耦合度模型等，定量与定性相结合的分析方法得到了广泛运用（李子联，2013；杨丽霞等，2013）。

对于人口城镇化与土地城镇化在空间特征上的表现，尽管研究区域不同、研究方法各异，但多数学者（戴均良等，2010；李力行，2010；陆大道等，2007）认为，两者差异主要表现在空间上，且人口城镇化发展滞后于土地城镇化发展，需进一步提高城镇化质量（党国英，2015）。陈春等（2016）采用离差系数模型对我国城镇化加速阶段中期（1996~2006年）各省份人口城镇化与土地城镇化发展速度的协调性进行分析发现，土地城镇化快于人口城镇化，两者发展速度总体失调且协调程度存在明显区域差异，各省份在吸取以往经验的基础上要结合以人为核心的新型城镇化，推进两者协调发展；而李明月等（2012）在度量了1996～2007年广东人口城镇化与土地城镇化的水平之后发现两者具有区域均衡性特征。就两者的匹配关系而言，吴一凡等（2018）通过构建耦合发展关系指数，发现中国土地城镇化发展速度远超人口城镇化，市域人口与土地城镇化发展有较强的空间依赖性，城市人均建设用地面积超标是普遍现象。唐宇娣等（2020）认为，在中国"以地谋发展"的模式下，人口城镇化的艰难推进与土地城镇化的快速发展形成鲜明对比，而两者发展失衡的本质是人地脱钩，因此要建立人地挂钩思想，通过提高用地效率和把控土地城镇化的发展速度来防止土地过度资本化。此外，随着研究进一步深入，土地城镇化滞后现象也被认为是不可忽视的（李鑫等，2012）。

就人口城镇化与土地城镇化的匹配关系而言，杨洋等（2019）研究了环渤海地区县域人口城镇化与土地城镇化水平后发现，两者发展失调比例表现为循环波动，并呈现周期性变化，而重度失调和人口城镇化滞后的地区也呈螺旋式上升趋势。段禄峰和魏明（2019）认为由于政治体制和自然环境等方面的差异，各地区人口城镇化与土地城镇化的发展起点与所处阶段都有所不同，发展速度存在差异。王硕和符雅乾（2019）研究山东省人口城镇化与土地城镇化的协调度后发现，由城市吸引带来的人口城镇化对土地城镇化有积极作用，有利于城市可持续发展，不协调的城镇化存在许多弊端，要根据实际情况调整两者关系。

### （三）对现有研究的简要述评

综上所述，国外研究主要集中于区位理论、结构理论、可持续发展视角下的人口城镇化与土地城镇化，具体包括两者相互关系和动力机制等方面的研究。国内研究主要集中于人口城镇化与土地城镇化的理论基础、内涵及度量方法、动力机制与影响因素、空间特征与匹配关系等方面。涉及区域较全面：不仅包括长三角城市群、环渤海城市群、京津冀地区等城市群，还精确到各省（区、市）；分析方法多样：运用空间自相关模型、核密度估计、地理加权回归模型、探索性空间数据分析等方法分析两者的动力机制；指标体系较完善：在人口城镇化方面，不仅站在农村转移人口视角，从其生活方式、价值观念转变等角度构建评价指标体系，还结合地区实际发展状况对人口城镇化水平进行评价；在土地城镇化方面，基于土地流转、资本积累、内部结构多角度构建评价指标体系，形成了一批具有重要理论意义和现实意义的研究成果。

与此同时，国外对于城镇化的研究并没有完全区分人口城镇化与土地城镇化，研究结果相对有限。虽然国内对两者的研究区域选择较全面，但多是基于省域等宏观角度，对两者空间特征及相互关系的探讨虽有所涉及但不深入，仍存在需进一步研究的空间，具体而言包括以下几个方面。

（1）对人口城镇化与土地城镇化空间非同步性问题的定量研究相对不足。关于非同步性问题要以定性分析和定量分析相结合，已有研究多基于经济理论，对于两者非同步性问题的探讨也多采用定性或简单定量方法，空间上非同步性问题研究较少，定量分析人口城镇化与土地城镇化的失调特征、空间格局的研究较为薄弱。

（2）较少关注空间效应对人口城镇化与土地城镇化互动关系的影响。人口城镇化与土地城镇化及两者互动关系除了受到经济、人口、产业等因素影响，还受到空间效应的影响。当前学者多基于统计数据建立全局模型研究两者关系及其影响因素，较少关注空间效应对两者互动关系的影响，导致模型出现设定误差，增加了决策风险。

（3）对促成两者良性互动的差别化政策体系研究相对较少。要针对不同区域制定差别化政策，关注不同区域的城镇化水平差异，已有研究较少考虑两者的空间异质性特征，政策体系多普适性较强而针对性不足，在实施时可能发生偏差，提高决策成本。本书力图从这些方面取得突破。

## 四 研究内容、方法、技术路线及创新之处

### （一）研究内容

#### 1. 研究对象

城镇化不只是城镇土地面积盲目扩大、农村人口盲目涌入城市，更

是以人为核心，城市更健康、更安全、更宜居的新型城镇化。人口城镇化与土地城镇化的协调发展是一个经济学理论与经济社会发展和工业化发展相结合的时空过程。城镇化在经济社会方面取得巨大成就的同时，也使城镇和农村面临环境与粮食安全等问题，对经济社会的可持续发展产生了负面影响。本书针对以上问题，以我国286个地级市为对象，以人口城镇化与土地城镇化相关理论为基础，基于空间异质性视角，运用空间计量经济学模型重点揭示人口城镇化与土地城镇化的空间特征与差异性规律等，提出适应区域实际的差别化城镇化发展策略，为优化国土空间开发战略、促进人口城镇化与土地城镇化协调发展及良性互动提供了理论依据和现实指导。

2. 总体框架

（1）空间异质性视角下人口城镇化与土地城镇化良性互动的理论阐释。

①相关概念界定：人口城镇化包含人口城镇化率、就业、居住、公共服务覆盖、生活方式改变等方面；而土地城镇化则包含城市建成区面积、人口密度、固定资产投资等方面。②相关理论基础：以人为核心的新型城镇化理论、精明增长理论、区位理论、结构理论、非均衡发展理论、协同发展理论、可持续发展理论等。③相关研究综述：国内部分涉及内涵和度量方法、动力机制及影响因素、空间特征与匹配关系等；而国外部分主要涉及理论基础、相互关系、动力机制等问题。④空间异质性成因分析：从经济学、管理学及空间计量经济学角度分析人口城镇化与土地城镇化空间异质性的形成原因，界定空间异质性的基本内容，为进一步度量空间异质性提供理论支撑。⑤重要研究意义：在理论上丰富了城镇化的内涵、深化了相关理论、充实了研究视野和方法，在实践中通过差别化的政策优化现有政策体系，加强对人口城镇化与土地城镇化良性互动必要性、重要性和紧迫性的认识。

（2）空间异质性视角下人口城镇化与土地城镇化水平的科学评价。

①评价原则：科学性、前瞻性、全面性、可获得性等。②评价内容：人口、土地、综合城镇化水平。③评价指标体系：人口城镇化评价包含第二产业和第三产业增加值占GDP比重、人均城乡居民储蓄年末

余额、人均城市道路面积、每万人医生数、每万人公共图书馆藏书、每万人在校大学生人数、城镇人口比重、非农产业发展、人口消费水平等12个单项指标；土地城镇化水平包含建成区面积、建成区绿化覆盖率、地均固定资产投入、地均财政支出、年末实有城市道路面积、地均财政收入、城市规模、投入水平、产出水平等11个单项指标。④评价方法：利用变异系数法确定各评价指标的客观权重，避免空间异质性被弱化的问题；采用发展水平评价模型测算各地（市）人口城镇化与土地城镇化水平。

（3）空间异质性视角下人口城镇化与土地城镇化互动关系的现实考量。

①人口城镇化与土地城镇化空间分布特征：运用离差系数测度各地（市）人口城镇化与土地城镇化之间的偏差；借助 ArcView 软件，采用核密度估计、分级热点探测等方法对人口城镇化与土地城镇化的中心集聚性、空间差异性、趋向敏感性及失调特征等进行定量分析；结合人口城镇化与土地城镇化发展水平，测算各地（市）城镇化综合发展程度，并对其空间分布规律进行探讨。②人口城镇化与土地城镇化发展演变规律：采用重心迁移模型，根据各地（市）研究期间内城镇人口重心转移坐标和城镇面积扩张重心转移坐标，对人口城镇化与土地城镇化的空间格局、重心演变轨迹及变化规律进行分析。③人口城镇化与土地城镇化的动态耦合关系：借助系统论中的系统演化思想，建立人口城镇化与土地城镇化之间的动态耦合模型，分析两者的动态演变及耦合状态。④人口城镇化与土地城镇化互动发展的困境。

（4）空间异质性视角下人口城镇化与土地城镇化良性互动的内在机理。

①人口城镇化与土地城镇化的空间依赖效应：利用 GeoDa 软件，引入考虑空间距离函数的空间权重矩阵，采用探索性空间分析方法计算各地人口城镇化与土地城镇化的全局自相关系数和局域自相关系数，并分别绘制可视化散点图和 LISA 聚集图，揭示人口城镇化与土地城镇化在空间上的依赖性和异质现象。②人口城镇化与土地城镇化良性互动的外在拉力：采用地理加权回归（GWR）模型定量研究由各因素空间差异导致人口城

镇化与土地城镇化良性互动影响因素的区域非均衡性,厘清各因素在不同空间位置的影响特征,揭示人口城镇化与土地城镇化协调性的外在压力。③人口城镇化与土地城镇化良性互动的内在推力:采用问卷调查、深度访谈、小组讨论等定量和定性的研究方法,剥洋葱式地逐层分析,探讨人口城镇化与土地城镇化协调性的内在推力,为城镇化发展政策的优化提供依据。

(5)人口城镇化与土地城镇化良性互动的国外做法。

通过了解其他国家典型发展过程及具体措施,找出其发展思路和异同,总结成功经验和深刻教训,并对中德、中英、中法、中日、中韩、中美的城镇化发展过程进行对比分析,从中得出中国可借鉴的多维启示。

(6)空间异质性视角下人口城镇化与土地城镇化良性互动的政策优化。

①优化原则:顶层设计与区域差别化相结合;市场机制与政府调控相结合;遵循城市成长规律、人的需求规律及城乡一体化规律;人口城镇化与土地城镇化的内涵与我国城镇化迈向高质量发展阶段中的影响因素分析相结合。②优化依据:以资源、环境、产业、发展阶段等的空间异质性所导致的人口城镇化与土地城镇化在空间分布特征、动态耦合关系、外在拉力和内在推力等方面的不同以及国外城镇化发展历程及经验等为依据。③优化目标:以人口城镇化与土地城镇化的空间中心性、动态性和差异性等为依据,科学构建城镇化发展政策体系,对现有政策进行优化以差异化满足各区域需求,实现人口城镇化与土地城镇化协调发展,为土地资源参与宏观经济调控等多目标提供支持。④优化路径:A.户籍政策差别化:采取"因城而异,因群而异"的分类指导原则,对具有不同发展类型、经济规模和人口特征的城市采取不同的户籍迁移管理办法;B.经济政策差别化:从出口和消费两个维度出发,拉动国内经济增长,助推城镇化发展;C.产业发展差别化:发展适合区域实际的第二、第三产业,以产兴城、以城促产,推进产业功能、城市功能融为一体,实现产业结构、就业方式、人居环境等由"乡"到"城"的转变;D.投融资体系差别化:构建政府、企业、个人多主体共同参与的成本分担机制以及多层次、多样化、市场化的投融资机制;E.社会保障差别化:主要体现在社会保障体

系完善、公共服务水平均等化、增强市民现代生活方式培育等方面；F. 土地供应差别化：主要体现在供应对象、供应方式、供应价格等方面；G. 规划管理差别化：主要体现在用地指标分配、用地规模、用地结构等方面；H. 农地流转差别化：主要从流转土地供给、经济发展、政策宣传、农民权益保障等方面进行；I. 集体建设用地流转差别化：主要体现在集体建设用地流转范围、用途、价格、年限、收益分配等方面。

3. 重点难点

（1）研究重点。

①空间异质性视角下人口城镇化与土地城镇化水平的科学评价。以新型城镇化为目标，以科学性、前瞻性、全面性、可获得性等为评价原则，在深刻理解人口城镇化、土地城镇化的基础上，建立合理的评价指标体系、确定指标权重，体现非农产业发展、人口消费水平、固定资产投入、公共服务覆盖、生活方式改变等内涵，凸显研究对象的空间异质性等，探索人口城镇化与土地城镇化协调发展规律是本书的重点之一。

②空间异质性视角下人口城镇化与土地城镇化互动关系的现实考量。对人口城镇化与土地城镇化空间关系的现实考量是优化现有城镇化发展政策的基础，分析过程涉及运用地理加权回归模型进行人口城镇化与土地城镇化空间分布特征分析、发展演变规律分析，并建立动态耦合模型进行两者系统耦合关系及协调度等的研究，是本书的重点之二。

（2）研究难点。

①空间异质性视角下人口城镇化与土地城镇化良性互动的机理分析。对人口城镇化与土地城镇化良性互动内在机理的探寻需借助相关软件，采用探索性空间分析方法，建立地理加权回归模型，该过程涉及影响因素指标的选取、模型的顺利运行等，是本书的难点之一。

②空间异质性视角下人口城镇化与土地城镇化良性互动的政策优化。构建集规划管理差别化、土地供应差别化、集约用地等为一体的差别化城镇化发展政策体系需要综合考虑资源禀赋、自然环境、产业结构、发展阶段、人口特征等因素，即空间异质性特征。如何在原管理政策中体现出空间异质性，如何提出因地制宜、因时制宜的差别化管理政策，对已有政策体系进行优化，是本书的难点之二。

### （二）研究方法

#### 1. 文献研究法

为了解国内外相关研究成果，加深对人口城镇化与土地城镇化研究现状的理解，本书通过收集、整理并分析国内外有关城镇化发展的重要文献，首先对人口城镇化及土地城镇化等基本概念进行了阐释和界定，明确了本书的研究对象。在此基础上，结合新型城镇化理论、精明增长理论等基本理论，探究理论前沿，厘清研究路线，明晰各要素之间的关系，揭示其中存在的问题，明确研究的切入点和迫切性，将其作为研究的理论依据和模型构建依据，为本书研究奠定理论基础和现实基础，使研究具有针对性和可行性。

#### 2. 极差标准化

在处理原始指标数据时，为了消除指标间可能存在的量纲级别大小的影响，需要将指标数据进行标准化处理，因此采用极差法对原始数据进行标准化处理。计算公式为：

$$x'_{ij} = \frac{x_{ij} - \min(x_{ij})}{\max(x_{ij}) - \min(x_{ij})} \tag{1}$$

其中，$x_{ij}$为第 $j$ 年第 $i$ 个指标的原始值，$\max(x_{ij})$ 为该项指标中最大值，$\min(x_{ij})$ 为该项指标中最小值，$x'_{ij}$ 为标准化后值。

#### 3. 变异系数法

变异系数法的基本思想是根据研究对象各评价指标的波动，确定指标与变化量之间的关系，并以此为权重值。该方法不受指标单位和均值之间差异的影响，避免研究对象空间异质性被弱化，符合研究的需要。计算步骤如下。

（1）计算各项评价指标的均值 $\bar{x}_j$ 和标准差 $s_j$：

$$\bar{x}_j = \frac{1}{n} \sum_{i=1}^{n} x_{ij} \tag{2}$$

$$s_j = \sqrt{\frac{1}{n} \sum_{i=1}^{n} (x_{ij} - \bar{x}_j)} \tag{3}$$

其中，$i$ 为城市数量，$i = 1$，$2$，$\cdots$；$j$ 为指标数量，$j = 1$，$2$，$\cdots$。

（2）确定各项评价指标的变异系数 $v_j$ 和权重 $\omega_j$：

$$v_j = \frac{s_j}{\bar{x}_j} \tag{4}$$

$$\omega_j = \frac{v_j}{\sum_{j=1}^{m} v_j} \tag{5}$$

**4. 发展水平评价模型**

城镇化包含人口城镇化与土地城镇化这两个子系统，可以采用指标体系加权法来研究城镇化的发展水平。发展水平代表了系统内的相对发展水平，同样代表了在系统整体评价体系中两个子系统的相对水平。人口城镇化指数 $f(x)$ 和土地城镇化指数 $g(y)$ 的计算公式分别为：

$$f(x) = \sum_{i=1}^{m} a_i x_i (i = 1, 2, \cdots, 6) \tag{6}$$

$$g(y) = \sum_{i=1}^{m} b_i y_i (i = 1, 2, \cdots, 6) \tag{7}$$

其中，公式（6）中的 $i = 1$，$2$，$\cdots$，$6$ 表示评价人口城镇化的 6 项指标，公式（7）中的 $i = 1$，$2$，$\cdots$，$6$ 表示评价土地城镇化的 6 项指标；$a_i$、$b_i$ 分别为人口城镇化与土地城镇化每个指标的权重；$x_i$、$y_i$ 分别为人口城镇化与土地城镇化相应指标标准化后的数值。

**5. 耦合协调度模型**

（1）发展度（$T$）。发展度是指人口城镇化、土地城镇化综合发展水平，反映两者的整体效益。其函数表达式为：

$$T = af(x) + bg(y) \tag{8}$$

其中，$a$、$b$ 分别表示人口城镇化、土地城镇化各指标的权重，鉴于两者在城镇化发展中具有同等重要地位，故均取值 0.5。$f(x)$、$g(y)$ 分别表示人口城镇化指数和土地城镇化指数，即两者评价指标标准化值与其相对应权重的乘积。

（2）耦合度（$C$）。耦合度可以度量人口城镇化、土地城镇化两者耦合发展度，其函数表达式为：

$$C = \sqrt{\{[f(x) \cdot g(y)] / [f(x) + g(y)]^2\}} \tag{9}$$

其中 $C \in [0, 1]$，$C$ 值越大，表明两者越耦合，当 $C = 1$ 时人口城镇化与土地城镇化达到最优耦合状态。

（3）协调度（$D$）。协调度综合了 $T$ 和 $C$，其特点是高度稳定，可用来衡量研究对象城镇化水平的协调发展状况，表现城镇化发展由无规则走向有规则的趋势。其函数表达式为：

$$D = \sqrt{C \cdot T} \tag{10}$$

**6. 探索性空间数据分析**

探索性空间数据分析（ESDA）是一项基于 GIS 平台的技术方法，用来处理区域空间异质性以及关联性。研究采用 ESDA 中的空间自相关分析，定量探讨研究区域人口城镇化与土地城镇化协调度水平空间分布格局。ESDA 包括全局自相关和局部自相关，其中全局自相关采用全局莫兰指数分析，局部自相关采用 LISA 集聚分析和 Getis - Ord $G_i^*$ 指数热点分析。

（1）全局自相关。

自相关性指某一变量在同一个空间单元的观测数据之间存在的相互依赖关系，同时考虑区域间的相互影响，验证变量在整个研究区域内是否存在空间上的集聚。研究采用全局莫兰指数（Global Moran's I）探测区域城镇化协调度水平的空间集聚程度。其公式为：

$$I = \frac{n \sum_{i=1}^{n} \sum_{j=1}^{n} w_{ij}(x_i - \bar{x})(x_j - \bar{x})}{\sum_{i=1}^{n} \sum_{j=1}^{n} w_{ij} \sum_{i=1}^{n} (x_i - \bar{x})^2} \tag{11}$$

式中，$I$ 为全局莫兰指数，$n$ 为研究区域空间单元数量，$n = 286$；$x_i$ 为空间单元 $i$ 的观测值；$w_{ij}$ 为空间权重矩阵，$\bar{x}$ 为平均数。若空间单元 $i$ 和空间单元 $j$ 相邻，$w_{ij} = 1$，否则 $w_{ij} = 0$。$I$ 取值介于 $-1.0$ 到 $1.0$，当 $I > 0$ 时表示空间正相关性，其值越大，空间相关性越明显；当 $I < 0$ 时表示空间负相关性，其值越小，空间离散程度越大；$I = 0$ 表

明空间呈随机分布。

（2）局部自相关。

①LISA 集聚分析。LISA 主要分析研究区域内局部空间单元与相邻空间单元的集聚态势分布。

$$I_i = \frac{(x_i - \bar{x})}{\sum_i (x_i - \bar{x})^2} \sum_j w_{ij}(x_j - \bar{x}) \tag{12}$$

式中，$I_i$ 为局部莫兰指数（Local Moran's I），$x_i$ 为空间单元 $i$ 的实际值，$x_j$ 为空间单元 $j$ 的实际值，$w_{ij}$ 为空间权重矩阵，$\bar{x}$ 为平均数。得到 LISA 集聚图，可以呈现高高、高低、低低、低高四种集聚类型，反映出某个指标在本空间单元与其相邻空间单元的差异程度。

②Getis-Ord $G_i^*$ 指数热点分析。同时，为弥补全局自相关的不足，更好地反映局部地区高低值聚类程度，采用 Getis-Ord $G_i^*$ 指数进行热点分析，对全国地级城市城镇化协调度水平进行分区。采用 ArcGIS 软件提供的聚类分析工具 Getis-Ord $G_i^*$ 指数来计算城镇化耦合协调度的集聚程度，以识别城镇化协调度在不同空间单元的热点和冷点集聚区，进一步探析局部空间自相关特征。其计算公式为：

$$G_i^* = \sum_{j=1}^{n} w_{ij} \times x_j / \sum_{j=1}^{n} x_j \tag{13}$$

$$Z(G_i) = \frac{G_i - E(G_i)}{\sqrt{Var(G_i)}} \tag{14}$$

式中，$E(G_i)$ 和 $Var(G_i)$ 分别为 $G_i$ 的数学期望和方差，若 $Z(G_i)$ 为正且显著，表明 $i$ 空间单元周围的值相对较高，属于高值空间集聚，即热点区；反之，则属于低值空间集聚，即冷点区。

7. 核密度估计模型

核密度估计是一种用概率来估计未知密度函数的非参数检验方法，它对研究区域内地理要素的集聚状态进行分析，表明研究要素的空间分布密度特征（慕晓飞和雷磊，2011）。计算公式如下：

$$f(x) = \frac{1}{nm} \sum_{j=1}^{n} K(\frac{x - x_i}{m}) \tag{15}$$

式中，$K$ 为核函数，$m$ 为带宽，$n$ 为研究要素数量，$x$ 为空间中的任意点，$x_i$ 为样本点。

### 8. 冷热点分析法

为更好地反映局部地区高低值聚类程度，采用 Getis-Ord $G_i^*$ 指数进行热点分析，以探究人口城镇化与土地城镇化在不同区域的冷点和热点集聚区域。计算公式如下：

$$G_i^* = \frac{\sum_{j=1}^{n} W_{ij} X_j - \bar{X} \sum_{j}^{n} X_{ij}}{\sqrt{S \frac{\left[ n \sum_{j=1}^{n} W_{ij}^2 - \left( \sum_{j=1}^{n} W_{ij} \right)^2 \right]}{n-1}}} \tag{16}$$

式中，$G_i^*$ 为 Getis-Ord $G_i^*$ 统计量，$X_j$ 为数学期望，$W_{ij}$ 为空间权重矩阵分量（相邻为 1，不相邻为 0），$n$ 为栅格数，$S$ 为样本的标准差，$\bar{X}$ 为均值。当 $G_i^*$ 为正且显著时，则认为人口城镇化与土地城镇化高值在空间呈现集聚状态，即热点区；反之，则属于低值集聚，即冷点区。

### 9. 重心迁移模型

重心本属于物理学概念，人口重心与土地重心代表在某个时间、某地域内人口城镇化与土地城镇化水平在空间平面上的力都到达均衡的点。通过对人口城镇化与土地城镇化重心的研究，可以分析人口城镇化与土地城镇化分布及转移的空间变化，对认识人口城镇化与土地城镇化发展规律具有重大意义。重心模型的计算为，设第 $i$ 个城市地理坐标为 $(X_i，Y_j)$，每个城市对应的人口城镇化与土地城镇化水平为 $W_i$，则区域内人口城镇化与土地城镇化坐标为（胡蓓蓓和宗刚，2014）：

$$X = \sum_{i=1}^{n} (X_i W_i) / \sum_{i=1}^{n} W_i \tag{17}$$

$$Y = \sum_{i=1}^{n} (Y_i W_i) / \sum_{i=1}^{n} W_i \tag{18}$$

式中，$X$、$Y$ 分别为第 $n$ 年人口和土地城镇化坐标的经度和纬度；$X_i$、$Y_i$ 分别为第 $i$ 个城市中心的经度、纬度；$W_i$ 为第 $i$ 个城市人口和土地城镇化水平。

重心位置确定之后，可从重心移动方向和移动距离来分析重心迁移特征，重心移动时间以 2008 年为起点，第 $t$ 年重心坐标为 $(X_t, Y_t)$，第 $t+1$ 年重心坐标为 $(X_{t+1}, Y_{t+1})$，移动距离计算公式（慕晓飞和雷磊，2011）如下：

$$D = C \cdot \sqrt{(X_{t+1} - X_t)^2 + (Y_{t+1} - Y_t)^2} \tag{19}$$

式中，常数 $C = 111.111$，代表由地球表面坐标转为平面距离（单位：公里）的系数。

10. 调查研究法

调查研究法具有科学性、综合性、实证性、实践性特征。国内学者对调查研究法的观点主要有两种：第一种观点认为该方法是另一种形式的社会研究方法，第二种观点认为它是从属于社会研究方法的一种定量方法。国外有学者认为调查研究法是一种收集社会资料的重要方式（丁怡丹，2017）。本书采用调查研究法，选择多个典型区域，在对其调研之后，结合 Logistic 回归、典型相关分析、深度访谈、小组讨论等定量和定性研究方法进行统计和分析，深入挖掘在城镇化进程中微观主体融入城市的意愿及遇到的困难，洞察人口城镇化与土地城镇化良性互动的内在推力。

11. 地理加权回归（GWR）模型

Fotheringham 基于局部回归和变参研究提出了地理加权回归模型，通过分析不同区域回归参数分布特征以更好地说明其空间异质性。运用 GWR 模型弥补普通最小二乘法回归模型的缺陷，利用空间关系来反映参数在不同空间位置的非平稳特性，使研究变量间的关系随空间位置的变化而变化。其模型结构为：

$$\gamma_i = \beta_0(U_i, V_i) + \sum_{i=1}^{k} \beta_k(U_i, V_i) x_{ik} + \varepsilon_i \tag{20}$$

式中，$(U_i, V_i)$ 是样本空间单元的地理中心坐标，$\gamma_i$ 是在地理位置 $(U_i, V_i)$ 处的因变量值，$\beta_0(U_i, V_i)$ 是地理位置 $(U_i, V_i)$ 处的常数值，$\beta_k(U_i, V_i)$ 是函数 $\beta_k(U, V)$ 在 $i$ 样本空间位置的取值，$\varepsilon_i$ 表示空间随机残差。本书通过 GWR 模型探究人口城镇化与土地城镇化良性互动的内在机理，揭示人口城镇化与土地城镇化良性互动的外在拉力。

## （三）研究技术路线

本书通过对城镇化相关文献及会议、政策等的解读，认清我国人口城镇化与土地城镇化的现状，针对我国城镇化发展中出现的人口城镇化水平虚高、土地盲目扩张、城镇空间建设无序、生态环境遭到破坏等问题，以统计数据、土地用途变更数据、遥感数据及实地调研数据为基础，运用变异系数法、核密度估计、分级热点探测、探索性空间分析方法、GWR 模型、深度访谈等定量和定性研究相结合的方法，首先，对人口城镇化与土地城镇化良性互动理论进行了理论阐释，探索人口城镇化与土地城镇化空间异质性形成的原因，在此基础上构建合理的评价指标体系，对空间异质性视角下人口城镇化与土地城镇化水平进行科学评价，对两者互动关系进行评判；其次，结合人口城镇化与土地城镇化的非均衡性、发展演变过程、空间格局、重心演变轨迹及变化规律和动态耦合关系，分析人口城镇化与土地城镇化影响因素的空间差异和良性互动的决定机制，借鉴国内外人口城镇化与土地城镇化良性互动经验，进而提出差别化城镇化发展策略以对现有政策进行优化，为人口城镇化与土地城镇化的良性互动提供参考。研究技术路线如图 1-1 所示。

## （四）研究创新之处

### 1. 学术思想方面

本书提出差别化城镇化发展策略，对现有政策体系进行优化，富有新意。不同事物的矛盾具有不同的特点，同一矛盾在不同的发展阶段也有不同的特点，正是矛盾的特殊性导致了事物的千差万别，其原理要求"对症下药""量体裁衣"，根据不同地区的实际情况制定相应的政策。我国幅员辽阔，各地在资源禀赋、自然环境、发展阶段、产业结构等方面具有较大差异，人口城镇化与土地城镇化的空间关系、外在拉力和内在推力同样具有地方特色，想要实现两者良性互动、协调发展，就要做到因地制宜、因时制宜，从时间、空间、产业、部门等方面制定差别化的城镇化发展策略，但是现有政策普遍存在普适性过强而针对性不足等问题，且现有研究较少考虑采取差别化策略解决城镇化发展不协调的问题。

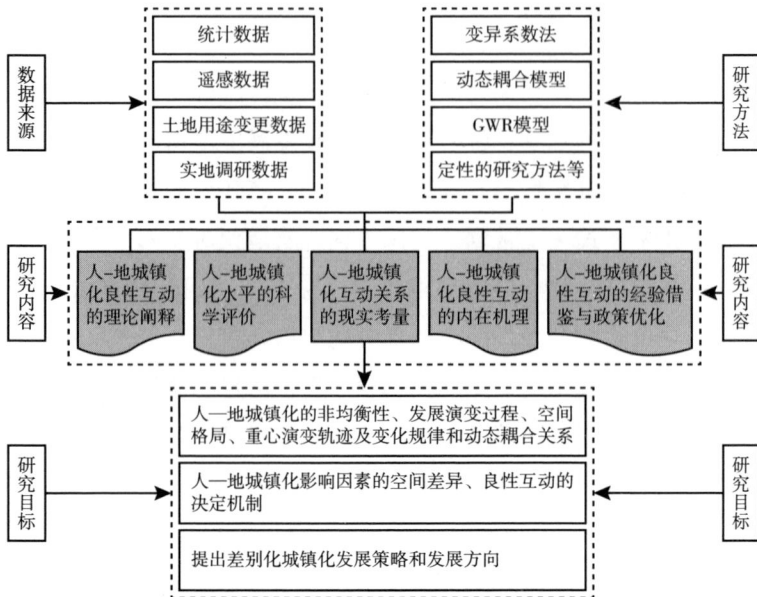

**图 1-1  研究技术路线**

注：图中人-地城镇化为人口城镇化与土地城镇化的简称。

2. 学术观点方面

（1）从人口城镇化与土地城镇化双重视角展开研究。

城镇化是一种复杂的经济社会变化过程，不仅包括农村人口在城镇集聚、城镇土地面积扩大等，还包括城镇景观地域推进等看得见的过程以及农村迁移人口对城市生活方式的适应、城市对农村迁移人口的接纳等看不见的过程。在集约用地、实现城镇化规模有序扩张、完善土地征用等相关法律和政策的同时，应不断推进户籍制度改革、基本公共服务均等化等，使农村迁移人口市民化，破解城乡二元化发展格局。

（2）结合地域特色构建评价指标，突出空间异质性特征。

虽然我国西部地区地域辽阔、土地资源丰富，但东部地区地势相比西部地区地势较为平坦，更适合进行生产生活等，且拥有诸多经济改革示范区，因此东部地区无论是经济发展水平还是基础设施建设都明显优于西部地区。目前我国评价城镇化的指标主要有城镇化率和城镇化质量两类，但均难以科学显示我国城镇化的真实情况，要对人口城镇化和土地城镇化水平进行科学评价就要构建科学全面的城镇化评价指标体系和制定相关的政策。在新型城镇化的战略背景下，对城镇化水平的评价不仅要显示人口城镇化与土地城镇化之间的相互关系、动力机制、社会结构变化、城镇人口和农村人口的城镇化发展质量，还要显示评价指标在不同区域的特点，体现其空间异质性特征。

（3）体现人口城镇化与土地城镇化的空间异质性。

人口城镇化与土地城镇化是相互依存、相互制约的动态耦合关系，在不同阶段、不同区域呈现不同结构。尽管中国城镇化的内部客观规律要求城镇化进程中的人口和土地保持合理的速度与强度，但是外部政策效应导致区域间城镇化水平存在差异，且区域资源禀赋、发展阶段、产业结构等方面存在的非均衡性，使得人口城镇化与土地城镇化的发展状况、耦合关系等的空间异质性普遍存在并在我国成为一种常态。

（4）考虑空间效应及区域间的协调发展。

我国人口城镇化与土地城镇化在空间上有很强的关联性，两者的协调程度不仅受到区域本身的影响，还会受到周围区域的影响，当周围区域产生良好的外部溢出效应时，会带动本区域的发展，所以对人口城镇化与土地城镇化良性互动内在机理的研究应考虑空间效应，即空间依赖性和空间异质性。各区域在制定城镇化发展策略时，应打破行政限制，强化东部城市的辐射带动作用，并在西部地区培育新的增长极，增强区域协调合作及经济发展，共同促进人口城镇化与土地城镇化的协调发展。

（5）对城镇化发展提出差别化策略。

差别化城镇化发展策略是一个集时间、空间、产业、部门等于一体的完整系统。在制定差别化城镇化发展策略时，不仅要考虑到城镇化不同发展阶段的特点，由于同一区域不同生产要素在功能上存在差异，不同区域相同要素也有着基于地域分异基础上的优劣差异，要根据不同区域的实际情况因地施策；产业结构优化升级可以助推城乡人口流动，将土地资源优化配置与产业结构优化升级相结合，遵循以产兴城、以人定地的方向，实现产业发展互补互助；同时要多部门协调联动、共同施策、多措并举，重视推进跨行政区域的综合开发，努力提升人口城镇化与土地城镇化协调程度。

3. 研究方法方面

（1）运用变异系数法确定指标与变量间的关系，避免多属性综合可能导致的空间异质性被弱化问题。在人口城镇化与土地城镇化水平评价中，指标权重的确定是关键环节之一，变异系数法不受评价指标单位与均值之间差异的影响，结果也不受研究人员主观因素的影响，具有一定的客观性。通过变异系数法对人口城镇化与土地城镇化收敛性进行分析，观察两者发展程度和水平的空间差异并对其分布格局的变化进行评价，不仅符合研究要求，而且可操作性强、特点鲜明。通过变异系数法不仅可以从空间层面看出我国东、中、西部人口城镇化的发展程度及水平差异，还能从时间层面看出各区域人口城镇化的发展趋势。

（2）运用探索性空间数据分析法、全局莫兰指数、冷热点分析、核密度分析及重心迁移模型等空间统计分析方法，多角度、全方位讨论区域城镇化协调度水平的空间演变特征。其中，探索性空间分析方法以空间关联测度为核心，通过定量分析，将城镇化的空间分布格局可视化并测算其空间差异和集聚程度，揭示人口城镇化与土地城镇化的相互作用机制。在城镇化水平的综合评价中，运用全局莫兰指数表示城镇化水平的空间集聚特征，刻画全域空间的自相关性，进一步研究城镇化的集聚趋势，揭示区域内城镇化与空间相关性的总体趋势。在城镇化空间分布特征的研究中，通过核密度估计分析区域内城镇化的集聚状态，表明其空间分布密度特征及格局变化，并结合冷热点方法分析城镇化发展水平的空间特征，对其空间进行可视化表达，更加清晰地看出城镇化在我国各区域内的分布格局。在城镇化发展规律演变研究中，利用重心迁移模型计算城镇化的重心移动距离和方向，并绘制重心迁移轨迹，更直观地看出各区域城镇化重心的空间位置和移动距离，进一步展示出城镇化的空间格局。

（3）采用地理加权回归模型计算各空间单元的影响因子系数，揭示各动力因子与因变量的局部特征，探析在不同空间位置各驱动因素对人口城镇化与土地城镇化协调度作用机理的空间差异，使研究变量间的关系随空间位置的变化而变化，进而反映自变量对城镇化协调度影响的空间异质性。

第二章

# 基本概念与理论基础


## 一　基本概念界定

城镇化又称城市化，城市作为人类生活、从事各种经济活动的载体，在农村人口向城镇转移的过程中发挥着至关重要的作用。在人口转移的过程中，土地的功能与用途等也发生了改变，因此城镇化可分为人口城镇化与土地城镇化两种表现方式。

### （一）人口城镇化

城市在承接农村人口向城镇转移方面发挥着至关重要的作用，而人口转移的过程就是城镇化的过程。但城镇化不只是农村人口的迁移和城镇土地的扩张，更多的是农村转移人口生活方式与价值观念的转变和土地功能与用途的改变。人口城镇化既是狭义层面的城镇化，也是广义城镇化的要义所在。不同学科对人口城镇化有不同的认识。人口学家认为，经济发展和科技进步使生产力得到极大提高，农产品生产量远超自身消费量，促使大量农村人口进入城镇，成为非农村人口。人口城镇化就是户籍改变带来的城镇人口比重上升。经济学家认为，人口城镇化是从事第一产业的人口向第二、第三产业转移，经济结构和各部门从业人员比例不断调整的过程。而社会学家认为，人口城镇化不只体现在农村人口户籍的改变，还体现在其生活方式、精神生活、价值观念融入城市。地理学家认为，人口城镇化带来的人口移动使城市经济空间结构得到优化并向更有效的结构发展。

人口城镇化的概念往往从农村人口移动和生活方式转变两个角度界定。最初，学者对于人口城镇化的理解只限于农村人口向城镇移动的简单过程。美国学者 Wilson 最早在《人口词典》中解读人口城镇化，谈到人口城镇化表现为城区人口占总人口比重的持续增长，特别是在欧洲、北美和大洋洲等世界上最发达的地区，城市人口数远超农村人口，劳动力不断由第一产业向第二、三产业移动。基于我国的基本情况，学者认为人口城镇化体现在城市人口规模的扩大和城市人口占比的提升（郭莎莎等，2018；赵春燕，2018），是人口随着工业化的推进逐步从乡村向城镇聚集的过程。人口城镇化水平通常从城镇人口比重和城市建成区总面积比例两个方面进行衡量。商桃桃等（2017）认为人口城镇化促进农村务农人口向城镇聚集，因此选用非农人口比例表示人口结构以衡量人口城镇化水平。庞瑞秋等（2014）基于地理加权回归模型对吉林省人口城镇化动力机制进行分析，认为城镇人口占总人口的比重能够最直接、最客观地衡量人口城镇化水平。后来，随着城镇化进程中农村人口无法市民化等问题的出现，学者对人口城镇化的内涵有了新的认识，认为城镇化的内涵不只局限于农村人口转移以及城市建成区面积增加，还应包含城市生活方式形成（林爱文和樊星，2015；杨勇和杨忍，2014）、基本公共服务全覆盖（郭付友等，2015；邵大伟和吴殿鸣，2013）、城镇人口生活质量改善、生态环境改善（周常萍和余述琼，2020）。也有学者从人口素质提高的角度对人口城镇化内涵进行深入解读（杨佩仪和崔许锋，2018），认为要通过增加人力资本投入带动技术知识积累，进而提高人口城镇化质量（吕添贵等，2016）。

综上所述，本书认为人口城镇化更多从人的角度出发，是以人为核心的城镇化。人口城镇化不仅是农村人口向城市流动带来的城镇人口数量的增加，也包括农村人口城市生活方式的形成（生活、就业以及行为习惯实现城市化转变）、城市基本公共服务达到全覆盖、城市生态环境得到改善、城市人口素质不断提高、城市人口生活质量不断改善等诸多方面。

## （二）土地城镇化

为深入理解土地城镇化的概念，应当明确我国在土地空间、土地用途以及土地权属等相关方面的内容，这对于清晰理解土地城镇化的概念极为重要。长期以来，我国实行城乡二元土地所有制度以及土地用途管制制度，即由国家统一编制土地利用总体规划，划分土地所属用途区，国家将土地分为农用地、建设用地和未利用地，并且严格控制农用地转为建设用地。城乡二元土地制度虽然在一定程度上保障了城镇化较快推进，但也带来了城镇化"化地不化人"等问题（刘同山和张云华，2020）。

土地城镇化不仅实现了土地空间属性上的转变，还使土地用途与权属发生了改变，即农用地转变为建设用地。土地城镇化的概念最早由陆大道结合我国城镇化进程中出现的问题提出，他认为土地城镇化的速度远快于人口城镇化的速度加大了解决"三农"问题的难度。目前，学者主要通过土地空间、权属以及用途三个方面界定土地城镇化，因此明确我国在土地空间、土地用途以及土地权属等相关方面的内容对于深入理解土地城镇化的概念极为重要。从土地空间角度来看，土地城镇化作为城镇化的载体，主要表现为城镇建成区面积的扩大（陈春，2008），城市为了应对由城市规模扩张引起的对土地需求的激增，同时为了吸引更多农村人口流向城市，不断对城市内的产业园区、基础设施、交通道路进行优化建设，导致城市边界不断扩张，这在一定程度上推动了土地城镇化进程。在评价指标方面，有部分学者研究发现土地城镇化主要是土地条件从农村空间存在形态向城市空间过渡的整个过程，其通过城市建成区域的面积占整个区域的面积比重这一指标来衡量土地城镇化发展水平（吕萍等，2008）；也有学者直接使用城市建成区面积表示城市规模以衡量土地城镇化发展水平（王雪峰和温彦平，2019）。从土地权属来看，土地由农村集体所有变为国家所有，不仅是土地城镇化与农村地域转用在概念上有相似之处，也是我国土地城镇化发展中的主要特点。一方面，农村土地权属的改变保障城市建设顺利进行边界扩张；另一方面，在原属农村各项用地权属变化的过程中，城市经济生活用地需求得到满足（鲁德银，2010）。城市建设用地边界扩张，会带来农村土地权属的改变，从这方面看土地城镇化和农村地域转用概念基本相同，即土地由最初的农村集体所有成为国家所有。有研究者主要从权属角度对土地城镇化进行了研究，其认为土地城镇化是由最初原属农村的各项用地向城市的经济生活用地进行转化的一系列权属变化过程，其中土地国有化正是中国土地城镇化发展中的主要特点（鲁德银，2010）。土地城镇化既实现了土地空间属性和权属上的转变，又使土地用途发生了改变，即农用土地转变为城市用地。从土地用途方面来看，土地城镇化进程带来了农用土地转变为城市用地的改变，城市用地不仅包含城区建设用地，也包含能够满足城市正常运转所需的一切土地，例如公共服务建设及基础设施建设用地、居民住宅建设用地、医疗教育设施建设用地以及绿化环境用地等。土地用途的改变使土地利用形式和利用程度发生改变，意味着土地资源的集约利用和土地结构形态更加高效（陈凤桂等，2010）。有学者指出，土地城镇化提升了土地在使用中的经济效益，但也存在农用地的生态效益和社会效益较为低下的问题，因此为保证土地资源能够得到良好配置并发挥最大效益，应当充分发挥市场和政府双重调控的作用（张丁发，2005）。

综上所述，本书认为土地城镇化在空间上表现为现有城市边界向周边扩展、配套设施的优化、城市用地的扩展，原有的农业用地甚至未开发用地转化为新的城市用地，从而在权属上表现为农村土地的国有化；现有城市边界向周边扩展，在用途上表现为土地性质的改变，即原有农用地或者未利用地转变成建设用地。土地空间、权属、用途的改变均共同塑造适宜的居住环境来满足人们生产生活需求，体现了以人为中心的土地城镇化发展。

### （三）人口城镇化与土地城镇化的空间异质性

对于空间异质性（Spatial Heterogeneity）的探讨，最早见诸 Anselin 的理论阐释，他认为任意空间区位上的现象和特征都有自身的特点，这些特点在实证模型中可表现为变量、参数以及误差等且均随着区位的变化而变化。这一观点引起了不少学者的兴趣，并以此理论框架为基础，结合学科特点对此开展了广泛深入的研究。生态学系统的空间异质性是新兴景观生态学研究的核心，特别是 20 世纪 80 年代以后，生态景观学的快速发展带来了研究范式的不断转换，生态学家强烈意识到，植被类型、种群密度、生物量等自然生态系统具有空间上的不同格局和缀块状特征，且这种格局和特征随时间变化而发生不可预测的变化，即异质性和非均衡性（Wu 和Loucks，1995）。Li 和 Reynolds 将空间异质性定义为系统或系统属性在空间上的复杂性和变异性，主要包括结构异质性和功能异质性两大部分。其中复杂性主要涉及定性或类型描述，变异性则主要采用更加科学的定量方式描述，定量分析有助于更加科学地认识系统特征，这一观点得到了众多学者的认可。空间计量经济学作为计量经济学的一个重要分支，提出包含空间经济学的依赖性和异质性两大重要特征，可有效分析在横截面数据和面板数据的回归模型中的空间相互作用（空间自相关）和空间结构（空间不均匀性）问题。此后，空间异质性研究被广泛应用于景观学（刘绿怡等，2019）、经济学（邓飞和柯文进，2020）、管理学（王少剑等，2020）等领域。

1. 土地城镇化的空间异质性

土地城镇化的空间异质性指区域土地城镇化发展在空间上的非均质性及差异性，是对土地资源利用和管理等活动中土地面积、土地利用率、土地结构等特征信息空间差异的总称。它是一个综合性概念，主要表现在土地面积、质量、结构以及区位等方面。对土地城镇化空间异质性的研究大多从土地空间扩展、利用结构、利用效率、投入及管理等方面开展。从土地空间扩展来看，城镇化中的土地空间扩展对于衡量城市化进程具有极其重要的意义。依据城市发展进程与现今社会的城市管理经验，土地空间扩展可以分为理性扩展与非理性扩展两方面，理性扩展即以可持续发展为原则，充分利用现存用地并理性征用其他用地；非理性扩展即采用不可持续发展的扩张方式进行土地拓展，虽然土地城镇化规模增大，却带来一系列负面影响。学者主张的理性扩展一方面可以更加有效地利用现有土地、更加高效地配置土地资源；另一方面可以促进土地扩展与城市发展需求相协调，保证土地空间扩展进程合理有序，实现土地城镇化发展与自然、社会、生态的和谐共赢。依据学术界的研究进展，土地空间扩展的研究集中于建成区空间扩展差异及其形成原因两个方面。在建成区空间扩展差异方面，有学者研究发现，土地城镇化不仅包括转变土地用途、积累资本问题，还包含城镇建成区空间扩展等问题（崔许锋，2014）；也有学者利用塞尔指数可分解的特征，从空间和时间两个维度进一步对土地城镇化空间扩展差异进行研究，发现我国土地城镇化区域内与区域间空间扩展存在差异，且区域内部空间扩展差异要大于区域间空间扩展差异（冷智花和付畅俭，2017）。在建成区空间扩展差异形成原因方面，学者对城市建设用地空间扩展影响因素等进行研究，提出不同因素对不同区域土地空间扩展的影响存在差异，在全国尺度上，人口、产业发展以及投资均会对土地空间扩展产生显著影响，为实现城市空间扩张及高效管理提供了指导（李进涛等，2018；赵小风等，2018）。

土地利用系统是土地自然生态和社会经济子系统以人口子系统为纽带耦合而成的土地生态经济系统（王万茂和韩桐魁，2002），是生态环境系统中的子系统。在国家统一编制的土地利用总体规划中，土地分为农用地、建设用地和未利用地三种类型，一定范围内用地类型之间的比例关系被称为土地利用结构。由于土地利用过程存在用地结构、土地管理不合理等问题，土地利用结构表现出一定的空间差异，而关注土地利用结构的变化可为优化资源配置、保护耕地资源等提供参考。土地利用结构的研究主要从不同地区土地利用结构及其空间差异形成原因两个角度开展。从不同地区土地利用结构的空间差异来看，闵捷等（2008）探讨了江汉平原土地利用结构的空间差异及其与耕地非农化之间的关系，研究结果表明各市县之间的土地利用结构存在显著差异；谭术魁等（2014）运用计量地理模型和信息熵法研究了湖北省17个市（州）土地利用结构的地域差异，发现各市（州）土地利用多样化且差异较大，土地利用信息熵的空间格局呈现"高-东、中-中、低-西"的分布递进规律。在土地利用结构空间差异形成原因中，李娜等（2018）分析2004~2013年重庆市的土地利用结构及其空间差异的影响因素，发现经济发展、产业结构升级、土地城镇化和人口城镇化对于重庆市土地利用结构具有空间正向作用。

土地作为城市经济、文化、政治、生活的载体，其利用效率关系到城镇化发展。土地本身在空间上就具有异质性，且不同规模城市的土地利用过程也存在差异，就会导致土地利用效率表现出空间差异性（梁流涛等，2013；赵可等，2015）。关于土地利用效率的研究大致分为现存差异及差异的影响因素两个视角。姜海和曲福田（2009）对区域建设用地和耕地产出效益的空间差异进行了探讨，指出我国土地利用效率存在明显的区域梯度差距，并基于空间效率差异提出土地利用政策的调整思路；邵挺等（2011）对全国 211 个地级市的土地利用效率进行了计算，发现各地级市间的土地利用效率差异主要来自省间差距而非省内差距。

在土地投入方面，学者主要从土地投入存在的空间差异展开研究。陈凤桂等（2010）通过地均固定资产投资和地均建设投资两个指标来测量土地投入差异，认为建成区面积增加只是空间上的扩展，而空间上的差异还应包括土地投入等；沈彦等（2015）使用土地投入指标研究湖南省土地城镇化问题，发现湖南省各市在土地投入方面存在空间差异，并根据所得结论提出要合理规划各建设用地投入的建议。

土地城镇化空间异质性普遍存在于土地管理中。土地作为基础资源具有自然和经济两大属性，其稀缺性、价值性、功能性、区域性、产权性和增值性等特征决定了不同土地资源稀缺程度、价值高低、功能多样程度、用途大小、区域分异程度、产权主体特性、权能强弱、增值潜力和效益等存在差异。因此，土地城镇化的非均质性更为普遍，表现形式也更为复杂、多样。吴泽斌等（2009）研究对比了全国 31 个省级行政区的耕地保护绩效，结果表明研究区域耕地保护绩效的差异明显，耕地保护制度安排应考虑耕地资源禀赋区域差异与耕地保护机会成本；张俊峰等（2014）从资源经济学角度对土地资源空间异质性内涵进行了界定，认为土地资源空间异质性包含土地资源数量、质量、时间、区位、组合等属性的异质性。

综上所述，现有研究主要通过探讨土地城镇化的空间扩展、土地利用结构、土地利用效率，以及土地投入与土地管理等方面来分析土地城镇化的空间异质性，但关于土地城镇化空间异质性的全面综合性研究相对较少。

2. 人口城镇化的空间异质性

世界是异质性的、非平衡的，空间异质性的普遍性和重要性已被证明。人口城镇化的异质性也是一个综合概念，是对人口迁移数量、质量以及生产方式和生活方式等特征在空间上差异的总称。人口城镇化空间异质性的研究主要集中在数量、区位、文化和社会环境等方面。

人口城镇化中的数量异质性是指由于城市承载能力的有限性，同一区域内部各项资源总量是固定的，但是内部资源在不同市（区）的数量分布存在异质性；在不同区域之间，不仅资源总量存在差异，区域内部资源的数量也存在差异。不同资源对于外来人口具有不同的吸引力，造成了人口城镇化进程在不同区域之间的差异，例如沿海地区丰富的资源、良好的医疗条件和大量的发展机遇使得其人口城镇化进程快于内陆。因此，资源的有限性决定了人口城镇化在绝对数量和相对数量上存在异质性，形成了人口城镇化数量异质性。

人口城镇化中的区位异质性是指不同的经济发展、城市规划、产业布局、交通建设等人类生产和实践活动，形成了不同的地域经济、政治、文化、人口的空间格局，赋予了土地资源在地理位置上的优劣差异。距离区域经济文化中心较远的土地，往往交通不便、用途管制严格、要素缺乏、经济产值不高，土地资源区位条件较差，产业发展缓慢。而位于经济文化中心或周围的土地，交通便利、增值潜力大、要素集聚，相对地理位置优越，土地资源区位条件好，产业发展好，更具有吸引外来人口的优势。随着外来人口的增加即劳动力的增加，区域产业迅速发展进而带动该区域经济发展，形成了人口城镇化区位异质性。

人口城镇化中的文化异质性是指人口城镇化发展由最初的城镇人口增加到产业结构的改变，由居民生活水平的提高到相应文化需求的增加。陈凤桂等（2010）从人口生活水平、产业结构两个方面研究人口城镇化；刘盛和等（2007）在研究中加入人口素质因素，认为地区经济的发展水平会影响人口城镇化水平，当一个地区经济发展水平高即该地区收入相对较高时，地区的人口城镇化水平也相对较高，居民对精神文化的需求也逐渐增加，因此不同地区对于文化教育存在空间异质性，即人口城镇化文化异质性。

人口城镇化中的社会环境异质性是指居民对美好生活的追求促使人口进行地区迁移。由于地区经济发展、制度以及政府政策倾向不同，地区间的基础设施、教育、医疗、卫生、社会公共服务环境也存在空间异质性。

### （四）人口城镇化与土地城镇化的良性互动

土地城镇化与人口城镇化之间彼此依赖、相互促进。随着城镇化进程的推进，更高的城镇劳动边际产出吸引农村人口向城镇转移，成为人口城镇化的原动力之一，而城镇人口的增加及城镇化发展的需要，促使农村土地向城镇建设用地转变，进而产生土地城镇化。在城镇化快速发展过程中，人口城镇化与土地城镇化的协调性问题引起了管理部门和学界的关注，两者的协调建立在尊重客观规律、正确把握两者关系的基础上，在城镇土地扩张推进的同时关注人口城镇化发展质量，在人口城镇化推进的同时保障土地城镇化质量，只有在总体上科学统筹规划，才能促进城镇化高质量发展，形成良性协调的系统。

1. 人口城镇化对土地城镇化的影响

人口城镇化对土地城镇化主要有两方面的影响：从人的行为角度来看，城市为不同人群提供各类就业机会，再加上城市良好的居住环境、教育资源、医疗设施等生活条件，使原本处于农村、对城市就业机会与生活条件有着美好向往的人群涌向城市，大量人口聚集必然会增加城镇居住用地的需求，使房地产行业快速发展；同时人口在城镇聚集会带动产业进一步扩张，相应的厂房等设施规模扩大带来了城镇用地的进一步扩张。政府主要通过两种方式来应对用地需求的激增：一种是通过补偿方式征收新的土地，地方政府土地管理部门再将土地使用权出让给土地使用者。另一种是通过对现存建设用地进行更新改造，实现城市国有土地使用权再分配，以提升城镇土地利用效率，并且更加合理地配置土地资源。例如，旧城改造面临的房屋拆迁问题不仅是政府面临的难题，也是如今社会的热点问题，其中涉及的赔偿标准不合理等方面的问题，使得通过房屋拆迁来实现土地城镇化较为困难。从土地利用结构的角度来看，在城镇化发展初期阶段，人们大多从事与农业、手工业相关的产业，农业用地在总用地中占有较大比重，农业用地吸收了大量的从业人员。随着城镇化的推进，第二产业快速发展，工业用地不断扩张。在城镇化发展阶段的中后期，随着人们对环境、生活质量、城市舒适度等要求逐步提高，城市的公共绿化占地、公共服务设施占地面积增大，因此人口城镇化在一定程度上推动了土地利用结构的改变。

**2. 土地城镇化对人口城镇化的影响**

首先，土地作为人口城镇化发展的基础，为缓解城市用地规模扩大以及各类需求增加带来的压力，政府采取给予农民经济补偿的方式征收城镇边缘地带土地，使原来以务农为经济来源的农民以他们获得的征地补偿为资本在城镇务工，土地城镇化带来的收入效应使得人口城镇化的准入门槛降低。其次，由于城镇化发展对土地需求的增加，政府从土地使用者那里能够获得更多的使用租金投入新城的开发、基础设施的完善以及公共服务设施的修建，而开展这些项目需要大量劳动力，在这一过程中，农村剩余劳动力向城镇转移并就业、落户，人口城镇化率逐步提高。由此可见，土地城镇化的增值效应相应带动了人口城镇化发展。最后，土地城镇化对人口城镇化的社会生态以及环境等方面产生负面影响。

**3. 土地城镇化与人口城镇化的内在联系**

土地城镇化与人口城镇化两者相互作用，在经济系统中相互促进。在发展过程中，诸多因素会影响土地城镇化与人口城镇化的良性互动。首先，各个地区的经济发展水平在两者相互作用的过程中扮演着极其重要的角色。人口集聚会带来城镇经济发展，而城镇经济发展带来的基础设施扩建吸引了越来越多的人口在城镇集聚，人口集聚为城市发展带来了劳动力，且经济发展的增长使农民的收入不断提高，使他们有能力在城镇购房、消费，促进人口城镇化与土地城镇化的协调发展。其次，产业结构调整也为人口城镇化与土地城镇化良性互动提供动力。随着第二、第三产业快速发展，原本从事第一产业的农民在大城市有更多就业机会，人口的涌入又进一步带动了产业的发展，城市建设用地需求增加，促进了土地城镇化发展。

土地城镇化与人口城镇化之间的相互作用表现在两个方面。一方面，随着我国经济平稳向前发展，城市与乡村之间收入差距拉大使得农村人口不断向城市转移，带来了城市人口激增，外来居住人口原有生活方式和消费习惯发生改变，人口城镇化不断发展。在这一变化中，在城市生活的人们增加了对消费要素的需求，对商品需求的增加会激励企业通过扩大生产或是创新技术降低生产成本来提高企业利润，从而促进第二、第三产业发展。为满足日益扩张的产业发展，需要更多的土地空间，土地城镇化进程也随之推进。另一方面，逐渐增加的城镇人口需要相应增加基础设施及公共服务设施来满足其需求，而城市基础设施及公共服务设施的增加使得由政府主持规划的基础设施建设项目增多，城市基础设施建设的投入加大，城镇土地空间分布也随之改变。但由于可供城镇建设的国有土地总量是一定的，原有的国有土地面积已不能满足城市扩张建设的需要，这就需要有新的土地来支撑城市规模的扩张，所以政府一般通过征收土地改变其土地性质来进行城市的扩张建设。在这一过程中政府通过给予农民经济补偿的方式来获得土地，农民在获得征地补偿款后转移到城镇就业，由最初从事农业生产变为从事工业或服务业生产，农村人口也随之流向城市，加快了人口城镇化与土地城镇化进程，如此循环往复，土地城镇化与人口城镇化之间相互作用。

由此可见土地城镇化与人口城镇化发展的内在联系（见图 2-1），两者相互作用并共同发展。

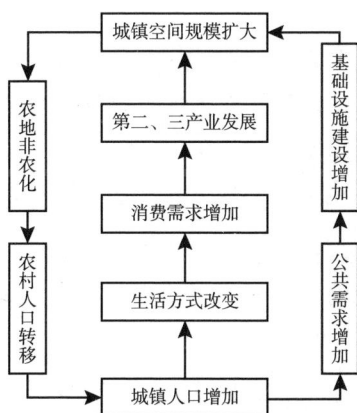

图 2-1　土地城镇化与人口城镇化发展的内在联系

## 二 基础理论梳理

### （一）新型城镇化理论

2014 年 3 月《国家新型城镇化规划（2014-2020 年）》出台，新型城镇化建设逐渐成为各级政府的工作重点，在全国各地开展了大量试点工作，取得了一些成功经验，创造了大量值得借鉴、复制和推广且具有鲜明特色的地方发展模式，为新型城镇化进一步深入推进积累了丰富的实践经验。新型城镇化是针对传统城镇化而言的，相关学者就两者之间的差异从不同角度进行了分析，区别如下：第一，发展目标不同。传统城镇化追求城市与社会的发展，重视城市建设、经济发展，却忽略了城市文化与城市管理等相关方面的发展需求；而新型城镇化是指在城镇化发展过程中，城市的经济、文化、社会、环境等协调发展。第二，从可持续发展角度来看，传统城镇化存在较为严重的弊端，主要表现为以土地城镇化为核心的城镇化发展路线，忽略了人与自然和谐共生的理念，过分看重发展成果而忽略了发展需求。先发展、再治理的思维方式给社会带来了诸多问题，例如土地资源被浪费、温室气体大量排放等都使可持续发展难以为继。新型城镇化理念之一就是保护我们赖以生存的家园，强调绿水青山就是金山银山，这种理念在追求城市发展的同时，也平衡了环境与人类生存之间的关系。第三，就发展动力而言，传统城镇化主要依靠政府行政手段来推进，同时依赖工业的发展。沿海地区地理位置优越，再加上早期政府政策的大力支持，其城镇化发展水平明显优于内陆，造成全国城镇化发展相对不平衡的局面。而新型城镇化更多的是借助市场来优化资源配置，再加上政府在某些关键节点上的调控，有利于城市化、工业化、信息化协调发展。人口、经济、土地、环境的协调发展对于建设新型城镇化至关重要。首先，"十四五"时期新型城镇化发展路线十分重要。发展路线强调要准确判断城镇化目前所处发展阶段，重点领域要重点击破，合理规划空间布局，科学统筹城乡要素，最大效率进行资源配置。其次，重视城镇化发展中存在的复杂性与反复性问题。复杂性表现在其涉及人口、社会、经济、环境等多个领域，很有可能牵一发而动全身。此外，城镇化建设面临的问题只是在一定程度上得到了改善，完全解决还需要时间，因此要特别重视短板领域的反复。最后，新型城镇化要更加重视质量的提高。新型城镇化发展的核心是人，所以人是城镇化发展中的重要一环。新型城镇化在衡量指标上要具有多样性，要体现这一发展核心。新型城镇化评价指标体系不仅要涵盖城镇人口、城镇建设用地、地区生产总值等数量指标，也要涵盖人口素质、城镇建设用地利用效率、市民化率等指标。要用指标衡量结果、分析结果进而发现问题、解决问题。例如，部分结果显示，目前我国城镇人口素质仍然不高，基于此，一方面要继续进行户籍制度改革，使流动农民能够享有与本地居民相同的社会保障制度。另一方面，要重视县城在城镇化进程中的载体作用，创造条件使农村人口能够就近市民化，推动城乡高质量发展，将新型城镇化发展理念落到实处（肖蓓等，2020）。

### （二）精明增长理论

精明增长理论最早诞生于美国。第二次世界大战后，美国经济快速增长，人均收入普遍提高，但是，由于过度重视工业发展而轻视环境保护，市中心大气污染严重。这种情况下，居住在市中心的一些收入较高的居民，为了寻求更舒适的生活环境，纷纷选择从环境遭到严重破坏的市中心转移到空气质量相对较好的郊区。在随后的二三十年里，随着大规模的美国中产阶级入住郊区，郊区的交通、生活设施等条件也大为改善。由政府出面修建了连接全国的高速公路，缩短了市中心到郊区的路程，同时相应的配套设施也进入郊区，这就是所谓的城市蔓延。这场没有提前规划、出人意料的迁移行为也引发了一系列社会现象和后果。市中心税源严重流失，导致财政收入减少而无力支撑城市基础公共服务。市中心成为低收入人群聚集区，而郊区却面临交通堵塞、农田占用、人口过于密集等问题。20世纪末，为了应对城市的无序蔓延，1997年马里兰州州长提出了这一问题的解决途径，即精明增长理论，其主要通过政府的财政手段来指导城市有序开发。2000年，美国规划协会确定了该理论的核心是：合理开发可利用空间，保证城市有序扩张，致力于建设集中、紧凑的城市格局，促进城市高质量发展。同年美国成立了美国精明增长联盟，该联盟进一步确定了精明增长的核心内容，在微观上强调，合理利用财政资金，科学规划土地利用，保护历史街道，加强步行和公交道路系统的建设，鼓励绿色出行。在宏观上主张，控制城市无序蔓延，杜绝盲目扩张，引导增长极重新回到城市建设当中，特别是城市中心区的建设，保护城市环境，打造城市绿色空间，实现城市经济、环境和社会的协调可持续发展。

对于精明增长理论内容的理解，国内外学者持有不同观点。国外学者经过长期的理论探讨与研究，对精明增长理论形成了成熟、广泛的认知，即精明增长目的在于保护现有资源，使城市规模能够在合理规划的前提下扩张，降低城市运行成本，改变居民交通出行方式，提升城市品质与公民生活质量。我国学者根据我国发展实际情况，对该概念进行了不同方面的延伸拓展。梁鹤年从城市收益角度对精明增长进行了定义，即精明增长为城市在进行基础设施开发过程中，以相对较低的开发成本来获得相对较高的开发收益的一种途径。诸大建等人认为，精明增长是通过提高开发过程中土地的利用率、对老城区进行针对性改造、划清城市增长边界、改变居民交通出行等方式来有效解决城市在发展过程中凸显的经济、环境、社会等方面的问题。此外，不同领域的专业人士对精明增长也持有不同的观点，环境保护领域专家认为精明增长是一种发展模式，其目的是服务经济、社会和我们生活的环境，让发展与保护达到某种平衡。农田保护者则认为应该保护城镇开发中处于边缘地带的农田。国家县级政府协会认为精明增长是一种致力于服务城市、郊区和农村的增长方式，这种方式就是在保护环境与提高居民生活水平的基础上来发展经济。

综合以上观点，本书认为精明增长是指以经济发展与生态环境之间的相互协调为前提、以提高土地利用率为基础进行的城市扩张。总的目标是限制城市无序蔓延，其具体细化目标包括：一是要保护农地。随着中国经济迅速发展、工业化进程加快、企业生产经营规模扩大以及农村人口大量涌入城市，城镇建设用地需求增加，土地开发不断向城镇外延扩张。这种"摊大饼"式的城镇扩张方式对农地的保护非常不利。因此，精明增长就提出要提高城镇现有土地利用率，限制城镇向外盲目扩张。二是保护生态环境。在城市发展过程中，要注重对生态环境的保护，城市经济发展不可超出本地区的环境承载能力，确保经济与环境协调发展。三是提高城市经济发展水平。城市精明增长最终要达到的效果是城市资源能够得到合理配置，城市基础设施服务得到明显改善，城市经济更加繁荣。四是提高城镇居民生活质量。城市向外扩张自然而然会带动群众就业地点向外迁移，进而造成交通拥堵、房价上涨，从而导致城镇居民生活水平下降。因此，城镇化发展要注意对城镇居民满意度、幸福感、获得感的调查。中国城镇化的发展也要紧紧围绕以上四个目标，实现新型城镇化高质量发展（顾俊杰，2018）。

### （三）最优协调度区间理论

协调是指一个系统内部各要素之间相互作用、相互影响而存在的一种良性状态，系统内部各要素之间的关系是动态变化的，其也会随着系统内外部环境的变化而不断调整。通常用协调度来衡量系统内部各要素之间的相互协调程度，这一指标定量地表现了在一定发展阶段各要素之间的相互影响程度。最优协调度是指各要素之间的最佳组合状态，由于各要素会受到其他因素的影响，即各要素之间存在相互作用、相互影响机制，最优协调度大多数情况下不是一个确定值，而是一个区间值。耦合协调度模型常用于分析事物协调发展水平，故协调度可以通过耦合协调度模型来衡量。耦合协调度大小能直观地反映系统间的协调发展程度。数值越高，表示系统间存在较强的相互改良、相互配合、相互促进和共同提升的作用关系；反之，则表示系统间发展失衡、配合程度低或者出现相互制约的现象，非常不利于系统整体的可持续发展。有学者用二元系统评价模型来测量系统内部各要素之间的耦合协调度，也有学者采用三元系统耦合理论，三元系统耦合是由二元系统发展而来。学者廖重斌在二元系统评价模型的基础上提出了系统耦合协调等级及其标准，如表 2-1 所示。这个标准更加直观地体现了系统间各个要素的协调发展情况，也为衡量协调度提供了研究工具。该标准以系统耦合度 0.5 为分界线，将协调度等级标准分为两个大类：失调衰退类（0.00~0.49）和协调发展类（0.50~0.99），这两个大类又可进一步细分为 10 个标准来衡量。其中，失调衰退类可细分为极度、严重、中度、轻度、濒临 5 个等级；协调发展类又分为勉强、初级、中级、良好、优质 5 个等级。在协调发展基本理论的指导下，本书认为在社会发展的任何阶段，土地城镇化与人口城镇化之间都应当保持健康的相互协调的发展态势。然而，调查研究显示，在城镇化发展过程中，存在人口城镇化与土地城镇化发展不协调的问题，本书通过分析全国人口城镇化与土地城镇化发展的空间分布特征，从耦合协调角度出发，提出可提高人口城镇化与土地城镇化良性互动的优化建议，促使人口与土地在发展中达到最优协调状态（武延叶，2019）。

表 2-1　系统耦合协调等级及其标准

| 失调衰退类 | | 协调发展类 | |
|---|---|---|---|
| 协调度 | 类型（等级） | 协调度 | 类型（等级） |
| 0.00~0.09 | 极度失调衰退类（Ⅰ级） | 0.50~0.59 | 勉强协调发展类（Ⅵ级） |
| 0.10~0.19 | 严重失调衰退类（Ⅱ级） | 0.60~0.69 | 初级协调发展类（Ⅶ级） |
| 0.20~0.29 | 中度失调衰退类（Ⅲ级） | 0.70~0.79 | 中级协调发展类（Ⅷ级） |
| 0.30~0.39 | 轻度失调衰退类（Ⅳ级） | 0.80~0.89 | 良好协调发展类（Ⅸ级） |
| 0.40~0.49 | 濒临失调衰退类（Ⅴ级） | 0.90~0.99 | 优质协调发展类（Ⅹ级） |

资料来源：笔者自行整理。

### （四）非均衡发展理论

非均衡发展理论最初是发展中国家实现经济发展目标的一种理论选择，其从现有资源的稀缺性这个角度指出均衡发展的不可行性，是基于国家间与地区间的自然资源禀赋差异以及社会资源配置不均衡而产生的经济发展区域空间差异。非均衡发展理论立足于资源禀赋与配置的差异性，体现有限资源分配的次序性，使效益较高的地区和产业得以优先发展，促使这些区域经济高速发展，其他地区步入第二顺位发展行列（朱选祥，2012）。

非均衡发展理论内容丰富，根据不同发展阶段的适用性，可分为无时间变量与有时间变量两类：前者包括循环累积因果论、不平衡增长理论、增长极理论、中心-外围理论等；后者主要以倒 U 形理论为代表。在无时间变量的非均衡发展理论中，瑞典著名经济学家冈纳·缪尔达尔（Gunnar Myrdal）在《经济理论与不发达地区》一书中首先提出了循环累积因果论。该理论认为中心地区应首先进行经济发展，但如果中心城市扩散效应不够强烈，将抑制其外围地区的发展，导致经济增长过程中出现回流效应而促使不平等趋势进一步扩大，使外围地区更加贫困。随后，经济学家阿尔伯特·赫希曼在 1958 年出版的《经济发展战略》一书中提出了不平衡增长理论。该理论认为各地区经济发展是由主导部门和其他部门共同组成的，而由于资源的稀缺性，故要优先发展主导部门产业，通过主导部门的影响来带动其他部门和地区的发展。法国经济学家弗朗索瓦·佩鲁提出增长极理论，该理论认为经济空间由若干中心组成，各种向心力或离心力则分别指向或背离这些中心。随着增长极的相继出现，通过其吸引力和扩散效应不断扩大自身规模，并对周围地区经济产生影响（官锡强，2010）。中心-外围理论是约翰·弗里德曼在对发展中国家空间发展规划的长期研究中提出的，他将这一空间发展规划的理论总结为用来解释区域或是城乡相互之间非均衡发展模式的理论，其将不同的经济系统划分为中心区和外围区，提出用处在空间系统结构中的核心区来支配外围区，从而达到从不关联到联系、从极为不均衡到平衡发展的状态。考虑时间变量的倒 U 形理论是威廉姆逊在库兹涅茨收入分配倒 U 形假说的基础上通过实证分析提出的用来解释区域经济差异的理论，他认为区域内经济差异与区域发展阶段两者之间存在倒 U 形关系，并表示区域之间的经济水平差距的产生、增大、缩小以及最终的消除均是一个周期内规律性变化的过程。

　　总的来说，非均衡发展理论是在资源稀缺背景下，由于二元经济的存在，通过扩散效应以及回流效应来促进各地区经济平衡发展。该理论在城市发展过程研究中得到了广泛应用。邓小平提出的"先富带后富"、"三步走"战略部署就是非均衡发展理论的重要体现。在国家政策方面，"十一五"规划提出东部地区发展是支持区域协调发展的重要基础，要在率先发展中带动和帮助中西部地区发展，体现"先富-共富"的财富增长与分配形式。"十二五"规划提出促进区域协调发展，积极稳妥推进城镇化实施区域发展总体战略和主体功能区战略，构筑区域经济优势互补、主体功能定位清晰、国土空间高效利用、人与自然和谐相处的区域发展格局，逐步实现不同区域基本公共服务均等化（肖金成等，2019）。从人口城镇化与土地城镇化的角度来说，城镇化促使长期处于低收入水平的农村人口迁移到城市，农村人口在城市中不断提高收入并享受公共服务带来的便利，却也因为户籍制度难以落户，城市带来的收益不能令全民分享而产生非均衡发展等问题。同时，人口迁移使城镇土地用途发生了转变，增加的人口与扩张的厂房使城镇建设用地需求增加，土地用途的转变也带来了城镇化发展与自然资源和耕地之间的非均衡发展。总的来说，均衡是相对的，非均衡才是城镇化发展的常态。总体均衡要经历局部非均衡才能实现，区域经济要经历非均衡动态发展的全过程才能达到更高水平的均衡发展。

### （五）可持续发展理论

1987 年世界环境与发展委员会在向联合国提交的报告《我们共同的未来》中，首次提出可持续发展理论（Sustainable Development Theory）（牛文元，2014），并以此为主题对人类共同关心的环境与发展问题进行了全面论述。1992 年联合国环境与发展大会达成《全球 21 世纪议程》，标志着可持续发展开始成为人类共同行动纲领。与任何经济理论和概念的形成和发展一样，可持续发展形成了不同的流派，这些流派或强调可持续发展中的不同属性，或对相关问题有所侧重。从全球范围来看，学者们着重从自然、社会、经济以及科技属性等方面进行解读。当前较为认可的可持续发展概念是既能满足当代人的需要，又不对后代人满足其需要的能力构成危害的发展，要求人类在发展中讲求经济效益、关注生态和谐与追求社会公平，最终达到人类的全面发展；以公平性、持续性、共同性为三大基本原则，包括经济可持续发展、生态可持续发展和社会可持续发展三个基本特征，以期实现共同、协调、公平、高效、多维发展。

从图 2-2 可以看出，人、社会、经济、生态可持续发展关系可以表述为，人作为社会、经济、生态三大系统重要的关系纽带，起着不可忽视的重要作用，经济系统为社会系统提供物质产品和资金等，社会系统为经济系统提供劳动力和科技等；社会系统排放生活废弃物等作用于生态系统，生态系统提供的空气、绿色植物等作用于社会系统；经济系统产生的污染和垃圾排放作用于生态系统，而生态系统产生的太阳能、生物能等环境资源作用于经济系统。三种系统相互影响、相互作用。而人口城镇化与土地城镇化的可持续发展要求之一是城镇化发展不能以牺牲环境为代价，要在环境保护的约束下发展城镇经济、进行城市规划。近年来，城镇化进程加快，也带来了很多负面影响，例如城市扩建带来的交通拥堵、空气污染等诸多问题。因此，在发展的特定时期与地区，在开发、利用土地的同时也要进行环境保护，改变之前投入多、效率低、污染严重的发展模式，从而更好地改善经济发展与环境之间的不协调关系，同时改进在发展过程中存在的土地城镇化进程快于人口城镇化的状况。可持续发展总体上兼顾区域整体与局部协调，在人口城镇化与土地城镇化互助发展的过程中，必然与城市生态环境相互影响、相互作用，正确认识城镇化与城市生态环境等的耦合协调关系，是实现城市绿色、协调、可持续发展的关键所在。

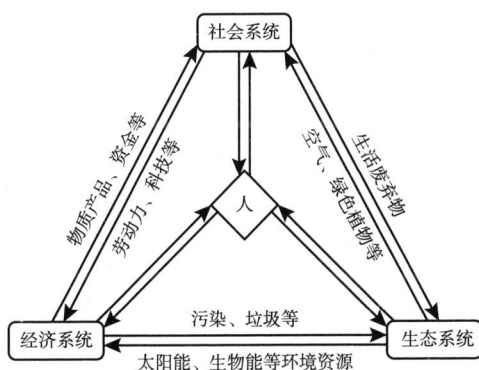

**图 2-2 人、社会、经济、生态可持续发展关系**

# 空间异质性视角下人口城镇化
# 与土地城镇化水平科学评价

## 一 人口城镇化与土地城镇化空间异质性的形成原因

空间异质性是相对的概念且不是恒定值，它由空间尺度的大小决定，并随着空间区位属性的变化而不同。我国各城市经济社会发展不平衡性较为明显，自然环境、资源禀赋和人口数量也具有较大差异，因此，经济因素、制度因素、就业环境等是人口城镇化与土地城镇化空间异质性形成的重要原因。

### （一）经济因素的影响

#### 1. 产业结构的影响

产业结构在人口城镇化与土地城镇化空间异质性形成中扮演着重要角色。为实现经济增长，各地政府往往优先推动工业和服务业发展，因此需要大量劳动力，这种发展模式可推动城市空间扩张，加速土地城镇化进程。但问题在于，产业结构优化升级程度、人口基数等要素因城而异；各地区第二、第三产业发展的动力机制各不相同，各地政府注重劳动力资源和第二、第三产业发展的同时，产业政策环境也具有相当大的差异；忽视农村户籍的就业人员真正向城镇转移，造成人口城镇化与土地城镇化发展水平各异。具体而言，各地区第二、第三产业发展速度和质量各不相同，主城区用地紧张必然向郊区扩张，造成土地城镇化的空间异质性；另外，第二、第三产业发展虽然带动众多非城镇人口在城镇就业，但各地区社会保障、社会福利存在差异，使得这些人口市民化进程因地而异，造成人口城镇化空间异质性。

**2. 经济政策的影响**

市场调节和政府宏观调控是两种主要的经济调节方式。为进一步实现资本积累而进行的双轨制改革，以计划和自由竞争策略逐渐放开产品价格和要素市场，在实现资本较高收益时，资本和土地市场处于半市场化状态，部分政府以较低的资本和土地价格降低企业成本，从而吸引投资，实现资本边际收益。然而各地资本存量、资本收益和土地规模等各异，工业用地与住宅用地出让方式、出让价格不同。其中，工业用地的低价出让大多是企业与政府的前期协议，过低的土地价格带动各地开发区、新城区等快速向外蔓延，使得土地城镇化快速发展并形成空间异质性。而住宅用地价格大多由土地市场决定，其价格往往高于工业用地，从而能够获取较高的土地财政收入，但各地区高昂的住宅用地价格也会提升城市房价，增加农村人口向城镇迁移的成本，造成各地人口城镇化的空间异质性。

**3. 经济外向性程度**

投资驱动对我国经济发展起到至关重要的作用，一般来说，一个地区经济增速越快，其开放程度也越高，外商投资的区位选择性产生集聚效应，增加劳动力需求，并以其溢出效应促进城镇化发展。一方面，外来企业大多将区位较好的中东部城市作为首选，这些劳动密集型产业在当地形成集聚，创造了较多的就业机会。当该地劳动力要素供不应求时，通过提高工资和福利水平等措施吸引欠发达地区农村剩余劳动力流入，成为外来务工人员流入的拉力因素，进一步刺激本地经济消费和投资，而经济欠发达地区在这一过程中人口外流与经济发展滞缓，进而造成各城市人口城镇化与土地城镇化发展的空间异质性。另一方面，外商投资在当地形成有益的溢出效应，资本集聚的同时带来先进的技术、观念和知识文化等，使得劳动力向外围扩散，优化资源配置进而带动产业结构升级，从而形成优势产业集聚区，间接提高发达地区城镇化发展速度和质量，形成发达地区和欠发达地区人口城镇化与土地城镇化的空间异质性特征。

**（二）税制政策的影响**

为解决中央财政赤字、运转困难等问题，1994年，我国开始以"规范税制、存量不动、增量调整和提高中央宏观调控能力"等为原则实行分税制改革，主要内容包括税种被分为中央税、地方税和共享税，确立税收管理权限，同时确定中央对地方税收返还数额，建立健全分级预算制度等。这种分税制改革的主要弊端表现在中央与地方、上级和下级政府之间事权与财权的失衡，中央加强对地方税收管控和规范，各地方政府以税收收入为主要财政来源的收入减少。因此，部分地区不得不寻求新的财政收入来源，开始着重转向土地开发，从农民或农村集体组织中征收土地，通过土地出让获取财政收入，形成"征地—卖地—收税—抵押—再征地"的财政收入和支出模式，以维持地方政府日常经济活动和社会事务。然而，这种分税制改革带来的土地财政使得不同区域内土地价格上升，中东部较为发达地区的城镇外围土地快速向城镇用地转化，而西部或欠发达地区农业用地向城镇用地转化速度较为缓慢，土地城镇化的空间异质性明显。此外，部分地区由于经济发展缓慢并且税收收入短缺，缺乏人口城镇化与土地城镇化基础设施建设资金，被迫缩减社会保障和社会福利支出，严重影响人口城镇化进程，形成东部、中部、西部不同地区人口城镇化与土地城镇化发展的异质性。

### （三）就业环境的影响

城乡二元土地制度和户籍制度对人口流动有较大限制，它们将劳动力市场分为城市劳动力市场和农村劳动力市场，从而形成与之相对应的二元就业制度，依附于土地和户籍的身份、社会保障和福利等因素进一步造成各地区人口城镇化与土地城镇化的差异。具体来看，各地区就业环境的不同使农村剩余劳动力向发达地区转移，由于自身文化水平不高、知识技能有限，发达地区企业并不将其视作稳定的产业工人，部分地区用工歧视依旧存在，从事劳动密集型行业的体力劳动是其主要的就业类型，这严重阻碍这类农民的市民化进程，不利于人口城镇化发展。这类人口不得不另谋出路，寻求容纳性较强和就业环境较好的城市，进而造成各地区人口城镇化发展不平衡。另外，从我国农民工从事的行业分布来看，建筑业和制造业是其主要就业行业，尤其是建筑业对农民工就业需求巨大，这也从侧面反映出发达地区房地产业的迅速发展和土地城镇化的快速扩张，从而形成不同区域内土地城镇化发展的异质性。

## 二　研究区域概况

人口城镇化与土地城镇化之间的互动关系，是经济学研究中的重要问题。现有研究多以理论研究和定量研究为主，且大多针对某一区域展开。如王丽艳等通过耦合协调度计算，得出东、中、西部地区人口城镇化与土地城镇化之间的协调关系；杨丽霞等（2013）研究发现不同县市的人口城镇化与土地城镇化发展水平之间存在差异，有些县市处于基本协调状态，而有些县市则达到协调发展水平，即同一省不同地区发展水平也存在空间差异；刘欢等（2016）通过测算长江经济带各城市中人口城镇化与土地城镇化的空间分布状况，发现不同地区人口城镇化与土地城镇化发展水平各异，相应的人口-土地空间分布特征也不相同；崔许锋（2014）以云南省为研究对象，分析了人口城镇化与土地城镇化的非均衡性与空间异质性；孙丽萍等通过对我国西部地区人口城镇化与土地城镇化发展水平进行研究发现，两者不协调发展越来越严重。通过归纳整理发现，以上研究均基于某一地区进行研究，仍缺少全国面板数据基础上的实证分析。此外，空间异质性视角下人口城镇化与土地城镇化的互动机理是较有价值的研究对象。本书在以上理论分析的基础上，对全国30个省（区、市）的286个城市的人口城镇化与土地城镇化发展现状进行多方面深入研究，提出了有针对性的意见。

本书研究数据来自《中国城市建设统计年鉴》、《中国城市统计年鉴》、《国民经济和社会发展统计公报》以及各地级市统计年鉴。

## 三　评价指标体系构建

### （一）具体指标体系构建原则

在评价指标选取的过程中遵循以下原则。

1. 全面性

选取的指标要能够涵盖影响土地城镇化与人口城镇化良性发展过程中所涉及的各种因素，且指标之间不能有重复交叉的部分。

2. 科学性

不但指标的概念、含义要科学，对于指标的分析、测定也要科学，否则会影响分析结果的准确性和真实性。

3. 易获取性

对于所构建的评价指标皆需要数据作为内容支撑，倘若无法获取或很难收集到相应指标的数据，那么研究也就毫无意义。

### （二）具体指标体系构建

基于前文对人口城镇化相关研究的梳理可以得知，人口城镇化不仅是迁移人员解决户籍问题的主要途径，其本质更是关于"人"的城镇化，除了城镇人口数量增加这一明显改变，还包括迁移人员的生活方式及经济来源等各方面的改变，所以人口城镇化所选取的指标应是综合指标，其包括准则层和指标层两个指标层级。梁振民（2014）认为高质量的城镇化是指在城镇化过程中，城市经济结构不断优化，城市内部空间和基础设施保持高效运转，住房、教育、医疗、户籍制度以及政府政策相对公平，城市内部社会环境和生态环境更加和谐统一；方创琳和王德利（2011）提出我国人口城镇化发展推进的关键是质量提升，选取社会、经济、空间三个方面对人口城镇化质量进行了综合评价；何平和倪苹（2013）在对全国城镇化发展水平的研究中，选取经济、社会、文化等七个方面的指标构建了其人口城镇化质量评价体系；而郭叶波（2013）通过总结现有研究成果将评价指标体系划分为经济发展、社会发展、人口发展及文化发展等六个方面。基于以上分析，本书选取经济环境、社会环境、文化环境三个方面来构建人口城镇化评价指标体系的准则层。在选取经济环境指标时，选择了第二、三产业增加值占GDP 比重和人均城乡居民储蓄年末余额这两个指标；在选取社会环境指标时，选择了人均城市道路面积和每万人医生数这两个指标；在选取文化环境指标时，选择了每万人公共图书馆藏书和每万人在校大学生人数这两个指标。

城镇化的一个最重要的特征就是土地权属及土地用途发生改变，也间接说明了土地城镇化是城镇化进程中必不可少的一部分。土地城镇化的重点在于扩展城镇空间并提高城镇土地利用效率，具体到土地用途上的改变则反映为城镇建设区域空间面积的增大、资本在单位面积土地上投资的增加以及单位土地面积产出的增加等。由于涉及方面众多，学者多利用复合指标来评价土地城镇化的发展。吕萍等（2008）以土地利用等为准则层构建了关于土地城镇化发展水平的综合评价指标体系，该评价指标体系在薛欧等（2011）测量研究陕西省的土地城镇化水平时被沿用；陈凤桂等（2010）认为建成区面积的增加只突出了土地规模上的改变，而研究土地城镇化还应涉及土地投入水平和土地利用水平这两方面；在之后相关的研究中，也大多沿用了陈凤桂的评价指标体系，并在此基础上加入新的因素。因此，本书借鉴已有研究成果，遵从指标选取原则，从土地规模、土地投入、土地利用三个方面选取六个指标构建土地城镇化质量评价体系，其中，土地规模包括建成区面积和建成区绿化覆盖率这两个评价指标；土地投入用地均固定资产投入和地均财政支出这两个指标来反映；土地利用则选取了年末实有城市道路面积和地均财政收入来表示。中国城镇化评价指标体系见表3-1。

表 3-1　中国城镇化评价指标体系

| 子系统层 | 准则层 | 指标层 | 单位 |
|---|---|---|---|
| 人口城镇化 | 经济环境 | 第二、三产业增加值占 GDP 比重 | % |
| | | 人均城乡居民储蓄年末余额 | 元 |
| | 社会环境 | 人均城市道路面积 | 平方米 |
| | | 每万人医生数 | 人 |
| | 文化环境 | 每万人公共图书馆藏书 | 千册 |
| | | 每万人在校大学生人数 | 人 |
| 土地城镇化 | 土地规模 | 建成区面积 | 平方千米 |
| | | 建成区绿化覆盖率 | % |
| | 土地投入 | 地均固定资产投入 | 亿元/平方千米 |
| | | 地均财政支出 | 万元/平方千米 |
| | 土地利用 | 年末实有城市道路面积 | 万平方米 |
| | | 地均财政收入 | 万元/平方千米 |

## 四　人口城镇化与土地城镇化水平综合评价

### （一）时间维度变化

1. 人口城镇化指数分析

根据 2008~2017 年中国总体及三大地区人口城镇化指数（见表 3-

2），从总体情况来看，人口城镇化指数呈波动增长态势，其指数从
2008 年的 0.1382 增至 2017 年的 0.1591，10 年间增长了 15%。这主要
与我国社会发展普遍存在的城乡二元结构有关，作为理性经济人，人
们为了追求更好的经济、社会和文化等物质生活条件，自发从农村迁
往城市，而由此产生的大规模人口迁移又进一步导致人口城镇化指数
的上升。

表 3-2　2008~2017 年中国总体及三大地区人口城镇化指数

| | 2008 年 | 2009 年 | 2010 年 | 2011 年 | 2012 年 | 2013 年 | 2014 年 | 2015 年 | 2016 年 | 2017 年 |
|---|---|---|---|---|---|---|---|---|---|---|
| 总体 | 0.1382 | 0.1386 | 0.1241 | 0.1364 | 0.1436 | 0.1415 | 0.1471 | 0.1067 | 0.1140 | 0.1591 |
| 东部 | 0.1734 | 0.1760 | 0.1582 | 0.1701 | 0.1795 | 0.1757 | 0.1805 | 0.1328 | 0.1345 | 0.1934 |
| 中部 | 0.1226 | 0.1229 | 0.1069 | 0.1185 | 0.1237 | 0.1234 | 0.1280 | 0.0904 | 0.0980 | 0.1363 |
| 西部 | 0.1146 | 0.1128 | 0.1039 | 0.1173 | 0.1243 | 0.1222 | 0.1298 | 0.0950 | 0.1086 | 0.1453 |

资料来源：笔者自行整理。

　　根据 2008~2017 年中国总体及三大地区人口城镇化指数时序变化
（见图 3-1），从不同地区状况分析，可以看出以下几点。

　　首先，就平均发展状况来看，10 年间，东部、中部和西部的人口城
镇化平均水平分别为 0.1674、0.1171 和 0.1174，东部地区人口城镇化水
平明显高于中部、西部地区，而这一特点又与各地区的经济环境、社会
环境与文化环境发展状况较为吻合。就经济环境来看，东部地区处于开
放的前沿，是诸多领域改革的试验田和示范区，率先驶入经济腾飞的快
车道。区域内的环渤海经济区、长江三角洲经济区、珠江三角洲经济区
等经济集聚区，已成为中国经济发展的龙头区域，这使得东部地区的经
济总量和经济结构都优于中西部地区。就社会环境来看，相比于东部地
区较为发达的交通网络布局，西部地区的交通条件还有很大差距。东部
地区在医疗服务等基础设施建设方面也比较完善，而西部地区长期受经
济发展水平制约，其基础设施建设还很不完善，这都使得西部地区的社
会环境明显落后于东部。就文化环境来看，东部地区文化市场相对成
熟，而西部地区处于经济欠发达地区，长期受到社会经济发展水平、基
础设施建设、资金人才引进和科技创新实力等条件限制，文化事业的发

展总体上较为缓慢。而人口城镇化不只是城镇人口数量的增加，更表现为人们生活质量的提高。因此，经济环境、社会环境、文化环境都处于优势地位的东部地区对农村剩余劳动力具有更强的吸附能力，人口城镇化指数明显更高。

其次，就发展速度来说，各地区人口城镇化增速也各不相同，东部地区人口城镇化指数从 2008 年的 0.1734 增至 2017 年的 0.1934，增速为 12%；中部地区从 2008 年的 0.1226 增至 2017 年的 0.1363，增速为 11%；西部地区从 2008 年的 0.1146 增至 2017 年的 0.1453，增速为 27%。由此可见，2008~2017 年 10 年间，东部地区和中部地区人口城镇化指数保持了较为平缓的增速，而西部地区人口城镇化指数增速较为迅猛，这主要是由于各地区经济、社会、文化的发展基础、发展现状和近 10 年来政策倾斜的不同。如前所述，东部和中部地区在经济、社会和文化的发展基础都明显优于西部地区，使得东部和中部地区的人口城镇化指数总体呈现稳中求进的发展态势。西部地区虽然发展基础薄弱，但 21 世纪以来国家大力提倡西部大开发战略，强调把东部沿海地区的剩余经济发展能力用于提高西部地区的经济和社会发展水平，同时，在国家政策的积极引导下，大学生志愿服务西部计划、西部地区参与和融入"一带一路"建设以及加大美丽西部建设力度、筑牢国家生态安全屏障等项目得以有效展开，为西部地区经济、社会和文化环境带来了发展动能，西部地区的人口吸附能力有了明显提升，10 年来西部地区人口城镇化指数增速最为明显。

最后，从区域协调发展来看，2008 年东部地区人口城镇化指数为 0.1734，西部地区人口城镇化指数为 0.1146，两者相差 0.0588；2017 年东部地区人口城镇化指数为 0.1934，西部地区人口城镇化指数为 0.1453，两者相差 0.0481。由此可见，10 年来，东西部人口城镇化指数差异明显减小。原因可能在于党的十六届三中全会明确提出要积极推进西部大开发，逐步扭转区域发展差距扩大的趋势，形成东中西相互促进、优势互补、共同发展的新格局。综上，在经济环境、社会环境、文化环境及相关政策的共同作用下，东部、中部、西部三地区人口城镇化水平的发展具有显著差异性。

从人口城镇化指数时间变化趋势来看，2008~2017 年 10 年间，中国

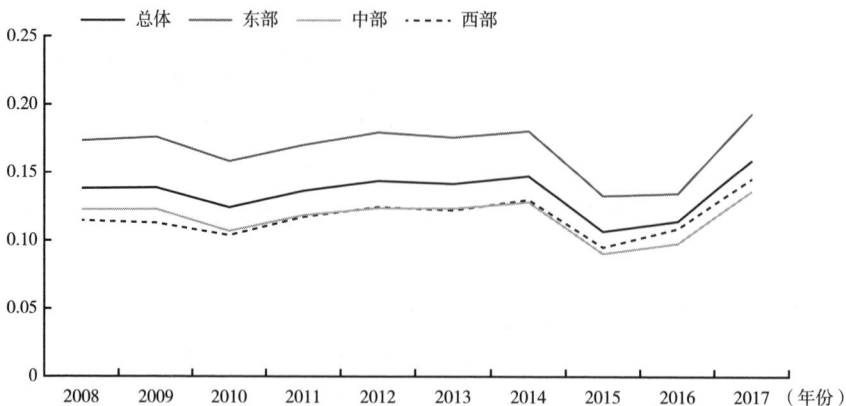

图 3-1 2008~2017 年中国总体及三大地区人口城镇化指数时序变化

资料来源：笔者自行整理。

总体及各地区人口城镇化指数实现 W 形增长态势。具体来说，可将其大致划分为以下三个阶段。

①2008~2011 年，该阶段中国总体及各地区人口城镇化指数呈现小幅波动的 V 字形缓慢增长态势。

②2012~2014 年，该阶段中国总体及各地区人口城镇化指数相对较高，并且变化不明显，保持了较为平稳的发展速度。

③2015~2017 年，该阶段中国总体及各地区人口城镇化指数呈现波动最大的 V 字形增长态势，在 2015 年跌入谷底，又在不到 2 年的时间里迅速恢复并得以继续提高。

分析发现，2010 年和 2015 年是中国及各地区人口城镇化发展的重要时间节点，打破了指数稳中有进的发展态势，人口城镇化指数均大幅下降。从各地区人口城镇化指数来看，286 个地级市中，2010 年和 2015 年人口城镇化指数下降的城市占比分别高达 89% 和 99%，说明这两年人口城镇化水平的降低是一种普遍现象，不只是受少数主要城市影响的结果。究其原因，2008~2017 年 10 年间，人口城镇化指数每次变动都同时受到经济、社会、文化因素的影响，但变动的主要原因在以上三个方面各有侧重、各不相同。2010 年中国及各地区人口城镇化指数下降的影响因素中，影响范围最大的是文化环境变化，但影响强度最大的是经济环境变化。

2008 年爆发的全球金融危机，导致全球经济迅速陷入低迷，通过一年时间的恢复调整，2010 年全球经济进入所谓"后金融危机时期"，普通民众对金融市场信任度下降，人均城乡居民储蓄年末余额明显减少。总的来说，2010 年是中国经济经历危机冲击触底之后，进入新一轮经济上升周期的起点。就文化环境来说，2009~2010 年中国文化市场以应对金融危机为基点，以整顿文化市场、净化文化环境为主线，文化市场发展陷入低迷期，这使得以良好文化环境拉动农村人口迁移至城市的方案失灵，人口城镇化指数随之下降。直到"十三五"规划的提出，从国家层面进一步明确了 2016~2020 年中国经济和社会发展蓝图，中国社会发展步入正轨，人口城镇化指数随之恢复并上升。

2. 土地城镇化指数分析

从总体情况来看，2008~2017 年中国总体及三大地区土地城镇化指数呈波动下降的态势（见表 3-3）。中国总体土地城镇化指数从 2008 年的 0.0669 降至 2017 年的 0.0547，10 年间下降了 18%。这主要是由于认识到了"摊大饼"式的土地城镇化持续增长带来的土地粗放管理、土地利用率低、浪费严重、环境污染加剧等问题，基于新型城镇化建设的兴起和可持续发展的需要，摒弃原来"造城运动"发展思路，由增量土地扩张转化为存量土地更新，土地城镇化发展方式由粗放管理到集约发展。

表 3-3　2008~2017 年中国总体及三大地区土地城镇化指数

| | 2008 年 | 2009 年 | 2010 年 | 2011 年 | 2012 年 | 2013 年 | 2014 年 | 2015 年 | 2016 年 | 2017 年 |
|---|---|---|---|---|---|---|---|---|---|---|
| 总体 | 0.0669 | 0.0686 | 0.0707 | 0.0704 | 0.0729 | 0.0747 | 0.0714 | 0.0641 | 0.0599 | 0.0547 |
| 东部 | 0.1053 | 0.1074 | 0.1103 | 0.1086 | 0.1115 | 0.1122 | 0.1073 | 0.0966 | 0.0902 | 0.0821 |
| 中部 | 0.0529 | 0.0546 | 0.0559 | 0.0562 | 0.0588 | 0.0605 | 0.0579 | 0.0519 | 0.0479 | 0.0452 |
| 西部 | 0.0376 | 0.0388 | 0.0410 | 0.0416 | 0.0436 | 0.0467 | 0.0446 | 0.0397 | 0.0381 | 0.0335 |

资料来源：笔者自行整理。

根据 2008~2017 年中国总体及三大地区土地城镇化指数时序变化（见图 3-2），对不同地区状况进行以下分析。

首先，从平均发展状况来看，10 年间，呈现东部地区>中部地区>西部地区的特征，这一特征主要受各区域土地规模、土地投入程度和土地利用效率的影响。就土地规模来说，西部地区虽然地域辽阔、土地资源丰富，但其中平原面积仅占 42%，盆地面积不到 10%，约有 48% 的土地资源是沙漠、戈壁、石山和海拔 3000 米以上的高寒地区，这意味着有将近一半的土地资源不适合进行生产和生活。而东部地区虽然土地资源绝对数量不如西部地区，但其土地类型多为平原和丘陵，中国面积最大的东北平原和集聚人口最多的华北平原都位于东部地区，由于地势平坦，适合人们进行生活生产活动，东部地区的土地城镇化发展居于优势地位。就土地投入程度来说，东部地区在引入外资、经济技术开发等的影响下，城镇周围的农村发展速度较快，尤其是在城镇化发展程度较高的华北平原、长江三角洲和珠江三角洲地区，城镇面积扩展十分明显，较高的人口密度、较好的基础设施连同较平坦的地势为区域城镇化的继续发展奠定了基础。而西部地区虽然在西部大开发政策的影响下，城镇化提速，但由于该区域城镇建设用地基数较小，城镇化土地投入程度依然不如东部地区。就土地利用效率来说，西部地区受经济发展水平和土地开发利用限制，土地利用效率不如东部地区。具体来说，随着工业化、信息化、城镇化和农业现代化深入推进，东部地区工业用地、服务设施用地、商业用地、城镇居民居住用地、医疗用地、教育用地、公共绿化用地等逐渐扩大，由此带来的政府财政收入逐渐增加，土地城镇化发展状况明显优于西部地区。

其次，从发展速度来看，各地区土地城镇化指数下降幅度也各不相同，东部地区土地城镇化指数从 2008 年的 0.1053 降至 2017 年的 0.0821，下降了 22%；中部地区从 2008 年的 0.0529 降至 2017 年的 0.0452，下降了 15%；西部地区从 2008 年的 0.0376 降至 2017 年的 0.0335，下降了 11%。由此可见，这 10 年中，各地区土地城镇化指数下降幅度与各地区土地城镇化平均发展水平呈现相同的特征。究其原因，我国城镇化进程逐渐加快，不可避免地带来城镇规模的扩大和体量的增加，进而产生极大的土地需求。但粗放式土地扩张会带来极其严重的规模膨胀问题，使得出现土地资源浪费、土地利用结构不合理和土地质量有所下降等问题，违背有序城镇化和健康城镇化的发展原则。为此，各地区适时调整政策，不再一味强调城镇化发展速度。尤其是发展水平较高的东部地区，近些年，粗放式的土地扩张已经严重制约了该地区的经济发展，该地区控制建设用地的源头，合理规划城市规模与空间布局，使土地城镇化发展质量逐步得到改善，基数较大的土地城镇化指数增速明显放缓。

最后，从区域协调发展来看，2008 年东部地区土地城镇化指数为 0.1053，西部地区土地城镇化指数为 0.0376，两者相差 0.0677；2017 年东部地区土地城镇化指数为 0.0821，西部地区土地城镇化指数为 0.0335，两者相差 0.0486。由此可见，这 10 年来，东西部土地城镇化指数差异明显缩小。如前所述，基于区域协调发展的需要，促进城镇化健康发展，要根据资源环境承载能力、发展基础和潜力，按照发挥比较优势、加强薄弱环节、享受均等化基本公共服务的要求，逐步形成东部、中部、西部良性互动、城镇化水平差距趋向缩小的区域协调发展战略。综上，在土地规模、土地投入强度及土地利用效率的共同作用下，东部、中部、西部土地城镇化水平实现差异化发展。

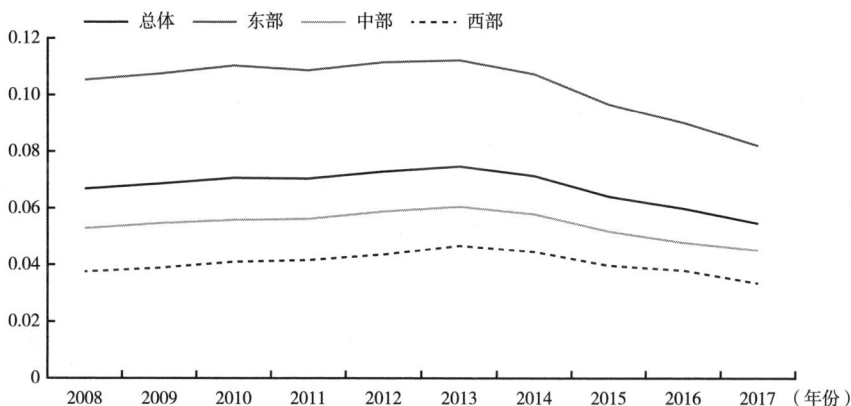

图 3-2　2008~2017 年中国总体及三大地区土地城镇化指数时序变化

资料来源：笔者自行整理。

根据中国总体及各地区土地城镇化指数时间变化趋势，可将其大致划分为以下三个阶段。

①2008~2012 年，该阶段中国总体及各地区土地城镇化指数均较大，保持了较为平稳的增长态势。

②2013~2014 年，该阶段中国总体及各地区土地城镇化指数缓慢增长态势停止，开始出现下降，但下降速度较为平缓。

③2015～2017 年，该阶段中国总体及各地区土地城镇化指数延续上一年的下降趋势，且下降速度明显加快，使得各地区土地城镇化指数出现了10 年来较大的降幅。

分析发现，2014 年和 2015 年是中国及各地区土地城镇化发展的重要时间节点，打破了土地城镇化稳中有进的发展态势，使得土地城镇化指数开始出现加速下降。从各地区土地城镇化指数来看，286 个地级市中，2014 年、2015 年土地城镇化指数下降的城市占比分别高达 69% 和 95%，说明这两年土地城镇化水平下降是一种普遍现象，不只是受少数主要城市影响的结果。究其原因，2008～2017 年 10 年间，土地城镇化指数每次变动都同时受到土地规模、土地投入程度及土地利用效率因素变动的影响，但每次变动的主要原因在以上三方面各有侧重、各不相同。2014 年中国及各地区土地城镇化指数下降，影响范围最广和影响程度最深的都是土地投入强度变化。2014 年中国城镇化率达到 54.77%，按照世界城市的发展规律，当城镇化率达到 40%～60% 的时候，标志着城市进入成长关键期，城市病进入多发期和爆发期。在此背景下，《国家新型城镇化规划（2014-2020 年）》出台，该规划全面贯彻新型城镇化发展理念，指出新型城镇化的本质是以科学发展观来统领城镇化建设，是以节约集约、和谐发展为基础特征的城镇化。与传统城镇化相比，新型城镇化更强调内在质量的全面提升，也就是要推动城镇化由偏重数量增加向注重质量提升转变。顺应国家城镇化发展要求，2014 年部分地区在推进土地城镇化发展过程中，改变粗放式发展现状，合理规划城镇化发展布局，适当减少对城镇土地的固定资产及财政支出投入，减缓各地区城市建设用地扩张速度。2015 年中国总体及各地区土地城镇化指数下降，影响范围最广的是土地规模变化，但影响强度最大的是土地利用效率变化。2015 年，"十三五"规划出台，提出"创新、协调、绿色、开放、共享"五大发展理念。2015 年中央城市工作会议更是明确提出，我国当前城镇化已经完成大规模基本建设，进入城市功能开发建设阶段。为此，城市群规划已经加快编制，城市群作为新型城镇化主体形态的地位更加凸显。从单一城市到城市群体的发展，改变原来单个城市的发展模式，各城市开发布局更为合理，不再一味"摊大饼"式发展；城市群更强调协调发展，各城市土地可以资源共享，由粗放利用转变为集约发展。在多个因素统筹作用下，土地城镇化指数虽出现了下降，但仍然坚持科学化发展道路，由注重城镇化数量到更加关注城镇化质量的转变，是我国土地城镇化水平有序、健康发展的体现。

3. 综合城镇化指数分析

根据 2008~2017 年中国总体及三大地区综合城镇化指数（见表 3-4），从总体情况来看，综合城镇化指数呈波动增长的态势，其指数从 2008 年的 0.1025 增至 2017 年的 0.1069，10 年间增长了 4%。综合城镇化是在人口城镇化与土地城镇化的共同作用下形成的。改革开放以来，随着城乡市场化改革的不断深化，农业劳动生产率的提高，农村富余劳动力向城镇转移速度加快，推动了农业劳动力就业的非农化和生活方式的市民化，尤其是加入 WTO 后，市场化发展速度进一步加快，户籍制度等城乡二元的制度性壁垒逐渐被打破，财政制度下分税制改革的实施使得城镇化土地面积不断扩张，人口和土地资源向城镇聚集，城镇化得到逐步发展。

表 3-4　2008~2017 年中国总体及三大地区综合城镇化指数

| | 2008 年 | 2009 年 | 2010 年 | 2011 年 | 2012 年 | 2013 年 | 2014 年 | 2015 年 | 2016 年 | 2017 年 |
|---|---|---|---|---|---|---|---|---|---|---|
| 总体 | 0.1025 | 0.1036 | 0.0974 | 0.1034 | 0.1082 | 0.1081 | 0.1092 | 0.0854 | 0.0870 | 0.1069 |
| 东部 | 0.1394 | 0.1417 | 0.1343 | 0.1394 | 0.1455 | 0.1439 | 0.1439 | 0.1147 | 0.1123 | 0.1377 |
| 中部 | 0.0877 | 0.0888 | 0.0814 | 0.0874 | 0.0913 | 0.0920 | 0.0929 | 0.0711 | 0.0729 | 0.0908 |
| 西部 | 0.0761 | 0.0758 | 0.0725 | 0.0794 | 0.0840 | 0.0845 | 0.0872 | 0.0674 | 0.0734 | 0.0894 |

资料来源：笔者自行整理。

根据 2008~2017 年中国总体及三大地区综合城镇化指数时序变化（见图 3-3），对不同地区状况进行以下分析。

首先，从平均发展状况来看，10 年来，东部、中部和西部综合城镇化指数平均分别为 0.1353、0.0856 和 0.0790，区域发展不平衡，呈现东部地区>中部地区>西部地区的特征。这一特征与各地区人口城镇化与土地城镇化发展水平具有较高一致性。就人口城镇化水平来说，东部地区是季风气候，温暖湿润，土壤肥沃，河流众多，水源充足，良好的自然条件使其成为人们迁入并进行生产生活的首选地；发展历史悠久，工业发达，科技先进，基础设施完善，教育水平高，就业机会多，国家政策支持，让人们从事生产更加便捷，生活质量得到显著提高，形成了较强的人口吸引力，尤其是胡焕庸线以东现已成为我国人口集聚区。就土地城镇化水平来说，东部地区地形以平原为主，地势平坦开阔，良好的土地资源给城镇化进程中城市道路建设及工业化用地提供了基础保障；东部地区人口稠密，为了满足人们的生产生活需求，城市建设用地不断地扩张；东部地区经济发展是土地城镇化发展的根源，正是经济高质量发展和经济发展结构优化，使东部地区土地利用价值得到进一步提高，进而使土地城镇化发展水平优于其他地区。

其次，从发展速度来看，东部地区综合城镇化发展减速，而中部和西部地区的发展提速。具体说来，东部地区综合城镇化指数从 2008 年的 0.1394 降至 2017 年的 0.1377，下降了 1%；中部地区从 2008 年的 0.0877 增至 2017 年的 0.0908，增长了 4%；西部地区从 2008 年的 0.0761 增至 2017 年的 0.0894，增长了 17%。相比人口城镇化和土地城镇化发展速度，综合城镇化发展速度相对平缓。这说明我国各地区综合城镇化发展水平相对稳定，成长过程相对缓慢。另外，在西部大开发与中部地区崛起发展战略的积极引导下，在资金、技术、人力资源的强力支持下，中西部发展明显提速，尤其是城镇化发展基础较为薄弱的西部地区，借鉴东部地区城镇化发展经验，充分发挥自身资源丰富和市场潜力巨大的发展优势，着手知识发展、人力资源开发、产业结构调整、加快基础设施建设、可持续发展五大战略，西部地区综合城镇化水平在 10 年间增速最为明显，中部地区承东启西，东部地区一家独大的发展势头得到有效控制。

最后，从区域协调发展来看，2008 年东部地区综合城镇化指数为 0.1394，西部地区综合城镇化指数为 0.0761，两者相差 0.0633；2017 年东部地区综合城镇化指数为 0.1377，西部地区综合城镇化指数为 0.0894，两者相差 0.0483。由此可见，2008～2017 年 10 年间，东西部综合城镇化指数差异明显缩小。这主要是源于区域协调发展战略指导下的"东中西各有侧重、大中小城市协同发展"布局。我国地域辽阔，东部、中部、西部地区自然资源禀赋和生产生活水平差异明显，城镇化发展模式的选择上各有侧重，但都形成了大城市辐射带动、中小城市积极参与的协同发展路径。如西部地区在重庆市、四川省成都市和陕西省西安市等大城市的积极带领下，成渝经济带、呼包鄂榆城市群加速形成，积极促进西部地区城镇化发展，使得东西部发展差距进一步缩小。

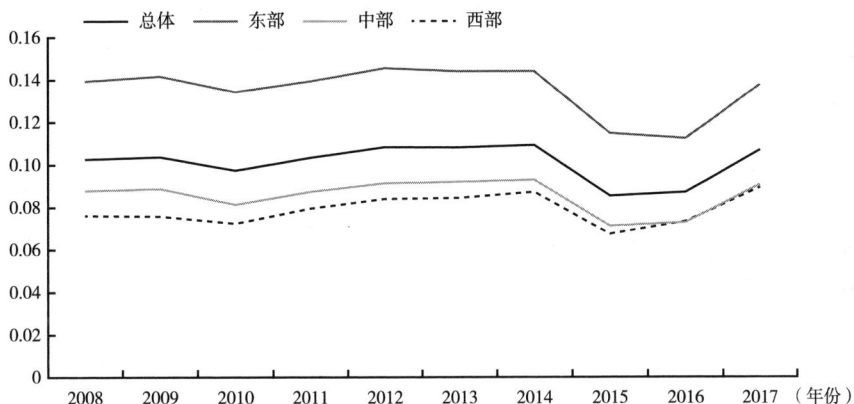

**图 3-3　2008～2017 年中国总体及三大地区综合城镇化指数时序变化**

资料来源：笔者自行整理。

从综合城镇化指数时间变化趋势来看，2008～2017 年 10 年间，中国总体及各地区综合城镇化水平与人口城镇化水平变化趋势具有较高一致性，都呈现 W 形增长态势。具体来说，可将其大致划分为以下三个阶段。

①2008～2012 年，该阶段中国总体及各地区综合城镇化指数呈现小幅波动的 V 字形缓慢增长态势。

②2013～2014 年，该阶段中国总体及各地区综合城镇化指数相对较高，并且变化不明显，保持了较为平稳的发展速度。

③2015～2017 年，该阶段中国总体及各地区综合城镇化呈现 10 年间指数波动最大的 V 字形增长态势，在 2015 年跌入谷底，又在 2 年的时间里基本恢复甚至高于原来综合城镇化发展水平，并保持继续增长的态势。

分析发现，2010 年和 2015 年是中国总体及各地区综合城镇化发展的重要时间节点，打破了指数稳中有进的发展态势，使得综合城镇化指数均呈现下降的趋势。从各地区综合城镇化指数来看，本书所研究的286个地级市中，2010年、2015年综合城镇化指数下降的城市占比分别高达83%和99%，说明这些年份综合城镇化水平下降是一种普遍现象，不只是受少数城市影响的结果。究其原因，综合城镇化指数每次变动都同时受到人口城镇化与土地城镇化变动的影响，但每次变动的主要原因都各有侧重、各不相同。对2010年中国及各地区综合城镇化指数下降影响较大的是人口城镇化水平下降。如前所述，受2008年全球金融危机的影响，全球经济发展进入"寒冬"，中国经济面临国内通货膨胀严重、国外市场大量资本外流的双重困境，经济衰退、GDP发展明显减速，并且短时间内难以恢复，人们的生产、生活遭遇困境，城镇化发展水平降至较低水平。另外，人口城镇化与土地城镇化下降共同导致2015年中国总体及各地区综合城镇化水平下降。随着《国家新型城镇化规划（2014~2020年）》出台，新型城镇化摒弃原来"造城运动"的发展思路，由增量土地扩张转至存量土地更新，使得土地城镇化发展方式由粗放到集约。人口城镇化也在该政策影响下，由快速人口扩张迈向高质量城镇人口发展新阶段。

### （二）收敛性分析

$\alpha$收敛性检验一般采用变异系数这一指标来衡量，可用于直观反映人口、土地及综合城镇化水平在全国及不同地区间差异的变化，若对任意$t$，都有$\alpha t+1<\alpha t$，就表明城镇化水平差距在逐渐缩小，存在$\alpha$收敛（张子龙等，2015）。

1. 人口城镇化水平收敛性分析

图3-4显示了2008~2017年中国总体及三大地区人口城镇化水平$\alpha$值走势。整体来看，在研究期间，人口城镇化空间差异始终存在西部地区>东部地区>中部地区的特征。其中，西部地区人口城镇化水平的$\alpha$值表现较为不稳定，波动幅度较大，就研究期间首尾两年数据来看（见表3-5），由2008年的0.6601增至2017年的0.7590，地区间差异整体呈扩大态势；而东部和中部地区2017年的人口城镇化水平$\alpha$值较2008年都有一定程度下降，表现出一定的收敛性。究其原因，随着西

部大开发战略的实施，西部城市得到了前所未有的发展机会，但对于尚处在经济发展初期的西部来说，区域间极化效应、回程效应远大于扩展效应，从而西部地区中心城市人口城镇化水平快速提升，而小城镇的人口城镇化水平依然处于较低发展阶段，区域间差异被进一步拉大；而对于已经处于较高发展水平的东部和中部地区来说，极化效应、回程效应趋于减弱，扩展效应则迅速增强，即东部和中部地区人口城镇化水平已经达到平衡发展阶段，区域间差异进一步缩小，出现了较为明显的收敛趋势。

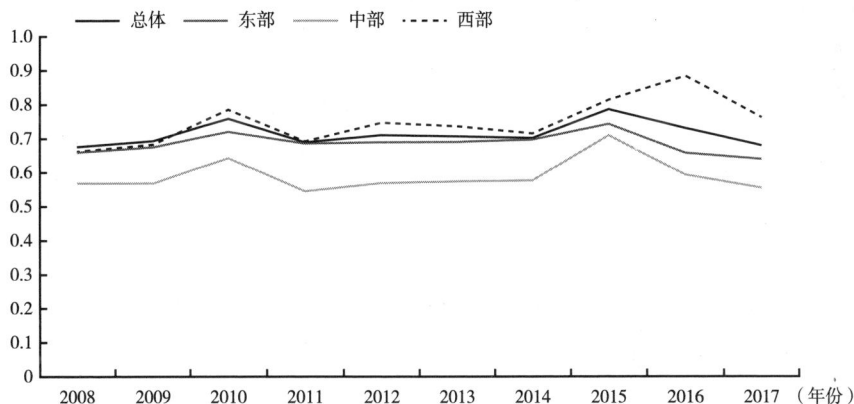

图 3-4　2008~2017 年中国地级市及三大地区人口城镇化水平α值走势

资料来源：笔者自行整理。

表 3-5　2008~2017 年中国地级市及三大地区人口城镇化水平α值

| | 2008 年 | 2009 年 | 2010 年 | 2011 年 | 2012 年 | 2013 年 | 2014 年 | 2015 年 | 2016 年 | 2017 年 |
|---|---|---|---|---|---|---|---|---|---|---|
| 总体 | 0.6733 | 0.6905 | 0.7549 | 0.6869 | 0.7074 | 0.7034 | 0.6994 | 0.7823 | 0.7270 | 0.6772 |
| 东部 | 0.6569 | 0.6727 | 0.7171 | 0.6829 | 0.6862 | 0.6872 | 0.6939 | 0.7401 | 0.6551 | 0.6375 |
| 中部 | 0.5656 | 0.5656 | 0.6402 | 0.5430 | 0.5667 | 0.5710 | 0.5742 | 0.7069 | 0.5900 | 0.5520 |
| 西部 | 0.6601 | 0.6799 | 0.7819 | 0.6891 | 0.7433 | 0.7335 | 0.7124 | 0.8100 | 0.8801 | 0.7590 |

资料来源：笔者自行整理。

具体来说，东部地区α值变化幅度最小、最为稳定，2015 年以来变异系数下降明显，使得东部地区人口城镇化水平呈现收敛趋势；中国总体和中部地区人口城镇化水平的地区差异都呈现 M 形变化轨迹，并都在 2010 年和 2015 年达到较高点。西部地区在研究期间经历了 3 轮"上升—下降"的循环，地区差异变化最频繁也最显著。通过以上分析发现，2010 年和 2015 年是两个重要时间节点，全国各地区人口城镇化水平差异拉大。如前所述，这两个年份分别受经济环境变化和社会、文化环境变化因素的影响，也是各地区人口城镇化水平普遍下降的年份。但由于各地区中心城市经济发展质量较高、基础设施较为完善等，中心城市在面对经济环境和社会环境冲击时所受的打击较小，而中小城镇自身发展水平较低，所以在面对冲击时所受的打击也更大，这就导致地区间差异进一步拉大。

通过以上分析可以看出，随着我国城镇化发展和户籍制度完善，10 年间，东部和中部地区人口城镇化水平空间差异在 2010~2011 年以及 2015~2017 年表现出明显的收敛状态，地区间人口城镇化水平空间差异逐步缩小；而西部地区在循环往复的发展过程中，虽然人口城镇化水平得到了提高，但重点发展中心城市，忽视了各城市协调发展的要求，使空间差异没有得到明显改善。

2. 土地城镇化水平收敛性分析

图 3-5 显示了 2008~2017 年中国地级市及三大地区土地城镇化水平 $\alpha$ 值走势。整体来看，在研究期间，除 2012~2014 年外，土地城镇化地区差异始终存在东部地区>西部地区>中部地区的特征。与人口城镇化水平 $\alpha$ 值走势相似，土地城镇化 $\alpha$ 值也是西部地区表现最为不稳定，$\alpha$ 值波动幅度较大。就研究期间首尾两年的数据来看（见表 3-6），中国总体土地城镇化水平的 $\alpha$ 值呈下降趋势，但东部、中部和西部各个地区土地城镇化水平的 $\alpha$ 值都呈上升趋势。说明在研究期内，随着时间的推移，中国总体土地城镇化水平出现了收敛态势，但东部、中部和西部各地区土地城镇化水平则与之相反，空间差异越来越显著，主要原因在于国家层面的政策扶持力度尚未满足各地区整体城市发展需求，而优势资源在趋利性和偏好性的驱使下大多集聚到了各地区相对发达的城市，由此一来，区域城市间的差异扩大趋势逐渐增强。

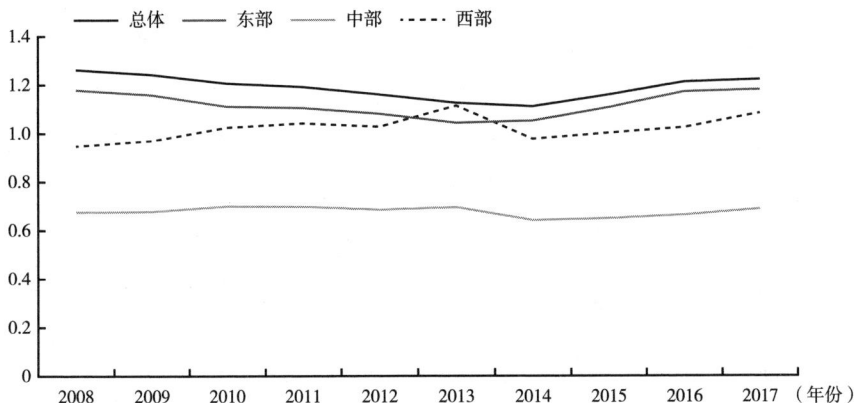

图 3-5 2008~2017 年中国地级市及三大地区土地城镇化水平 α 值走势

资料来源：笔者自行整理。

表 3-6 2008~2017 年中国地级市及三大地区土地城镇化水平 α 值

| | 2008 年 | 2009 年 | 2010 年 | 2011 年 | 2012 年 | 2013 年 | 2014 年 | 2015 年 | 2016 年 | 2017 年 |
|---|---|---|---|---|---|---|---|---|---|---|
| 总体 | 1.2546 | 1.2343 | 1.1995 | 1.1846 | 1.1539 | 1.1194 | 1.1049 | 1.1517 | 1.2052 | 1.2152 |
| 东部 | 1.1719 | 1.1522 | 1.1054 | 1.0989 | 1.0752 | 1.0372 | 1.0465 | 1.1000 | 1.1654 | 1.1735 |
| 中部 | 0.6707 | 0.6738 | 0.6958 | 0.6944 | 0.6808 | 0.6913 | 0.6381 | 0.6449 | 0.6598 | 0.6839 |
| 西部 | 0.9414 | 0.9647 | 1.0185 | 1.0364 | 1.0215 | 1.1072 | 0.9711 | 0.9953 | 1.0190 | 1.0775 |

资料来源：笔者自行整理。

具体来说，中国总体及东部地区土地城镇化水平地区差异走势基本相同，都经历了先下降（2008~2014 年、2008~2013 年）随后提升（2015~2017 年、2014~2017 年）的过程。西部地区土地城镇化水平地区差异走势与全国及东部地区恰好相反，呈倒 V 字形走势，2013 年地区差异达到极值，随后经历了快速下降的过程；中部地区土地城镇化水平地区差异变化最不明显，只在 2014 年出现了差异减小的趋势，其余年份差异变化均不明显。通过以上分析发现，2013~2015 年是重要的时间区间，全国各地区土地城镇化水平区域发展差异进一步拉大或缩小。这主要是由于《国家新型城镇化规划（2014-2020 年）》的出台，土地城镇化发展由数量发展向质量发展转变，东部城镇化水平较高的地区较好地完成了这一过渡，有效遏制了地区发展差异的进一步拉大；但中西部城镇化水平较低的地区，只能选择集中优势发展中心城市，这就造成中小城镇的土地城镇化水平较低，由此导致发展差异进一步拉大。

总之，以上分析表明，随着我国城镇化发展及土地制度的改革，中国总体土地城镇化水平空间差异缩小，虽然东部、中部和西部各地区土地城镇化水平得到了不同程度的提高，但各地区空间差异还未得到明显改善。

3. 综合城镇化水平收敛性分析

图 3-6 显示了 2008~2017 年中国地级市及三大地区综合城镇化水平 α 值走势。整体来看，在研究期间，综合城镇化变异系数始终存在东部地区>西部地区>中部地区的特征。同人口城镇化与土地城镇化水平 α 值走势相似，综合城镇化 α 值也是西部地区表现最为不稳定，α 值波动幅度较大。就研究期间首尾两年的数据来看（见表 3-7），中国总体、东部和中部地区综合城镇化水平的 α 值都呈下降态势，只有西部地区综合城镇化水平的 α 值呈上升态势。这说明在研究期内，随着时间的推移，只有西部地区综合城镇化水平地区间差异越来越明显，而中国总体、东部和中部地区综合城镇化水平空间差异则与之相反，整体呈现收敛趋势。这说明相比单个的人口城镇化与土地城镇化，我国更注重各地区城镇化的协调发展，究其原因主要是经济发展阶段不同。经济发展水平越低的地区，越难

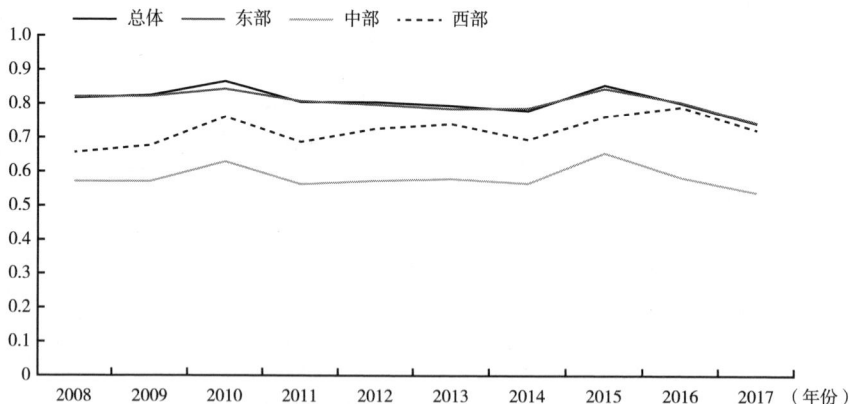

图 3-6　2008~2017 年中国地级市及三大地区综合城镇化水平α值走势

资料来源：笔者自行整理。

实现城镇化发展全覆盖，因此只能走增长极发展路径，在该发展阶段内，必然导致空间发展差异的进一步拉大。

表 3-7　2008~2017 年中国地级市及三大地区综合城镇化水平α值

| | 2008 年 | 2009 年 | 2010 年 | 2011 年 | 2012 年 | 2013 年 | 2014 年 | 2015 年 | 2016 年 | 2017 年 |
|---|---|---|---|---|---|---|---|---|---|---|
| 总体 | 0.8134 | 0.8208 | 0.8619 | 0.8016 | 0.8014 | 0.7913 | 0.7764 | 0.8520 | 0.7992 | 0.7396 |
| 东部 | 0.8173 | 0.8180 | 0.8397 | 0.8040 | 0.7941 | 0.7818 | 0.7838 | 0.8416 | 0.8012 | 0.7409 |
| 中部 | 0.5692 | 0.5691 | 0.6267 | 0.5603 | 0.5709 | 0.5761 | 0.5629 | 0.6528 | 0.5811 | 0.5370 |
| 西部 | 0.6535 | 0.6740 | 0.7580 | 0.6844 | 0.7232 | 0.7372 | 0.6917 | 0.7596 | 0.7873 | 0.7199 |

资料来源：笔者自行整理。

具体来说，中国总体和东部地区综合城镇化水平的地区差异走势基本重合；中部地区各个年份地区差异变化幅度与前两者基本一致，只是地区差异程度明显较低；西部地区各个年份综合城镇化水平空间差异变化幅度较大，虽然中间年份空间差异有下降的趋势，但 2015 年以来变异系数上升，说明区域间空间差异进一步拉大。总的来说，10年间，全国及各地区的综合城镇化水平空间差异大致呈 M 形走势，与人口城镇化水平空间差异走势相似，并均于 2010 年和 2015 年达到地区差异的较高点。如前所述，这主要是受到经济环境和社会、文化环境变化的影响。加之 2014 年国家新型城镇化发展路径实施，各地区政策的实施力度和实施效果短时间内存在差异，导致区域间空间差异出现暂时的小幅波动。

以上分析表明，随着我国户籍制度的完善和土地制度的改革，全国及东部、中部地区综合城镇化水平地区差异都逐渐缩小，西部地区在不断得到发展机遇的同时，各地区综合城镇化发展水平也呈现明显波动的发展状态，使得区域间发展差距在近几年进一步拉大，但综合来看，这是各地区城镇化发展的必经阶段，西部地区综合城镇化水平空间差异进一步拉大也只是暂时的，随着可持续发展和均衡发展的深入，西部地区综合城镇化水平协调发展指日可待。

### （三）集聚趋势分析

在很多社会经济现象中会发现一个位置的特征值和周围的事物有联系，统计学家称之为空间自相关。空间自相关度量需要使用特定的统计指标，而最常用的统计量莫过于莫兰指数（Moran's I）。莫兰指数包括全局莫兰指数（Global Moran's I）和局部莫兰指数（Local Moran's I）两种。判断空间相邻或相近区域单元属性值在整个研究区域内空间相关性的总体趋势，一般可通过刻画全域空间自相关性的指标——全局莫兰指数（Global Moran's I）进行检验，其计算方法见公式（11）。

为了研究人口、土地、综合城镇化水平空间格局的演化，本书通过建立 Queen's 邻接矩阵，并利用 2008~2017 年地级市横断面数据来测算研究区域历年的 Global Moran's I。在给定显著水平下，Global Moran's I>0 表示城镇化水平呈显著空间集聚特征，其值越大，空间相关性越明显；Global Moran's I<0 表示城镇化水平不呈显著空间集聚特征，其值越小，空间差异越大；Global Moran's I=0 表示城镇化水平空间分布呈随机性。

通过以上计算发现，所有年份 Global Moran's I 均在 0.01 的显著性水平上通过检验，结果具有可信度（见表 3-8），并且各个年份 Global Moran's I 均为正值，近 10 年来的均值为 0.18，表明人口城镇化水平具有强烈的空间自相关性。Z 得分约为 5，说明是标准差的 5 倍，结果分布在正态分布的两端，结合 Global Moran's I 为正，可以得出结果分布在正态分布的右端，为聚集型，即某城市的人口城镇化水平与该地区的位置有关，空间分布聚集度大的地方，人口城镇化水平也越高。另外，2008~2017 年 Global Moran's I 的变化幅度并不明显，说明中国人口城镇化水平空间分布格局相对稳定。但是，随着时间的推移，还是呈现 W 式的有一定起伏的发展态势，并且各地区人口城镇化 Global Moran's I 分别在 2010 年和 2015 年出现下降，尤其在 2015 年降至谷底，人口城镇化的空间分布相关性明显减弱。究其原因，这主要是户籍制度的区域性趋势明显，致使不同地区的人口城镇化水平失衡，空间相关性减弱。随着《国务院关于进一步推进户籍制度改革的意见》的发布和实施，进一步调整户口迁移政策，统一城乡户口登记制度，全面实施居住证制度，形成以人为本、科学高效、规划有序的新型户籍制度，这为各地区人口城镇化发展提供了总体指导，并不断强化各城市人口城镇化水平协调性的相似程度，从而使得后期的 Global Moran's I 呈不断上升趋势。

表 3-8　中国人口城镇化水平的 Global Moran's I

| 年份 | Global Moran's I | E(I) | V(I) | Z(I) | P(I) |
|---|---|---|---|---|---|
| 2008 | 0.1726 | −0.0035 | 0.0015 | 4.5616 | 0.0000 |
| 2009 | 0.1828 | −0.0035 | 0.0015 | 4.8175 | 0.0000 |
| 2010 | 0.1546 | −0.0035 | 0.0015 | 4.0895 | 0.0000 |
| 2011 | 0.1791 | −0.0035 | 0.0015 | 4.7268 | 0.0000 |
| 2012 | 0.1709 | −0.0035 | 0.0015 | 4.4997 | 0.0000 |
| 2013 | 0.1762 | −0.0035 | 0.0015 | 4.6342 | 0.0000 |
| 2014 | 0.1767 | −0.0035 | 0.0015 | 4.6419 | 0.0000 |
| 2015 | 0.1271 | −0.0035 | 0.0015 | 3.3587 | 0.0008 |
| 2016 | 0.1435 | −0.0035 | 0.0015 | 3.7869 | 0.0002 |
| 2017 | 0.1939 | −0.0035 | 0.0015 | 5.0715 | 0.0000 |

资料来源：笔者自行整理。

通过以上计算发现，所有年份 Global Moran's I 均在 0.01 的显著性水平上通过检验，结果具有可信度（表 3-9），并且各个年份 Global Moran's I 均为正值，近 10 年来的均值为 0.17，表明土地城镇化水平具有强烈的空间自相关性。Z 得分约为 4，说明是标准差的 4 倍，结果分布在正态分布的两端，结合 Global Moran's I 为正，可以得出结果分布在正态分布的右端，为聚集型，即某城市的土地城镇化水平与该地区的位置有关，空间分布聚集度大的地方，土地城镇化水平也越高。另外，2008～2017 年 Global Moran's I 的变化幅度并不明显，说明中国土地城镇化水平的空间分布格局相对稳定。但是，随着时间的推移，也在一定程度上呈先上升、后下降的态势。这主要是因为"十一五"和"十二五"时期国家认识到了城市病带来的危害，并积极做出了调整，促使城镇住宅用地增速趋缓，并且城镇住宅用地增长逐渐向中西部地区、中小城市偏移，使原本土地城镇化水平较低的中西部地区得到了发展机会，并不断强化各城市土地城镇化发展水平的相似程度，从而促使前期的 Global Moran's I 呈上升趋势。随着《国家新型城镇化规划（2014-2020 年）》出台，各城市对政策的解读和实施效果不一致。在该阶段，中心城市受虹吸效应的影响，优先享用新型城镇化发展资源，促使当地土地城镇化水平更高。而由于发展土地城镇化的各项资源相对有限，中小城市只有在中心城市土地城镇化发展到一定水平、涓滴效应和扩散效应开始发挥效用时，才能够奋起直追。因此，这中间就出现了短暂的失调期，土地城镇化水平呈现不平衡发展现象，进而导致 Global Moran's I 呈现下降的趋势。

表 3-9　中国土地城镇化水平的 Global Moran's I

| 年份 | Global Moran's I | E(I) | V(I) | Z(I) | P(I) |
|------|------------------|----------|----------|----------|----------|
| 2008 | 0.1789 | -0.0035 | 0.0013 | 5.0121 | 0.0000 |
| 2009 | 0.1798 | -0.0035 | 0.0013 | 5.0142 | 0.0000 |
| 2010 | 0.1712 | -0.0035 | 0.0014 | 4.7429 | 0.0000 |
| 2011 | 0.1722 | -0.0035 | 0.0014 | 4.7599 | 0.0000 |
| 2012 | 0.1757 | -0.0035 | 0.0014 | 4.8337 | 0.0000 |
| 2013 | 0.1718 | -0.0035 | 0.0014 | 4.6962 | 0.0000 |
| 2014 | 0.1956 | -0.0035 | 0.0014 | 5.3779 | 0.0000 |
| 2015 | 0.1896 | -0.0035 | 0.0013 | 5.2952 | 0.0000 |
| 2016 | 0.1807 | -0.0035 | 0.0013 | 5.0926 | 0.0000 |
| 2017 | 0.1783 | -0.0035 | 0.0013 | 5.0202 | 0.0000 |

资料来源：笔者自行整理。

通过以上计算发现，综合城镇化水平所有年份 Global Moran's I 均在 0.01 的显著性水平下通过检验，结果具有可信度（见表 3-10），并且各个年份 Global Moran's I 均为正值，近 10 年来的均值为 0.1790，表明综合城镇化水平具有强烈的空间自相关性。Z 得分约为 5，说明是标准差的 5 倍，结果分布在正态分布的两端，结合 Global Moran's I 为正，可以得出结果分布在正态分布的右端，为聚集型，即某城市的综合城镇化水平与该地区的位置有关，空间分布聚集度大的地方，综合城镇化水平也越高。另外，2008~2017 年 Global Moran's I 的变化幅度并不明显，说明中国综合城镇化水平空间分布格局相对稳定。但是，随着时间的推移，还是大体呈现 W 形的有一定起伏的发展态势，虽与人口城镇化水平变化趋势相似，但是该指标的上升下降幅度明显较小。这说明，各城市综合城镇化水平空间差异在受到人口城镇化水平空间差异的影响的同时，还受土地城镇化水平空间差异的影响。在两者综合作用下，我国综合城镇化水平空间差异在个别年份出现小幅波动，但总的来说仍然保持相对稳定。

表 3-10　中国综合城镇化水平的 Global Moran's I

| 年份 | Global Moran's I | E(I) | V(I) | Z(I) | P(I) |
|---|---|---|---|---|---|
| 2008 | 0.1795 | −0.0035 | 0.0014 | 4.8490 | 0.0000 |
| 2009 | 0.1844 | −0.0035 | 0.0014 | 4.9606 | 0.0000 |
| 2010 | 0.1632 | −0.0035 | 0.0014 | 4.3993 | 0.0000 |
| 2011 | 0.1803 | −0.0035 | 0.0014 | 4.8442 | 0.0000 |
| 2012 | 0.1782 | −0.0035 | 0.0015 | 4.7648 | 0.0000 |
| 2013 | 0.1779 | −0.0035 | 0.0015 | 4.7410 | 0.0000 |
| 2014 | 0.1907 | −0.0035 | 0.0015 | 5.0818 | 0.0000 |
| 2015 | 0.1640 | −0.0035 | 0.0015 | 4.3939 | 0.0000 |
| 2016 | 0.1736 | −0.0035 | 0.0015 | 4.6283 | 0.0000 |
| 2017 | 0.1979 | −0.0035 | 0.0015 | 5.2482 | 0.0000 |

资料来源：笔者自行整理。

第四章

# 空间异质性视角下人口城镇化
# 与土地城镇化互动关系的现实考量

## 一 人口城镇化与土地城镇化的空间分布特征

为探究中国人口城镇化与土地城镇化空间集聚状态及格局变化，本书采用核密度估计和冷热点分析法研究两者发展水平的空间特征。

### （一）人口城镇化的空间分布特征

1. 核密度估计

总体来看，人口城镇化集聚格局及密度变化主要体现在以下三点。①中东部地区密度明显大于西部地区，由南向北形成几个较为固定的密度核，分别是以广州、深圳、珠海等城市为核心的珠江三角洲地区，以合肥、上海、南京、苏州等城市为核心的长江三角洲地区，以武汉、鄂州等城市为核心的长江中游地区，以济南、泰安、淄博等城市为核心的山东半岛地区，以郑州等城市为核心的中原地区。此外，各省会城市及其周围也形成人口城镇化密集区，如西安、成都等城市。②2008~2017年，我国人口城镇化宏观格局未发生显著变化，而局部地区密度略有改变。③珠江三角洲地区始终是唯一的高水平人口城镇化密集区，原有的较高水平人口城镇化密集区呈扩散趋势，京津冀、辽中南和以太原为中心的较高水平人口城镇化密集区开始形成。本书就2008年、2011年、2014年和2017年4个年份的人口城镇化集聚状况做具体分析。

2008年，中东部地区形成了6个比较显著的密度核，其中，珠江三角洲、长江三角洲、山东半岛和中原地区集聚面积较大，而以武汉为中心和以长沙为中心的地区集聚面积较小。在这些地区中，珠江三角洲、长江三角洲经济发展水平高、基础设施完善，对各类人才有较强吸引力；而山东半岛和中原地区人口密集，对人口城镇化发展起到直接促进作用。具体而言，高水平人口城镇化密集区城市数量共 6 个，占比 2.1%，分别是广州、佛山、中山、珠海、东莞和深圳；较高水平人口城镇化密集区城市数量共 31 个，占比 10.8%；中等水平人口城镇化密集区城市数量为 102 个，占比 35.7%；较低水平人口城镇化密集区城市数量为 135 个，占比 47.2%；低水平人口城镇化密集区城市数量为 12 个，占比 4.2%。

2008~2011 年，京津冀地区逐渐发展成为较高水平人口城镇化密集区，北部湾地区开始形成以钦州和北海为中心的中等水平人口城镇化密集区，而以郑州为中心和以长沙为中心的较高水平人口城镇化密集区有缩小趋势。具体而言，2011 年，珠江三角洲高水平密集区 6 个城市数量保持不变，占比 2.1%；较高水平人口城镇化密集区城市数量共 28 个，较 2008 年减少 3 个，占比 9.6%，减少的城市为南通、焦作、新乡、德州和长沙，而新增的城市为杭州和黄石；中等水平人口城镇化密集区城市数量为 109 个，较 2008 年增加 7 个，占比 37.5%；较低水平人口城镇化密集区城市数量为 136 个，较 2008 年增加 1 个，占比 46.7%；同时，低水平人口城镇化密集区城市数量保持 12 个不变，占比 4.1%。

2012~2014 年，较高水平人口城镇化密集区呈增加和向外扩张趋势，其中，以太原为中心和以泉州和厦门为中心的较高水平人口城镇化密集区形成，而长江三角洲、中原地区、山东半岛和京津冀地区较高水平密集区向外扩张明显。具体而言，2014 年，以珠江三角洲为代表的高水平人口城镇化密集区城市数量保持不变；较高水平人口城镇化密集区城市数量为 40 个，较 2008 年增加 9 个，较 2011 年增加 12 个，占比 14.0%；中等水平人口城镇化密集区城市数量为 103 个，较 2008 年增加 1 个，较 2011 年减少 6 个城市，占比 36.0%；较低水平人口城镇化密集区城市数量为 127 个，较 2008 年减少 8 个，较 2011 年减少 9 个，占比 44.4%；低水平人口城镇化密集区城市数量为 10 个，均较 2008 年和 2011 年减少 2 个，占比 3.5%。

2015~2017 年，只有长江三角洲密集区继续向外扩张，而京津冀地区和以泉州为中心的密集区呈缩小趋势。具体来看，2017 年，珠江三角洲地区 6 个城市仍然是唯一的高水平人口城镇化密集区；较高水平人口城镇化密集区城市数量为 37 个，较 2014 年减少 3 个，占比 12.9%，且以长江三角洲向外扩张最为明显；中等水平人口城镇化密集区城市数量为 110 个，较 2014 年增加 7 个，占比 38.5%；较低水平人口城镇化密集区城市数量为 122 个，较 2014 年减少 5 个，占比 42.7%；低水平人口城镇化密集区城市数量为 11 个，较 2014 年增加 1 个，占比 3.8%。

2. 冷热点分析

总体来看，人口城镇化冷热点格局变化主要体现在以下方面。

①人口城镇化冷热点整体格局未发生实质性改变，但局部地区有较明显变化，在空间上呈"总体犬牙交错，局部集中连片"的特征，全国范围内热点区所占面积最小，次冷点区所占面积最大。

②2008~2017 年，热点区城市保持稳定，形成了珠江三角洲和嘉兴组成的双核心空间结构；次热点区主要集中在辽中南、华北地区、山东半岛和华东地区，其中，华北地区次热点集中连片区遭到分割，山东半岛次热点区经历了先缩小、后扩张的过程，其他次热点区呈零星点状分布。

③冷点区城市在局部地区呈集中连片分布，主要分布在四川、甘肃、广西和广东东部，河南、江西和湖南南部，湖北、安徽和浙江北部，2008~2017 年，中西部冷点区呈缩小趋势；次冷点区在东北地区和长江中下游地区分布最为广泛，同时也存在其他小块区域。本书将具体分析 2008 年、2011 年、2014 年和 2017 年 4 个年份的人口城镇化冷热点空间格局变化。

2008 年，人口城镇化冷热点格局总体分布分散、局部集中连片的特征明显。从全国尺度来看热点区所占比例很小，仅占比 2.4%，主要分布在嘉兴和珠江三角洲地区，其中，珠江三角洲热点区城市包括珠海、中山、广州、东莞、深圳和惠州；次热点区以辽中南地区、华北地区、山东半岛和华东地区集中最为明显，而华中也形成了以武汉、鄂州、黄石和咸宁为中心集聚的小型次热点区；次冷点区除东北地区和长江中下游地区以外，其他地区分布较为分散，大多以点状存在于冷点区和次热点区之间，如云南、四川、广西、甘肃和河北等地；冷点区除双鸭山、赤峰、武威等极个别点状区外，中西部和南方地区集聚态势明显。

2008~2011年，从人口城镇化冷热点格局来看，最大的变化特征在于辽中南地区、山东半岛次热点区面积缩小，南方地区广西西部冷点区面积扩大。具体而言，热点区空间格局保持不变；次热点区总体面积缩小，其中，山东半岛次热点集中连片区遭到分割，由次热点转化为次冷点的城市包括东营、泰安、潍坊、青岛、大连、朔州、芜湖和咸宁，而仅有辽阳和昆明由次冷点城市转化为次热点城市；次冷点区总体格局变化不大，仅在与冷点和次热点交界处的少数城市有所增减，如武威由冷点转化为次冷点；冷点区总体呈扩张趋势，其中，广西西部冷点区向西扩张，如百色、河池、崇左由次冷点转化为冷点，而其他省份部分城市如中卫、鸡西、邯郸、荆门、遵义也由次冷点转化为冷点。

2012~2014年，从人口城镇化冷热点格局来看，最大的变化特征在于冷点区面积总体遭到压缩，次冷点区面积进一步扩大。具体来看，热点区没有变化，而次热点区变化也相对较小，东北地区的松原、长春，辽中南地区的大连和山东半岛地区的潍坊、青岛由次冷点城市转化为次热点城市；仅有福建省漳州由次热点转化为次冷点；由于冷点区整体面积缩小且向次冷点转化，故次冷点区数量呈上升趋势，其中，总共有27个城市由冷点转化为次冷点，如普洱、百色、新余、荆州、临沂等。

2015~2017年，从人口城镇化冷热点格局来看，最大的变化特征在于热点区得到扩张，次热点区、次冷点区和冷点区在局部地区变化显著。具体来看，从热点方面来看，热点区打破以往以珠江三角洲和嘉兴为代表的双核心结构，克拉玛依进入热点区；从次热点方面来看，辽中南地区次热点区呈扩张趋势，华北地区次热点集中连片区遭到分割，以长江三角洲为核心的华东地区次热点区呈向南扩张趋势，以武汉为中心的长江中游次热点区逐渐消失，由次热点转化为次冷点的城市包括兰州、松原、长春、张家口、保定、济南、滁州、武汉和黄石；从冷点方面来看，冷点区中部和南方地区向外扩张最为明显，其中，由冷点转化为次冷点的城市包括鸡西、重庆和张家界，而由次冷点转化为冷点的城市有大同、资阳、眉山、邵阳、柳州、来宾、抚州和龙岩。

### （二）土地城镇化的空间分布特征

1. 核密度分析

总体来看，土地城镇化集聚格局及密度变化主要体现在以下三点

①2008～2017年，我国中高水平土地城镇化城市主要集中在中东部地区，自北向南大致形成了3个密度核，分别是以北京和天津等城市为核心的京津冀地区，以上海和苏州等城市为核心的长江三角洲地区，以广州、东莞、深圳和中山等城市为核心的珠江三角洲地区。这三大密度核心分别对应中国政治中心、经济中心和改革开放前沿高地，凭借基础设施建设、公共服务设施建设、政策倾斜和制度环境等方面的绝对优势吸引大量投资，在中心城市周围形成较强的集聚效应，从而地均投入大、产出效益高，城市土地利用结构和布局较为合理。如作为中国开放前沿的珠江三角洲地区，2017年，广州、佛山、中山、珠海、东莞、深圳和惠州土地城镇化综合指数均值为0.23，远高于广东省和全国土地城镇化平均水平。

②土地城镇化宏观格局未发生实质性转变，但局部地区略有变化。长江三角洲地区土地城镇化密集程度有所减弱，而以郑州为中心的中部地区密度核逐渐缩小并最终消失。中部地区是我国传统的农业生产基地，对土地财政依赖性较强，2008年经济危机后，政府为获得更高的财政收入和土地出让金，将大量耕地变为城镇用地，郑州土地城镇化指数从2008年的0.18上升到2014年的0.21，但基础设施和公共配套服务设施建设不足导致土地利用结构不合理，2014年土地城镇化指数开始逐年下降。

③2008～2017年，土地城镇化以较低水平密集为主，平均占比34.8%，其后为中等水平密集、低水平密集和较低水平密集，高水平密集区城市最少，平均占比2.7%。

2008年，高水平土地城镇化密集区以珠江三角洲和长江三角洲双核心结构最为明显，主要包括上海、苏州、无锡、嘉兴、广州、佛山、珠海、中山、东莞、深圳和惠州11个城市，占比3.8%；较高水平土地城镇化密集区集中在京津冀和高水平地区城市外围，主要包括北京、天津、郑州、南京和江门等14个城市，占比4.9%。中等水平土地城镇化密集区主要呈块状分布，辽中南、山东半岛、成渝、东南沿海等其他地区集聚显著，总计89

个地级市，占比 31.1%；较低水平土地城镇化密集区分布最广、城市最多，主要分布在中等水平外围，总计 127 个地级市，占比 44.4%；低水平土地城镇化密集区城市数量为 45 个，占比 15.7%（见表 4-1）。

**表 4-1　2008 年、2011 年、2014 年和 2017 年各类型土地城镇化密集区城市数量**

单位：个

| 年份 | 高水平 | 较高水平 | 中等水平 | 较低水平 | 低水平 |
|---|---|---|---|---|---|
| 2008 | 11 | 14 | 89 | 127 | 45 |
| 2011 | 12 | 14 | 82 | 125 | 53 |
| 2014 | 8 | 17 | 87 | 124 | 50 |
| 2017 | 7 | 15 | 81 | 122 | 61 |

资料来源：笔者自行整理。

2008~2011 年，显著的变化在于中等水平和低水平土地城镇化密集区城市，而其他类型城市数量变化不大。具体而言，2011 年，高水平土地城镇化密集区城市数量与 2008 年相比增加 1 个，为常州；较高水平土地城镇化密集区城市数量与 2008 年相比没有变化；中等水平土地城镇化密集区城市总计 82 个，较 2008 年减少 7 个城市，如商丘、黄山、南昌、衡阳等，占比 28.7%，以武汉为中心的长江中下游中等水平土地城镇化密集区有向东南扩张的趋势，而广西百色开始形成中等水平土地城镇化密集区，2009~2011 年，百色共征收农村集体土地 6147 公顷，用以扩大城市规模、基础设施建设和工业发展，土地城镇化水平获得长足发展；较低水平土地城镇化密集区城市总计 125 个，较 2008 年减少 2 个，占比 43.7%；低水平土地城镇化密集区城市总计 53 个，较 2008 年增加 8 个，占比 18.5%。

2012~2014 年，显著的变化在于长江三角洲高水平土地城镇化密集区和以郑州为中心的较高水平土地城镇化密集区密集程度有所减弱。具体来看，高水平土地城镇化密集区城市较 2011 年减少 4 个，减少的城市为常州、无锡、嘉兴和上海，这些城市主要转化为较高水平土地城镇化密集区城市，从而使较高水平土地城镇化密集区城市增加到 17 个，占比 5.9%；中等水平土地城镇化密集区城市总计 87 个，占比 30.4%，较 2011 年增加

5 个城市，如黄山等；低水平和较低水平土地城镇化密集区城市数量变化不大，对土地城镇化宏观格局的变化影响不大。

2015~2017 年，高水平、较高水平、中等水平和较低水平土地城镇化密集区城市数量均呈减少趋势，只有低水平土地城镇化密集区城市数量增加，而长江三角洲高水平土地城镇化密集区消失。具体来看，高水平土地城镇化密集区城市数量从 2011 年以来一直呈减少趋势，2017 年为最少，总计 7 个城市，分别为广州、佛山、珠海、中山、东莞、深圳和惠州，占比 2.4%；较高水平土地城镇化密集区城市总计 15 个，较 2014 年减少 2 个城市，占比 5.2%；中等水平土地城镇化密集区城市总计 81 个，较 2014 年减少 6 个城市，如池州、揭阳和黄山等，占比 28.3%；较低水平土地城镇化密集区城市总计 122 个，较 2014 年减少 2 个城市，占比 42.7%；低水平土地城镇化密集区城市总计 61 个，较 2014 年增加 11 个城市，如张家口、朔州、包头和临汾等，占比 21.3%。

2. 冷热点分析

①2008~2017 年，我国土地城镇化冷热点格局总体保持稳定，局部地区发生显著土地城镇化冷热点格局变化主要体现在以下三点：变化且"抱团"集聚状态显著，全国范围内热点区所占面积最小，而冷点区所占面积最大。

②冷热点分析中热点区与核密度估计中高水平土地城镇化密集区相类似，以京津冀、长江三角洲和珠江三角洲三个地区热点集聚最为显著，其中，长江三角洲热点区面积最大，而京津冀和珠江三角洲热点区面积相对较小。次热点区主要集中在热点区周围，呈块状分布；其他次热点如山东半岛的烟台、潍坊和青岛等城市集聚显著，同时也存在零星点状次热点城市。

③冷点区在全国范围内分布最为广泛，但 2008~2017 年冷点区城市整体数量呈减少趋势，东北地区、西北地区和东南地区是冷点集中连片分布区，而次冷点区在辽中南地区、中原地区和长江中下游地区最为集中，冷点和次冷点在其他地区也存在零星点状分布。本书将从 2008 年、2011 年、2014 年和 2017 年 4 个年份具体分析土地城镇化冷热点空间格局变化。

2008～2011 年，土地城镇化冷热点空间格局总体变化不大，次热点区、次冷点区和冷点区在局部范围内呈微小变动。具体来看，热点区城市数量保持稳定，京津冀、长江三角洲和珠江三角洲地区是热点集聚区，这三大区域有着雄厚的经济实力、较大的人口密度和优惠政策支持，在硬件发展（如基础设施、公共服务设施等）和软件发展（如制度环境等）方面优势突出，特别是 2008 年经济危机之后，经济发展开始由出口拉动逐渐转为内需拉动，国内市场扩张加大了土地资源需求，刺激了土地资源非农业化利用。2011 年次热点区城市较 2008 年增加 1 个城市，总计 17 个城市，增加的城市为曲靖，而热点区周围分布的次热点区和其他零星点状次热点城市（如成都、厦门、鄂州等）数量保持稳定。2011 年次冷点区和冷点区与 2008 年相比，南方地区冷点区和次冷点区格局变化大于北方地区，总计 9 个城市由冷点转化为次冷点，包括宿迁、淮安、娄底、株洲、宜春、铜陵、百色、崇左和河池，而仅有漯河由次冷点城市变为冷点城市。以淮安为例，2008～2010 年，虽然建成区绿化覆盖率和地均固定资产投入有一定下降，但地均财政一般预算内收入和支出、年末实有城市道路面积均处上升态势，且增加量大于减少量，从而使土地城镇化指数上升。

2012～2014 年，土地城镇化冷热点格局以次热点区和冷点区变化最为显著。具体来看，热点区和次热点区在京津冀、长江三角洲和珠江三角洲这三大区域的集聚状态保持不变，与 2010 年相比，2014 年次热点区在西南地区呈明显扩张趋势，增加的城市为重庆和资阳，形成重庆和成都相互呼应的次热点集聚区，其中重庆作为西部地区后发城市，近年来经济实力增长迅速，产业发展繁荣，基础设施、公共服务设施和制度环境完善，加快推动了土地城镇化。而曲靖则由次热点城市转化为冷点城市。次冷点区和冷点区同样在西南地区变化最大，其中，德阳、铜陵、百色、河池和崇左这 5 个城市由次冷点转化为冷点，乌海和贵阳这 2 个城市由冷点转化为次冷点，故 2011～2014 年，全国范围内冷点区面积扩张而次冷点区面积缩小。

2015～2017 年，土地城镇化冷热点格局变化显著，次热点区和次冷点区呈明显扩张态势，而冷点区城市在中原和南方地区呈明显减少趋势。具体来看，热点区空间格局保持不变，次热点区城市明显增多，其中，山东半岛次热点区向西扩张，而京津冀地区次热点区向南扩张，两大次热点集聚区逐渐连接成片，新增次热点城市为德州、聊城、泰安和衡水；中部地区开始形成以郑州、开封和许昌为集聚中心的中原次热点区，近年来，河南自由贸易区、郑州航空港经济综合实验区建设等一大批政策红利极大地促进了中原地区经济建设，依靠郑州这一国家中心城市的辐射带动作用，中原城市群在地均固定资产投入、地均财政收入和支出上取得较大进展，带动土地城镇化建设扩张迅速；随着次冷点区向次热点区转化，长江中游地区形成了以武汉、鄂州和黄石为中心的次热点集聚区，东南沿海形成了以厦门、泉州和漳州为中心的次热点集聚区。与 2014 年相比，次冷点区除辽中南地区以外在全国范围内均呈扩张状态，冷点区城市明显减少，值得注意的是，东北地区土地城镇化冷点区和次冷点区格局较为稳定，在东北地区经济形势持续低迷、产业结构不合理和人口大量外流的因素下，城市扩张缓慢；中部地区大量城市由冷点转化为次冷点，如商丘、周口、信阳、阜阳、亳州等。

### （三）综合城镇化的空间分布特征

#### 1. 核密度估计

2008 年、2011 年、2014 年、2017 年各类型综合城镇化密集区城市数量如表 4-2 所示，总体来看，综合城镇化集聚格局及密度变化主要体现在以下三点。

①2008~2017 年，我国中高水平综合城镇化密集区主要集中在中东部地区，珠江三角洲、长江三角洲、京津冀地区和山东半岛的密度核较为显著。综合城镇化核密度估计结果与人口城镇化核密度估计结果相似，珠江三角洲地区是全国唯一的高水平综合城镇化密集区，包括广州、东莞和深圳等 7 个城市，作为我国改革开放前沿高地，珠江三角洲地区拥有良好的经济环境和社会环境，对公众及各种人才有着较强吸引力，加上城市人口增加对城镇建设用地需求不断增长，综合城镇化水平在全国居于首列。另外，长江三角洲是较高水平综合城镇化集聚面积最大的区域，这与长江三角洲一体化发展战略息息相关，以郑州为中心的中原城市群和以济南为中心的山东半岛城市群也形成了较高水平综合城镇化密集区。

表4-2　2008年、2011年、2014年、2017年各类型综合城镇化密集区城市数量

单位：个

| 年份 | 高水平 | 较高水平 | 中等水平 | 较低水平 | 低水平 |
|------|--------|----------|----------|----------|--------|
| 2008 | 7 | 24 | 99 | 144 | 12 |
| 2011 | 7 | 24 | 94 | 144 | 17 |
| 2014 | 7 | 26 | 103 | 130 | 20 |
| 2017 | 7 | 32 | 98 | 139 | 10 |

资料来源：笔者自行整理

②我国综合城镇化集聚格局虽然在局部地区变化显著，但宏观格局相对稳定。中原地区较高水平综合城镇化密集区经历了先缩小后扩张的过程，以武汉为中心的密集区一直处于缓慢扩张状态，而东南沿海地区以厦门为中心的较高水平综合城镇化密集区则从无到有并不断扩大。

③综合来看，我国综合城镇化以较低水平密集为主，平均占比48.60%，中等水平密集区城市次之，平均占比34.27%，高水平密集区城市最少，平均占比2.45%。

2008～2011年，高水平、较高水平和较低水平综合城镇化密集区城市数量保持不变，中等水平密集区城市数量减少，而低水平密集区城市数量增加。具体来看，高水平密集区以珠江三角洲地区最为显著，且城市数量和空间格局保持不变。较高水平密集区城市数量保持在24个，占研究城市总数的8.39%。中原城市群综合城镇化密度核有所缩小；而长江中游地区以武汉为中心的较高水平密集区呈扩张趋势；泰安由较高水平转化为中等水平；而厦门和钦州由中等水平转化为较高水平，分别在东南沿海和北部湾地区形成较高水平综合城镇化密度核。2010年，经国务院批准，厦门经济特区范围扩大到全市，在扩大金融改革试点的同时，设立两岸区域性金融服务中心，大量人口和资本向厦门集聚，增加了土地非农业化利用，对综合城镇化指数提升具有直接促进作用。中等水平综合城镇化密集区城市较2008年减少5个，分别为梅州、清远、亳州、忻州和衡水，这些城市均由中等水平密集区转化为较低水平密集区。低水平综合城镇化密集区城市较2008年增加5个，包括伊春、七台河、巴彦淖尔和遵义等，均由较低水平密集区城市转化而来，可以看出，这些城市大多位于边疆地

区，复杂的地理条件和经济社会环境影响了其综合城镇化发展进程。

2012~2014 年，高水平综合城镇化密集区城市数量保持不变，除较低水平密集区城市数量减少外，其他类型综合城镇化密集区城市数量均有所增加。具体来看，较高水平综合城镇化密集区城市数量较 2011 年增加 2 个，为泰安和泉州，其中，泉州在 2012 年被国务院同意设立泉州台商投资区，实行现行国家级经济技术开发区政策，并且泉州成为第三个国家级金融综合改革试验区，优惠政策的实施优化了泉州经济社会环境，对地均固定资产投入、地均财政投入和支出增加起到直接促进作用，推动综合城镇化指数上升。中等水平密集区城市在 2014 年达到最多，总计 103 个，占比 36.01%，较 2011 年增加 9 个城市，增加的城市包括乌海、重庆、贵阳、昆明、清远等。较低水平密集区城市在 2014 年最少，总计 130 个，占比 45.45%，较 2011 年减少 14 个城市，由中等水平密集区城市转化为较低水平密集区城市，包括揭阳、汕头、长治和呼和浩特等。低水平密集区城市在 2014 年达到最多，总计 20 个，占比 6.99%，较 2011 年增加 3 个城市，为鹤岗、天水和百色。

2015~2017 年，高水平综合城镇化密集区城市数量保持不变，较高水平和较低水平密集区城市数量增加，而中等水平和低水平密集区城市数量减少。具体来看，较高水平综合城镇化密集区城市一直呈增长态势，2017 年增加到最多，为 32 个，占比 11.19%，较 2014 年增加 6 个城市。以郑州为中心的中原地区较高水平密集区和以济南为中心的山东半岛较高水平密集区整体向外扩张明显，中原地区的焦作、新乡和许昌等中等水平密集城市转化为较高水平密集城市，这与近年来中部崛起等一系列战略实施具有较大关联，也反映出郑州对周边城市起到的辐射带动作用；长江三角洲较高水平密集区向南扩张，杭州和绍兴由中等水平转化为较高水平，长江三角洲逐渐走向一体化发展，人口膨胀加剧，地均固定资产投入、地均财政收入和支出不断增加，综合城镇化水平不断提升。中等水平综合城镇化集聚区较 2014 年减少 5 个城市，其中，由中等水平转化为较低水平的城市包括铁岭、新余等。较低水平综合城镇化密集区城市较 2014 年增加 9 个，而低水平密集区城市则在 2017 年减至最少，总计 10 个城市，反映出我国综合城镇化指数整体呈上升趋势。

2. 冷热点分析

总体来看，综合城镇化冷热点格局变化主要体现在以下三点。

①2008～2017 年，我国综合城镇化冷热点空间格局总体呈不规则状分布，局部地区"抱团"集聚明显，同时也存在零星点状分布，可以看出，综合城镇化冷热点格局经历了从以冷点为主到以次冷点为主的变化过程，进一步表明综合城镇化水平整体呈上升趋势。

②综合城镇化热点区城市在 2008～2011 年基本保持稳定，京津冀、长江三角洲和珠江三角洲是三大热点集聚区，2014 年珠海由次热点转化为热点，2017 年克拉玛依由次热点转化为热点；次热点城市依旧在热点周围呈块状分布，另外，辽中南、华北和山东半岛地区也形成了范围较大的次热点集聚区，且在全国范围内次热点区城市经历了先减少后增加的过程。

③冷点和次冷点集聚区经历的变化最大，西部、华中和东南地区冷点范围逐渐缩小，西南地区冷点格局整体变化不大；综合城镇化次冷点区在东北、华北和长江中下游地区有小块的次冷点集聚区，而在其他地区分布则较为分散。

2008～2011 年，综合城镇化冷热点格局最大的变化在于次热点区和冷点区。具体来看，热点区在京津冀、长江三角洲和珠江三角洲这三大区域内没有变化，包括廊坊、天津、南通、上海、苏州、嘉兴、广州、惠州、东莞、中山和深圳 11 个城市。次热点城市在各地变化各有不同，华北、山东半岛和珠江三角洲外围地区次热点城市数量减少，乌兰察布、晋中、聊城、韶关和清远由次热点转化为次冷点，这些城市大多是资源型城市，很可能受经济危机影响较大，如清远市 2009～2011 年城镇化率分别为 45.57%、47.54% 和 47.65%，城镇化进程明显放缓，另外，克拉玛依、兰州、昆明和杭州由次冷点城市转化为次热点城市，可以看出，这些城市大多是省会城市，在吸引人口集聚和推动经济社会发展方面拥有极大优势，虹吸效应显著加快城镇化发展进程，而杭州由次冷点转化为次热点使得长江三角洲西部和南部次热点城市连接成片，形成规模较大的次热点城市集聚区。次冷点集聚区城市较 2008 年有所增加，且以西南地区最为显著，主要包括乐山、曲靖、河池、百色、崇左和防城港等，其他地区如怀化、衡阳和白山也从冷点城市转化为次冷点城市。冷点城市较 2008 年整体有所减少，如前所述，西南地区减少最为显著，西北、中部和南方地区冷点格局变化基本保持稳定。

2012~2014 年，综合城镇化冷热点格局变化主要取决于冷点和次冷点城市。具体来看，热点城市以京津冀、长江三角洲和珠江三角洲集聚最为显著，而珠海由次热点城市转化为热点城市，进一步扩大了珠江三角洲地区热点集聚规模，作为中国典型的移民城市，珠海有着特殊的社会空间结构，在以政府为主导的城市总体规划下，珠海的产业结构调整、功能区域划分和重大基础设施建设极大地吸引了人口、企业和资本进入，对其综合城镇化水平提升起到较强的促进作用。综合城市次热点格局较 2011 年变化不大，西宁、辽阳和漳州由次热点城市转化为次冷点城市，而仅韶关从次冷点城市转化为次热点城市。冷点和次冷点集聚区城市在局部范围内变化较大，东南地区冷点城市数量减少，三明、抚州和九江由冷点城市转为次冷点城市，中部和西南地区冷点集聚区城市增加，安阳、濮阳、曲靖、河池、百色、崇左和防城港均由次冷点转化为冷点，另外，由冷点转化为次冷点的城市包括张掖、榆林、白城、白山和遵义等。

2015~2017 年，综合城镇化冷热点格局主要变化表现为热点和次热点城市增多，而冷点区城市数量明显减少。具体来看，克拉玛依由次热点转为热点，并且是西部地区唯一的热点城市，作为典型的资源型城市，石油工业是克拉玛依的命脉，但近年来随着融合发展理念的提出，石油城、智慧城市的建设组成了功能完善的城市发展集群，信息、金融和旅游业发展推动了城市转型，促进综合城镇化建设不断发展。次热点集中连片区整体呈扩张趋势，如华北地区的太原、晋中、乌兰察布，山东半岛地区的聊城，长江三角洲地区的黄山和衢州，东南地区的漳州和清远，这些城市均由次冷点转化为次热点，次热点集聚区城市数量明显增加。次冷点区城市同样表现为扩张趋势，且大多是由冷点城市转化而来，如西北地区的白银、吴忠、宝鸡、咸阳、西安、铜川、渭南和商洛，中部地区的安阳、濮阳、荆门和孝感，东南地区的上饶、南平和龙岩等。

## 二　人口城镇化与土地城镇化的发展演变规律

### (一) 人口城镇化的空间格局、重心演变轨迹及变化规律

1. 人口城镇化空间格局

本书运用相关软件，根据自然间断分级法将 286 个地级市人口城镇化水平分为 4 个等级，分别为高水平、较高水平、较低水平和低水平，分析结果如下 (见表 4-3)。

表 4-3　2008 年、2011 年、2014 年、2017 年不同人口城镇化水平地级市数量

单位：个

| 年份 | 高水平 | 较高水平 | 较低水平 | 低水平 |
|------|--------|----------|----------|--------|
| 2008 | 12 | 40 | 121 | 113 |
| 2011 | 14 | 44 | 112 | 116 |
| 2014 | 12 | 33 | 102 | 139 |
| 2017 | 30 | 45 | 114 | 97 |

资料来源：笔者自行整理。

2008 年，全国高水平 (0.3378~0.7543) 人口城镇化城市最少，而大部分地级市人口城镇化处于较低水平 (0.1013~0.1894) 和低水平 (0.0308~0.1013)。具体来看，高水平人口城镇化城市总计 12 个，占比 4.20%，如北京、济南、南京、上海、武汉、厦门和广州等，这些城市大多为一线城市或全国政治中心、经济中心和改革开放前沿阵地，基础设施和公共服务设施完备，教育医疗资源相对充足，拥有较好的就业机会，对公众有较强的吸引力。处于较高水平人口城镇化的城市总计 40 个，占比 13.99%，与高水平人口城镇化城市相似，这些城市也大多为省会或区域性经济社会中心，如郑州、石家庄、西安、成都、长沙、贵阳和南宁等，在省内或区域内形成较强的虹吸效应，资源和人口集聚加快城镇化进程。较低水平人口城镇化城市数量最多、占比最大，总计 121 个，占比 42.31%，其中华北、东北地区分布较为集中，而南方地区分布较为分散，

这些城市是中国最为普遍的中小城市，城市经济和人民生活水平一般，对人才和公众吸引力较弱，人口城镇化发展较为迟缓。低水平人口城镇化城市总计 113 个，占比 39.51%，主要分布在东北、中西部和东南地区，这些城市多处贫困地区，经济发展缓慢，城市基础设施和公共服务设施不足，人口外流较为普遍。

2008～2011 年，高水平、较高水平和低水平人口城镇化城市增加，较低水平人口城镇化城市减少，人口城镇化仍以较低水平（0.0981～0.1817）和低水平（0.0330～0.0981）为主。具体来看，2011 年，人口城镇化高水平（0.3293～0.7359）城市总计 14 个，占比 4.90%，较 2008 年增加杭州和兰州两个城市，其中，杭州位于长江三角洲，地区经济发展协同性较强，随着信息技术、电子商务和现代服务业的发展，各类人才集聚，人口城镇化发展速度较快。人口城镇化水平较高（0.1817～0.3293）的城市总计 44 个，占比 15.38%，较 2008 年增加的城市有嘉峪关、西宁、马鞍山、芜湖、温州、钦州和三亚；而由较高水平转为较低水平的城市包括嘉兴、绍兴和南宁，这些城市人口城镇化水平下降的原因可能在于受经济危机影响，第二、三产业增加值遭受打击，人均城乡居民储蓄年末余额减少，社会环境和文化环境有所衰退，导致人口城镇化水平不升反降。较低水平人口城镇化城市总计 112 个，占比 39.16%，与 2008 年相比分布格局变化不大，但数量上减少 9 个城市，除上述转为较高水平人口城镇化的城市外，遵义、延安、朔州、双鸭山和白山等城市由较低水平转为低水平。低水平人口城镇化城市总计 116 个，占比 40.56%，中国人口城镇化由以较低水平为主转变为以低水平为主。同样，很大原因是受经济危机的影响。

2012～2014 年，中国人口城镇化水平整体有所下降。其中，高水平（0.3799～0.7071）、较高水平（0.2203～0.3799）和较低水平（0.1013～0.1894）人口城镇化城市均呈减少趋势，低水平（0.0328～0.1140）① 人口城镇化城市大幅增加。具体来看，2014 年，高水平人口城镇化城市总计 12 个，占比 4.20%，较 2011 年增加的城市为鄂尔多斯，减少的城市为

① 括号内的数据代表某一年份高中低水平地区城市具体所处的区间，因此分段数据不一定衔接。全书同。

呼和浩特、兰州和杭州。较高水平人口城镇化城市总计 33 个，占比 11.54%，较 2011 年减少的城市包括哈尔滨、石家庄、东营、烟台、威海、常州、温州和湘潭等，主要分布在东北、东部和西南地区。较低水平人口城镇化城市总计 102 个，占比 35.66%，较 2011 年减少 3.5 个百分点，减少的城市包括百色、怀化、安阳、邯郸、邢台和聊城等，河南、河北和山东三省交界处的减少最为集中。低水平人口城镇化城市总计 139 个，占比 48.60%，较 2011 年占比增加 8.04 个百分点，除上述较低水平人口城镇化转化的城市外，增加的城市还包括怀化、梅州、娄底、张家口、莱芜和衡水等。

2015~2017 年，与 2011~2014 年相反的是，高水平、较高水平和较低水平人口城镇化城市均呈增加趋势且增加幅度较大，低水平人口城镇化城市呈减少趋势且减少幅度较大。具体来看，2017 年，高水平人口城镇化城市共 30 个，占比 10.49%，占比增加 6.29 个百分点，较 2014 年增加 18 个城市，包括郑州、西安、长沙、南昌、银川、兰州和大连等，可以看出这些多为省会城市，随着供给侧结构性改革深化，经济由高速增长阶段转向高质量发展阶段，省会城市在硬件设施和软件设施方面对人口集聚拥有较强吸引力。较高水平人口城镇化城市共 45 个，占比 15.73%，占比增加 4.19 个百分点，较 2014 年增加 12 个城市，包括金华、绍兴、湖州、芜湖、淄博、泰安和锦州等，这些城市大多处于高水平人口城镇化周围，受地区中心城市辐射带动作用强，人口城镇化发展速度较快。较低水平人口城镇化共 114 个，占比 39.86%，占比增加 4.20 个百分点，较 2014 年增加 12 个城市，包括连云港、淮安、荆门、荆州、河源、池州和酒泉等；低水平人口城镇化城市共 97 个，占比 33.92%，占比减少 14.69 个百分点，较 2014 年减少 42 个城市，除上述转为较高水平和较低水平的城市外，还包括白银、乐山、北海、延安和铜川等。

2. 人口城镇化重心迁移轨迹

总体来看，2008~2017 年，人口城镇化重心坐标主要在 113.7617°E~114.5151°E 和 32.8431°N~33.0547°N 区域内移动（见表 4-4），从 ArcGIS 运算结果可知，该区域位于河南省驻马店市，且移动轨迹整体呈 W 形。具体从移动方向来看，向东北和东南方向各移动 1 次，移动频率均为 11.1%；向西北方向移动 2 次，移动频率为 22.2%；向西南方向移动 5 次，移动频率为 55.6%。可以看出，人口城镇化重心总体向西偏南移动，即向低纬度、低经度移动，表明我国西部地区人口城镇化水平提升，全国人口城镇化逐渐趋向均衡发展。从移动距离来看，2008~2017 年人口城镇化重心向西共移动 132.24 千米，年均移动 14.69 千米，其中 2016 年重心向西北方向移动距离最大，表明西北地区人口城镇化有较大提升；2012 年重心向西南方向移动距离最小，为 1.55 千米。可以看出，人口城镇化重心稳定性总体较差，也表明各地区人口城镇化年变化量较为明显。另外，人口城镇化重心在经度上的移动距离大于在纬度上的移动距离，表明人口城镇化东西变化大于南北变化。

表 4-4　2008~2017 年人口城镇化重心坐标及年际移动距离和方向

| 年份 | 东经(°) | 北纬(°) | 距离(千米) | 方向 |
|---|---|---|---|---|
| 2008 | 114.3977 | 33.0419 | — | — |
| 2009 | 114.5151 | 33.0547 | 13.12 | 东北 |
| 2010 | 114.4251 | 32.9337 | 16.75 | 西南 |
| 2011 | 114.2284 | 32.9229 | 21.89 | 西南 |
| 2012 | 114.2147 | 32.9207 | 1.55 | 西南 |
| 2013 | 114.1972 | 32.9545 | 4.23 | 西北 |
| 2014 | 114.1289 | 32.9354 | 7.87 | 西南 |
| 2015 | 113.9965 | 32.8431 | 17.93 | 西南 |
| 2016 | 113.7617 | 33.0650 | 35.90 | 西北 |
| 2017 | 113.8716 | 33.0249 | 13.00 | 东南 |
| 均值 | — | — | 14.69 | — |

资料来源：笔者自行整理。

从重心移动经度方向来看（见图 4-1），2008~2017 年人口城镇化重心在经度上呈现高-低-高的变化态势，整体向低经度（向西）方向移动趋势明显。具体来看，2008~2009 年，人口城镇化重心向高经度移动，即向东移动，原因可能在于本就不发达的西部城市受经济危机冲击较大，人们更多地向经济社会环境较好的东部地区寻求机会，加快了东部地区人口城镇化发展。2009~2016 年，人口城镇化重心明显向低经度移动，即向西移动，且 2009~2011 年移动速度大于 2012~2016 年移动速度，经过西部大开发战略多年的实施以及产业由东向西转移的政策驱动,西部城市在实现经济快速发展的同时,社会文化环境也得到明显改善,吸引更多的人在本地就业或创业,对人口城镇化起到较大促进作用。2017年,人口城镇化重心向高经度移动,即向东回转。另外,人口城镇化重心在2009年处于最靠东的位置,为114.5151°E,在2016年处于最靠西的位置,为113.7617°E,极差为0.7534°。

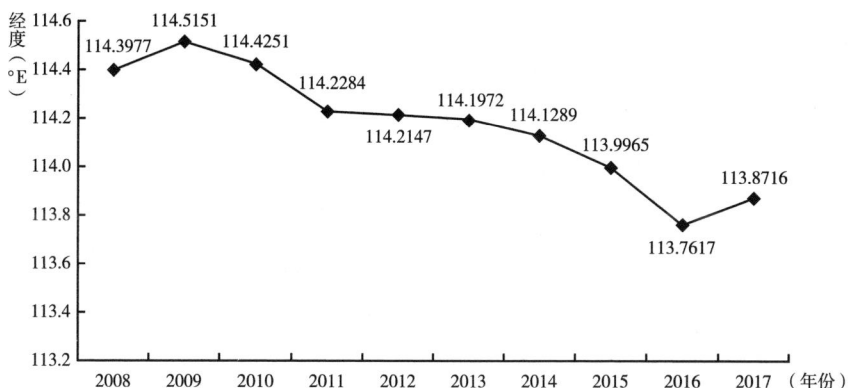

**图4-1 2008~2017年人口城镇化重心在经度上的变化轨迹**

资料来源:笔者自行整理。

从重心移动纬度方向来看(见图4-2),2008~2017年人口城镇化重心在纬度上呈现高-低-高-低-高-低的变化态势,重心总体上向低纬度(向南)移动,其中,2008~2015年重心总体向低纬度移动,2016~2017年重心有向高纬度(向北)回转趋势。具体来看,2008~2009年重心向高纬度移动,即向北移动,表明北方地区人口城镇化水平有所提升。虽然2012~2013年重心有向北移动趋势,但2009~2015年重心整体表现为向南迁移,其中,2009~2010年、2014~2015年重心向南移动迅速,而其他年份重心向南移动较为迟缓,重心整体南迁的原因可能在于南方地区是我国经济中心,基础设施和制度环境较为完善,对人口吸引力较强。2015~2016年重心急剧向北移动,移动距离远且移动速度快,而2017年重心重新向南回转。另外,重心在2016年处于最靠北的位置,为33.0650°N,在2015年处于最靠南的位置,为32.8431°N,极差为0.2219°。

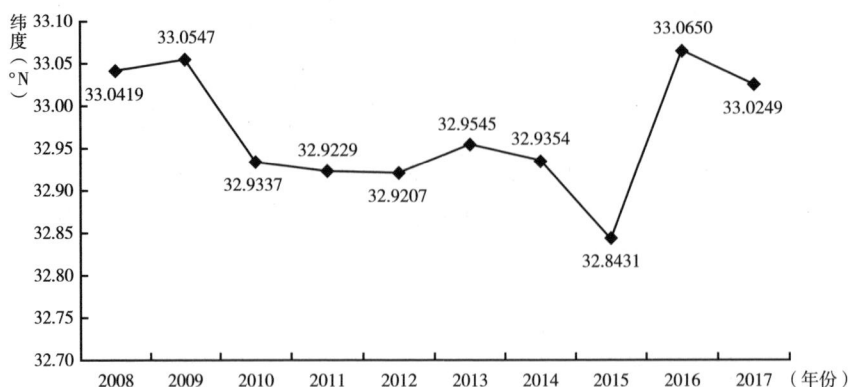

图 4-2  2008~2017 年人口城镇化重心在纬度上的变化轨迹

资料来源：笔者自行整理。

## （二）土地城镇化的空间格局、重心演变轨迹及变化规律

### 1. 土地城镇化空间格局

从各类型土地城镇化水平的城市数量来看（见表 4-5），2008~2017 年，我国大多数城市土地城镇化以低水平为主，且数量远远高于其他类型城市，较低水平土地城镇化城市数量次之，高水平土地城镇化城市数量最少。从变化幅度来看，较低水平和低水平土地城镇化城市年际变化较大，高水平土地城镇化城市保持稳定，较高水平土地城镇化城市变化幅度较小。本书将从2008 年、2011 年、2014 年和 2017 年具体分析土地城镇化空间格局变化。

表 4-5  2008 年、2011 年、2014 年、2017 年不同土地城镇化水平地级市数量

| 年份 | 高水平 | 较高水平 | 较低水平 | 低水平 |
| --- | --- | --- | --- | --- |
| 2008 | 2 | 12 | 59 | 213 |
| 2011 | 2 | 16 | 71 | 197 |
| 2014 | 2 | 13 | 60 | 211 |
| 2017 | 2 | 15 | 69 | 200 |

资料来源：笔者自行整理。

2008 年，全国高水平（0.4465~0.8127）土地城镇化城市共 2 个，分别是上海和深圳，占比 0.7%。分别作为中国经济中心和经济特区，这

两个城市有土地利用程度高、资本密集且地均投入大、地均财政收入和支出高、土地城镇化综合水平高等共同特点。较高水平（0.1838~0.4465）土地城镇化城市总计 12 个，占比 4.20%，主要为北京、天津、南京、苏州、武汉、广州、重庆和成都等，这些城市中除北京是我国的政治中心外，其他城市均为区域性经济社会中心，它们往往都具有较强的投资吸引力和较为明显的集聚效应，土地利用结构和布局也较为合理，土地城镇化发展优势较大。较低水平（0.0699~0.1838）土地城镇化城市共 59 个，占比 20.63%，主要分布在华北、山东半岛和华东地区，这些城市大多位于高水平和较高水平土地城镇化城市周围。低水平（0.0031~0.0699）土地城镇化城市共 213 个，占比 74.48%，是全国主要的土地城镇化类型，导致这一现象的主要原因在于土地城镇化过程中"摊大饼"式的发展，这种发展模式只注重规模扩大和数量增加，忽略了土地合理化利用，使得土地投入和产出水平低下，造成土地城镇化发展水平有限。

2008~2011 年，全国较高水平和较低水平土地城镇化城市数量增加，高水平土地城镇化城市数量保持不变，而低水平土地城镇化城市数量减少。具体来看，2011 年高水平土地城镇化在城市数量和所在地区等方面保持不变，仍为上海和深圳两个城市。较高水平土地城镇化城市共 16 个，占比 5.59%，较 2008 年增加 4 个城市，分别为沈阳、沧州、青岛和百色。其中青岛作为我国东部沿海的重要港口和旅游城市，在建成区面积扩大的同时，地均固定资产投入、地均财政收入和支出增加尤为明显，带动土地城镇化上升到较高水平。较低水平土地城镇化城市共 71 个，占比 24.83%，较 2008 年增加 12 个城市，占比增加 4.2 个百分点。增加的城市包括贵阳、九江、惠州、漳州、鄂尔多斯、连云港、株洲和衡阳等。低水平土地城镇化城市共 197 个，占比 68.88%，较 2008 年减少 16 个城市，占比下降 5.6 个百分点。除上述转为较低水平的城市外，减少的城市还包括兰州、海口、柳州、菏泽、咸阳和淮安等。

2012~2014 年，全国各类型土地城镇化城市数量变化与 2008~2011 年相反，较高水平（0.1901~0.4012）和较低水平（0.0699~0.1838）土地城镇化城市数量减少，低水平（0.0031~0.0699）土地城镇化城市数量增加。具体来看，高水平（0.4012~0.7780）土地城镇化城市数量保持不

变，仍为上海市和深圳市。较高水平土地城镇化城市共 13 个，占比
4.55%，较 2011 年减少 3 个城市，分别为沈阳、百色和沧州。以沧州为
例，2012~2014 年土地城镇化水平降低的原因可能在于相较其他城市，其
建成区面积和建成区绿化覆盖率提升较为缓慢，阻碍了土地城镇化发展。
较低水平土地城镇化城市共 60 个，占比 20.98%，较 2011 年减少 11 个城
市，分别为营口、泰安、连云港、鄂尔多斯、咸阳和周口等。可以看出，
这些城市大多在低水平和较低水平之间转化，体现了土地城镇化发展的不
稳定性。低水平土地城镇化城市共 211 个，仅次于 2008 年的 213 个，占
比 73.78%，较 2011 年增加 14 个城市。除上述由较低水平转化的城市外，
还包括安阳、九江、株洲和柳州等。

2015~2017 年，全国各类型土地城镇化城市与 2008~2011 年变化相
似，较高水平（0.1377~0.3052）和较低水平（0.0521~0.1377）土地城
镇化城市呈缓慢增加态势，低水平（0.0013~0.0521）土地城镇化城市数
量减少。具体来看，高水平土地城镇化仍为上海和深圳两个城市，占比
0.7%。较高水平土地城镇化城市共 15 个，占比 5.24%，较 2014 年增加 2
个城市，增加的城市为周口和临沧。其中，临沧土地城镇化水平提升的原
因可能在于首都经济圈建设深入推进，京津冀协同发展的带动作用明显，
周围地级市大量承接北京和天津的产业转移，相应的基础设施等方面建设
增加了对土地的需求。较低水平土地城镇化城市共 69 个，占比 24.13%，
较 2014 年增加 9 个城市，增加的城市包括泰安、安阳、南阳、阜阳和黄
冈等，而其他城市如包头和马鞍山等土地城镇化水平有所降低，由较低水
平转为低水平。低水平土地城镇化城市共 200 个，占比 69.93%，较 2014
年减少 11 个城市。除上述由低水平转为较低水平的城市外，减少的城市
还包括株洲、邵阳、海口、呼和浩特和连云港等。

2. 土地城镇化重心迁移轨迹

总体来看，2008~2017 年，土地城镇化重心坐标主要在 115.0671°E~
115.4977°E 和 32.0987°N ~ 32.4771°N 移动（见表 4-6、图 4-3），从
ArcGIS 计算结果可知，该区域位于河南省信阳市。具体从移动方向来看，
向西北方向移动 3 次，移动频率为 33.3%；向西南方向移动 4 次，移动频
率为 44.4%；向东北和东南方向各移动 1 次，移动频率各为 11.1%。可

以看出，土地城镇化重心总体向西南方向移动，即向低纬度、低经度移动，表明我国西南方向土地城镇化水平提升。从移动距离来看，2011年土地城镇化向西南方向移动距离最大，为28.16千米，表明西南方向土地城镇化水平提升明显；2010年土地城镇化重心向西北方向移动距离最小，为2.29千米。可以看出，土地城镇化与人口城镇化重心移动方向在总体上具有相似性，同样是经度上移动距离大于纬度上的移动距离，即土地城镇化东西变化大于南北变化，表明我国人口和土地城镇化主要表现为东西差异，不同点在于土地城镇化重心更偏南。

表4-6　2008~2017年土地城镇化重心坐标及其年际移动距离和方向

| 年份 | 经度(°E) | 纬度(°N) | 距离(千米) | 方向 |
|---|---|---|---|---|
| 2008 | 115.4977 | 32.4264 | — | — |
| 2009 | 115.4828 | 32.4483 | 2.94 | 西北 |
| 2010 | 115.4673 | 32.4620 | 2.29 | 西北 |
| 2011 | 115.3142 | 32.2601 | 28.16 | 西南 |
| 2012 | 115.4204 | 32.4644 | 25.59 | 东北 |
| 2013 | 115.2874 | 32.4771 | 14.84 | 西北 |
| 2014 | 115.2186 | 32.3495 | 16.11 | 西南 |
| 2015 | 115.1513 | 32.2244 | 15.78 | 西南 |
| 2016 | 115.0671 | 32.1728 | 10.97 | 西南 |
| 2017 | 115.1059 | 32.0987 | 9.29 | 东南 |
| 均值 | — | — | 14.00 | — |

资料来源：笔者自行整理。

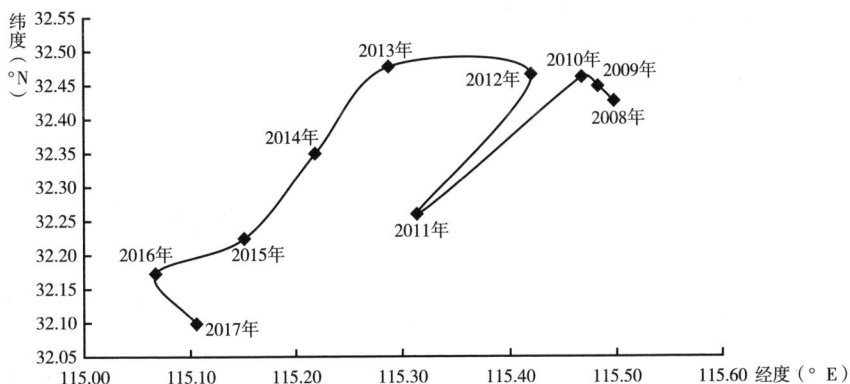

图4-3　2008~2017年土地城镇化重心分布及其变化轨迹

资料来源：笔者自行整理。

从重心移动经度方向来看（见图 4-4），2008~2017 年土地城镇化重心在经度上呈现低-高-低-高的变化态势，整体表现为向低经度方向（向西）移动。具体来看，虽然部分年份如 2011~2012 年、2016~2017 年重心向高经度（向东）移动，但多数年份如 2008~2011 年、2012~2016 年向低经度移动。其中，2008~2010 年重心向西移动较为缓慢，2010~2011年重心快速向西迁移且移动距离较大，2013~2016 年重心平稳向西迁移。重心总体向西迁移的原因可能在于，随着西部大开发战略的深入实施和区域协调发展的推动，西部地区基础设施环境得到优化，土地利用方式逐渐趋于合理，对东部地区投资和外资投入吸引力增强，地均财政收入和支出增加，各城市建成区面积不断扩大，加快了土地城镇化发展速度。另外，土地城镇化重心在 2008 年处于最靠东的位置，为 115.4977°E，在 2016 年处于最靠西的位置，为 115.0671°E，极差为 0.4306°。

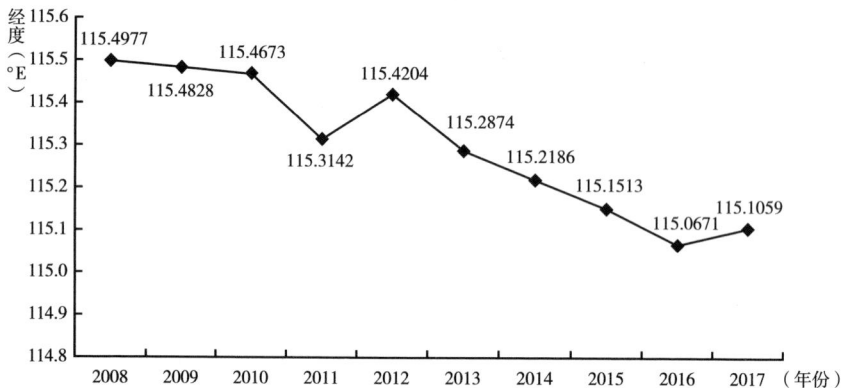

**图 4-4　2008~2017 年土地城镇化重心在经度上的变化轨迹**

资料来源：笔者自行整理。

从重心移动纬度方向来看（见图 4-5），2008~2017 年土地城镇化重心在纬度上呈现高-低-高-低的变化态势，在移动上具有明显的阶段性特征，2013年之前重心整体向高纬度（向北）移动，2013 年之后重心平稳向低纬度（向南）移动。具体来看，除个别年份如 2011 年重心向低纬度移动外，2008~2010年、2011~2013 年重心向高纬度移动，表明北方地区土地城镇化水平有所提升，但提升幅度较小。2013~2017 年，重心呈持续向低纬度移动态势，说明在此期间南方地区城市建成区面积扩张较快，土地城镇化水平平稳上升。另外，重心在 2013 年处于纬度最高（最靠北）的位置，为 32.4771°N，在 2017 年处于纬度最低（最靠南）的位置，为 32.0987°N，极差为 0.3784。

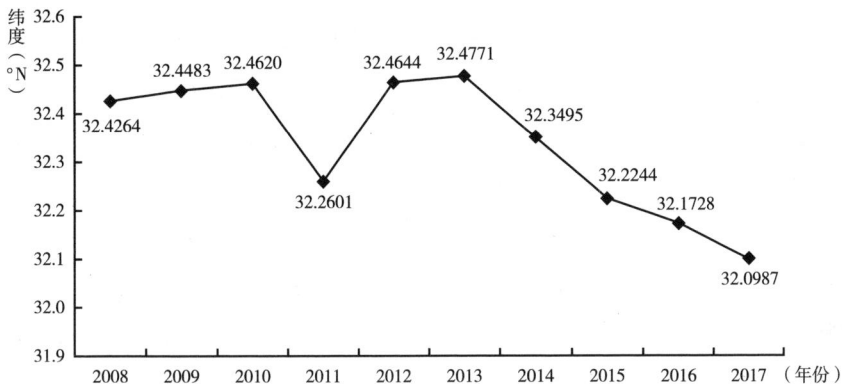

图 4-5　2008~2017 年土地城镇化重心在纬度上的变化轨迹

资料来源：笔者自行整理。

## 三　人口城镇化与土地城镇化耦合协调时空异质性分析

### （一）发展度（T）的空间异质性分析

根据第一章公式（1）至公式（8），计算人口城镇化与土地城镇化发展度（T）指数，将发展度（T）指数数据投影做趋势分析图，可以反映发展度（T）水平的整体空间特征。采用 ArcGIS 平台的趋势分析工具（Trend Analysis）生成 2008 年、2011 年、2014 年和 2017 年的人口城镇化与土地城镇化发展度（T）指数的三维趋势图，如图 4-6 所示。X 表示正东方向（经向），Y 表示正北方向（纬向）。2008 年发展度（T）水平指数趋势分析显示，在 X 方向上（经度趋势），发展度（T）水平指数的变化表现为一条向上递增且斜率较小的曲线，呈现由西向东逐渐递增的趋势，说明东部地区发展度（T）水平指数高于西部地区且上升幅度较小。在 Y 方向上（纬度趋势）发展度（T）水平指数呈平稳变化状态。2011 年发展度（T）水平指数趋势分析显示，在 X 方向上（经度趋势），发展度（T）水平指数的变化表现为一条向上递增且斜率较小的曲线，呈现由西向东逐渐递增的趋势，说明东部地区发展度（T）水平指数高于西部地区且上升幅度较小。在 Y 方向上（纬度趋势）发展度（T）水平指数表现为一条向上递增的曲线，且变化较为平缓，即由北向南呈现缓慢递增趋势。2014 年发展度（T）水平指数相对于 2011 年，在 X 方向上（经度趋势）变化不明显，在 Y 方向上（纬度趋势）有所变化，即在北部地区发展度水平指数有递增趋势。2017 年发展度（T）水平指数趋势分析显示，在 X 方向上（经度趋势），发展度（T）水平指数的变化表现为一条 U 形曲线，呈现先由西向东逐步递减趋势，在中部偏西位置达到最低值，然后向东呈现递增趋势，表明中部地区发展度（T）水平指数最低，其次西部地区，最后东部地区。在 Y 方向上（纬度趋势）发展度（T）水平指数表现为一条 U 形曲线，呈现先由北向南逐步递减趋势，在中部偏北位置达到最低值，然后向南呈现递增趋势，表明中部发展度（T）水平指数最低，其次北部，最后南部。

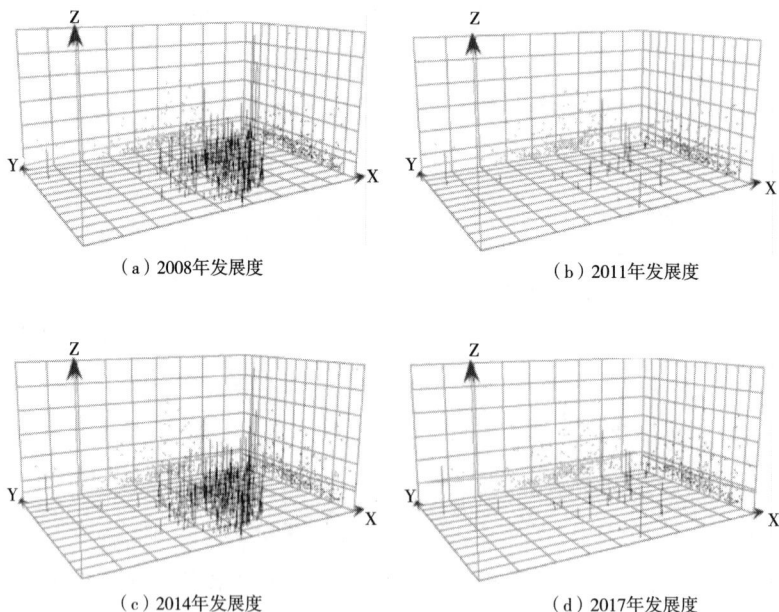

（a）2008年发展度

（b）2011年发展度

（c）2014年发展度

（d）2017年发展度

图 4-6　2008 年、2011 年、2014 年、2017 年中国地级市
人口城镇化与土地城镇化发展度指数趋势分析

资料来源：笔者自行整理。

从 2008 年、2011 年、2014 年和 2017 年发展度（T）水平指数数据三维趋势分析图中，可以大致看出人口城镇化与土地城镇化两者发展度（T）水平分布的趋势。发展度（T）水平基本呈现由西向东缓慢递增、由北到南先递减后递增趋势。与此同时，通过对比 X、Y 两个方向的发展度（T）水平指数变化趋势，可以得出在 X 轴（经度趋势）即东西方向变化趋势更为明显，2008 年、2011 年、2014 年和 2017 年变化趋势相差不大，时间上变化较不明显，表现出较为稳定的态势。

根据第一章公式（1）至公式（8）计算人口城镇化与土地城镇化发展度（T）水平指数，采用自然断点法由高到低划分为高水平、较高水平、中等水平和低水平 4 个等级，并绘制 2008 年、2011 年、2014 年和 2017 年的人口城镇化与土地城镇化发展度（T）时空格局图。

2008 年人口城镇化与土地城镇化发展度（T）高水平地区城市包括北京、上海、广州、深圳 4 个城市。较高水平地区城市有天津、青岛、沈阳、济南、郑州、西安、武汉、长沙等 22 个城市，这些城市的显著特点表现为大多是省会城市或副省级城市。中等水平地区城市包括佛山、宁波、常州、包头、威海、镇江等 75 个城市，占比 26.22%。低水平地区城市数量最多，涵盖了华中、华北、华南、华东、东北、西北、西南七大区域，达 185 个城市，占比高达 64.69%。

2011 年，高水平地区城市数量进一步增多，包括深圳、上海、东莞、广州、北京、南京、厦门、武汉 8 个城市。较高水平地区城市数量进一步扩大，多为省会城市及其周边城市，总体呈现由东向西逐渐减少的趋势，主要有珠海、天津、济南、杭州、太原、成都、长沙、苏州等 38 个城市，占比增至 13.29%。中等水平地区城市数量也进一步增多，主要表现为在原有地理位置上呈现辐射扩大趋势，主要包括大庆、烟台、镇江、三亚、嘉兴、沧州、威海、温州、芜湖、舟山等 89 个城市，占比增至 31.12%。低水平地区城市数量进一步减少，但同时仍是城市数量最多的等级，包括许昌、德阳、黄冈、德州、承德、鹰潭、黑河等 151 个城市，占比达 52.80%，全国整体城镇化水平差距进一步缩小。

2014 年，高水平地区城市包括深圳、上海、东莞、北京、广州、珠海 6 个城市。较高水平的城市主要有南京、武汉、厦门、天津、济南、太原、杭州、成都、苏州等 28 个城市，多为省会城市及其周边城市，总体呈现由东向西逐渐减少的趋势。中等水平地区城市主要包括大庆、佛山、福州、常州、中山、南宁、克拉玛依、包头等 74 个城市，多集中分布于省会周边地区。低水平地区城市主要涵盖德州、泰安、临沂、营口、景德镇、邯郸、辽阳、四平、蚌埠、平顶山等 178 个城市，占比高达 62.24%，表明现阶段全国城镇化水平差距仍然较大，未来需要进一步提升人口城镇化与土地城镇化的发展水平，并提升两者整体效益。

2017 年，高水平地区城市包括深圳、东莞、上海、广州、北京 5 个城市。较高水平地区城市主要集中在东北、华北、华东、华中 4 个地区，包括珠海、南京、厦门、太原、郑州、武汉、天津、杭州等 32 个城市，占比 11.19%。中等水平地区城市呈现明显的集聚态势，主要包括长春、三亚、拉萨、宁波、福州、常州、烟台等 69 个城市，占比 24.13%。低水平地区城市包括平顶山、铜陵、鞍山、蚌埠、德州、呼伦贝尔、黄石等 180 个城市，占比高达 62.94%。表明现阶段人口城镇化与土地城镇化两者发展程度不一，发展不平衡不协调、滞后性等问题仍然较为突出，多阶段、多领域、多类型问题交织，城镇化发展水平与人民群众需求和期待差距较大。未来仍需围绕高质量发展，以《国家新型城镇化规划（2014-2020 年）》为蓝本，该规划旨在以实现城镇化水平和质量稳步提升、城镇化格局更加优化、城市发展模式科学合理、城市生活和谐宜人、城镇化体制机制不断完善为目标，是实现人口城镇化与土地城镇化高质量发展、补齐全面小康短板的有效途径。

总体而言，人口城镇化与土地城镇化发展度（T）空间格局演变主要体现在以下四点：①整体水平不断提高，各地呈现逐步好转趋势，市域间差距明显缩小；②较高水平及以上地区城市主要为省会城市，且呈中心扩散态势；③中等水平地区城市从东部沿海向西部内陆不断蔓延，范围逐步扩大；④低水平地区城市数量仍然较多。

**（二）耦合度（C）的空间异质性分析**

根据第一章公式（1）至公式（9），计算人口城镇化与土地城镇化耦合度（C）指数，将耦合度（C）指数数据投影做趋势分析图，可以反映出耦合度（C）水平的整体空间特征，采用 ArcGIS 平台的趋势分析工具（Trend Analysis）生成 2008 年、2011 年、2014 年和 2017 年的人口城镇化与土地城镇化耦合度（C）指数的三维趋势图，如图 4-7 所示。由图可知，X 表示正东方向（经向），Y 表示正北方向（纬向）。2008 年耦合度（C）水平指数趋势分析显示，在 X 方向上（经度趋势），耦合度（C）水平指数的变化表现为一条倒 U 形曲线，呈现先由西向东逐步递增趋势，在中偏东位置达到最高值，然后向东呈现递减趋势。表明中偏东部耦合度（C）水平最高，其次东部，最后西部。在 Y 方向上（纬度趋势），耦合度（C）水平指数呈一条倒 U 形曲线，呈现先由北向南逐步递增趋势，在中偏南位置达到最高值，然后向南呈现递减趋势。表明中偏南部耦合度（C）水平最高，其次南部，最后北部。2011 年耦合度（C）水平指数趋势分析显示，在 X 方向上（经度趋势），耦合度（C）水平指数的变化表现为一条倒 U 形曲线，呈现先由西向东逐步递增趋势，在中偏东位置达到最高值，然后向东呈现递减趋势。表明中偏东部耦合度（C）水平最高，其次东部，最后西部。在 Y 方向上（纬度趋势），耦合度（C）水平指数呈一条倒 U 形曲线，呈现先由北向南逐步递增趋势，在中偏南位置达到最高值，然后向南呈现递减趋势。表明中偏南部耦合度（C）水平最高，其次南部，最后北部。2014 年耦合度（C）水平指数相对于 2011 年，耦合度（C）水平指数的变化仍然表现为一条倒 U 形曲线，呈现先由西向东逐步递增趋势，在中偏东位置达到最高值，然后向东呈现递减趋势。表明中偏东部耦合度（C）水平最高，其次东部，最后西部。在 Y 方向上（纬度趋势），耦合度（C）水平指数呈一条倒 U 形曲线，呈现先由北向南逐步递增趋势，在中偏南位置达到最高值，倒 U 形峰值较高，然后向南呈现递减趋势。表明中偏南部耦合度（C）水平最高，其次南部，最后北部。2017 年耦合度（C）水平指数趋势分析显示，在 X 方向上（经度趋势），耦合度（C）水平指数的变化表现为一条倒 U 形曲线，呈现先由西向东逐步递增趋势，在中偏东位置达到最高值，倒 U 形峰值较低，然后向东呈现递减趋势。表明中偏东部耦合度（C）水平最高，其次东部，最后西部。在 Y 方向上（纬度趋势），耦合度（C）水平指数呈一条倒 U 形曲线，呈现先由北向南逐步递增趋势，在中偏南位置达到最高值，倒 U

形峰值较低，然后向南呈现递减趋势。表明中偏南部耦合度（C）水平最高，其次南部，最后北部。

从 2008 年、2011 年、2014 年和 2017 年耦合度（C）水平指数数据三维趋势分析中，可以大致看出人口城镇化与土地城镇化两者耦合度（C）水平分布的趋势。耦合度（C）水平基本呈现倒 U 形曲线，呈现先由西向东逐步递增趋势，在中偏东位置达到最高值，然后向东呈现递减趋势；由北向南呈现逐步递增趋势，在中偏南位置达到最高值，然后向南呈现递减趋势。与此同时，通过对比 X、Y 两个方向的耦合度（C）水平指数变化趋势，可以得出在 X 轴（经度趋势）即东西方向变化趋势更为明显，2008 年、2011 年、2014 年和 2017 年变化趋势相差不大，时间上变化较不明显，表现出较为稳定的态势。

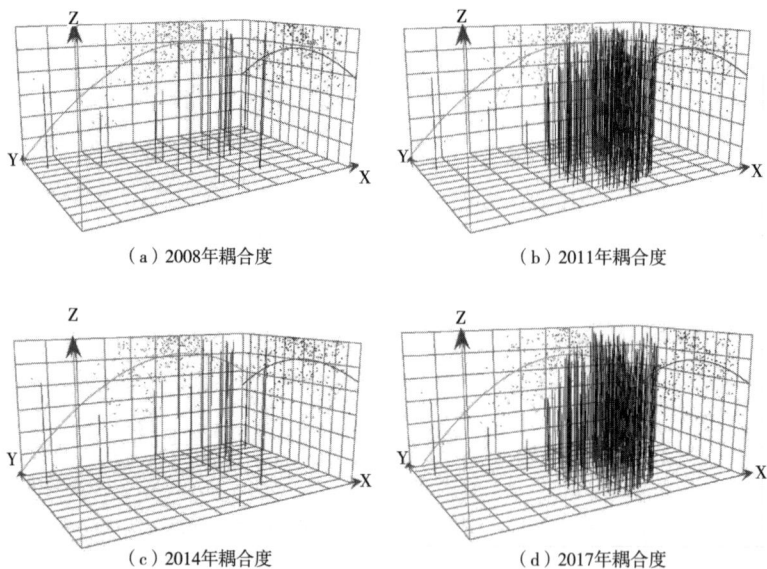

（a）2008年耦合度　　　　　　　　（b）2011年耦合度

（c）2014年耦合度　　　　　　　　（d）2017年耦合度

图 4-7　2008 年、2011 年、2014 年、2017 年中国地级市人口城镇化与
土地城镇化耦合度指数趋势分析

资料来源：笔者自行整理。

根据第一章公式（1）至公式（9）研究，计算人口城镇化与土地城镇化耦合度（C）指数，采用自然断点法由高到低划分为高水平、较高水平、中等水平和低水平 4 个等级，并绘制 2008 年、2011 年、2014 年和

2017 年的人口城镇化与土地城镇化耦合度（C）时空格局图。

2008 年人口城镇化与土地城镇化耦合度（C）高水平地区城市主要分布在华中、华北、华东和华南等地区，包括北京、无锡、苏州、亳州、周口、深圳、宿迁、阜阳、濮阳、天津等 130 个城市，占比达 45.45%。较高水平地区城市主要有曲靖、德州、九江、开封、铁岭、宁德、济南、吉林、河源、长沙、宝鸡、鹤壁、安康、柳州、绵阳等 80 个城市，占比 27.97%。中等水平地区城市主要有包头、黄山、东营、梧州、秦皇岛、潮州、阜新、三明、云浮、锦州、贺州、乌海等 66 个城市，占比 23.08%。低水平地区城市数量最少，包括忻州、克拉玛依、张掖、嘉峪关、金昌、雅安、丽江、拉萨、黑河、陇南 10 个城市，占比 3.5%。

2011 年，高水平地区城市分布基本与 2008 年相似，多集中于华中、华北、华东和华南等地区，包括无锡、深圳、阜阳、天津、徐州、临沂、亳州、濮阳、宿迁等 126 个城市，占比高达 44.06%。较高水平地区城市包括柳州、德州、娄底、宝鸡、滁州、株洲、湖州、福州等 86 个城市，比 2008 年稍多，占比 30.07%，总体呈现由东向西逐渐减少的趋势。中等水平地区城市进一步减少，呈集聚抱团现象，包括崇左、南昌、通化、秦皇岛、阜新、肇庆、乌鲁木齐、潮州、平凉等 57 个城市，占比 19.93%。低水平地区城市包括三亚、酒泉、忻州、武威、呼和浩特、呼伦贝尔等 17 个城市，占比 5.94%，低水平地区城市数量进一步增多，表明现阶段全国整体人口城镇化与土地城镇化耦合度（C）仍具有一定程度差距。

2014 年，高水平地区城市主要包括北京、天津、深圳、青岛、临沂、濮阳、徐州、宿迁、无锡等 115 个城市，占比 40.21%。较高水平地区城市包括哈尔滨、晋城、鄂州、衡阳、曲靖、许昌、钦州、马鞍山、绍兴、大连等 71 个城市，占比 24.83%。中等水平地区城市包括咸宁、铁岭、盘锦、开封、乌鲁木齐等 75 个城市，占比 26.22%。低水平地区城市包括银川、白城、海口、丽水、酒泉、商洛、晋中、攀枝花、武威等 25 个城市，占比 8.74%。

2017 年，高水平地区城市呈现明显的集聚态势，主要集中在华东、华北及华中三个地区，有北京、上海、深圳、天津、南京、厦门等 106 个城市，占比 37.06%。较高水平地区城市呈现从东部向中部逐步扩张的趋势，数量进一步增加，包括哈尔滨、四平、惠州、杭州、岳阳、济南、九江、温州、宣城、台州、嘉兴、柳州、常德等 91 个城市，占比 31.82%。中等水平地区城市包括贵阳、乐山、东营、北海、辽阳、伊春、广元、鸡西、吕梁、齐齐哈尔、通化和吉林等 69 个城市，占比 24.13%。低水平地区城市数量进一步减少，主要包括呼和浩特、张掖、鄂尔多斯、晋中、双鸭山、攀枝花、安康等 19 个城市，占比 6.64%。这一时期，伴随着《国家新型城镇化规划（2014-2020 年）》的落地实施，人口城镇化与土地城镇化不断协调进行，两者两极化现象有所改善，人口城镇化与土地城镇化逐步进入最优耦合状态。

总体而言，人口城镇化与土地城镇化耦合度（C）空间格局演变主要体现在以下四点：①整体水平不断提高，各地呈现逐步好转趋势，市域间差距明显缩小；②较高水平及以上地区城市数量逐步增多，且呈集聚态势；③中等水平地区城市主要分布于西北、东北、西南地区，数量先增加后减少；④低水平地区城市数量最少，且呈现先增加后不断减少的趋势。

**（三）协调度（D）的空间异质性分析**

根据第一章公式（1）至公式（10），计算人口城镇化与土地城镇化协调度（D）指数，将协调度（D）指数数据投影做趋势分析图，可以反映出协调度（D）水平的整体空间特征，采用 ArcGIS 平台的趋势分析工具（Trend Analysis）生成 2008 年、2011 年、2014 年和 2017 年的人口城镇化与土地城镇化协调度（D）指数的三维趋势图，如图 4-8 所示。由图可知，X 表示正东方向（经向），Y 表示正北方向（纬向）。2008 年协调度（D）水平指数趋势分析显示，在 X 方向上，协调度（D）水平指数的变化表现为一条向上递增且斜率较小的曲线，呈现由西向东逐渐递增的趋势，说明东部地区协调度（D）水平指数高于西部地区且上升幅度较小。在 Y 方向上，协调度（D）水平指数呈一条倒 U 形曲线，呈现先由北向南逐步递增趋势，在中偏南位置达到最高值，然后向南呈现递减趋势，表明中偏南部耦合度（C）水平最高，其次南部，最后北部；2011 年协调度（D）水平指数趋势分析显示，在 X 方向上，协调度（D）水平指数的变化仍然表现为一条向上递增且斜率较小的曲线，呈现由西向东逐渐递增的趋势，同时西部初始值增加，说明东部地区协调度（D）水平指数高于西部地区且上升幅度较小。在 Y 方向上，协调度（D）水平指数呈现先由北向南逐步递增趋势，在中偏南位置达到最高值，然后向南呈现递减趋势，表明中偏南部耦合度（C）水平最高，其次南部，最后北部；2014 年协调度（D）水平指数相对于2011 年，在 X 方向上变化不明显，在 Y 方向上变化也不明显；2017 年协调度（D）水平指数趋势分析显示，在 X 方向上，协调度（D）水平指数的变化仍然表现为一条向上递增且斜率较小的曲线，呈现由西向东逐渐递增的趋势，同时西部初始值增加，说明东部地区协调度（D）水平指数高于西部地区且上升幅度较小。在 Y 方向上协调度（D）水平指数表现为整体水平提升，呈现先由北向南逐步递减趋势，在中偏北位置达到最低值，然后向南呈现递增趋势，表明中部协调度（D）水平最低，其次北部，最后南部。

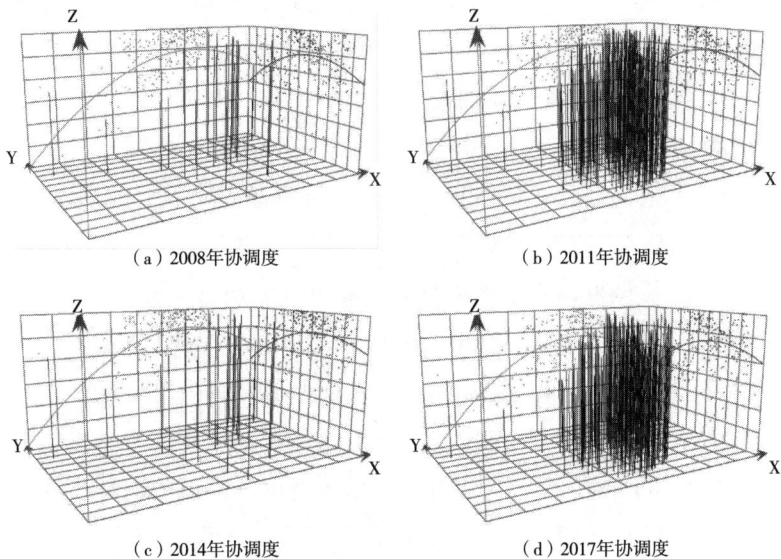

(a) 2008年协调度　　　　　　　　(b) 2011年协调度

(c) 2014年协调度　　　　　　　　(d) 2017年协调度

**图 4-8　2008 年、2011 年、2014 年、2017 年中国地级市人口城镇化与土地城镇化协调度指数趋势分析**

资料来源：笔者自行整理

从 2008 年、2011 年、2014 年和 2017 年协调度（D）水平指数数据三维趋势分析图中，可以大致看出人口城镇化与土地城镇化两者协调度（D）水平分布的趋势。协调度（D）水平基本呈现由西向东缓慢递增、由北到南先递增后减小的趋势，与此同时，通过对比 X、Y 两个方向的协调度（D）水平指数变化趋势，可以得出在 X 轴即东西方向变化趋势更为明显，2008 年、2011 年、2014 年和 2017 年变化趋势相差不大，时间上变化较不明显，表现出较为稳定的态势。

根据第一章公式（1）至公式（10）计算人口城镇化与土地城镇化协调度（D）指数，采用自然断点法由高到低划分为高水平、较高水平、中等水平和低水平 4 个等级，并绘制 2008 年、2011 年、2014 年和 2017 年的人口城镇化与土地城镇化协调度（D）时空格局图。

2008 年协调度高水平地区城市包括深圳、上海、北京、广州、南京、厦门、武汉、天津、济南等 23 个城市，主要为直辖市及副省级城市，占比 8.04%。较高水平地区城市主要包括佛山、长春、宁波、常州、南昌、中山、兰州、重庆、石家庄、福州、呼和浩特、乌鲁木齐等 56 个城市，占比 19.58%。中等水平地区城市数量最多，且呈现一定的集聚现象，包括泰州、吉林、济宁、柳州、邯郸、西宁、江门、克拉玛依、保定、九江等 107 个城市，占比 37.41%。低水平地区城市主要包括随州、商丘、河源、朔州、怀化、赣州、佳木斯、梅州、葫芦岛、南充、通辽、呼伦贝尔、滁州、六盘水等 100 个城市，占比 34.97%。

2011 年，协调度高水平地区城市主要包括深圳、上海、北京、广州、东莞、南京、厦门、武汉、天津、珠海 10 个城市，占比 3.50%。较高水平地区城市多为省会城市，总体呈现由东向西逐渐减少的趋势，主要包括济南、成都、苏州、无锡、杭州、沈阳、长沙、大连、西安、青岛、郑州等 45 个城市，占比 15.73%。中等水平地区城市主要包括泉州、南通、潍坊、西宁、铜陵、衡阳、马鞍山、唐山、东营、湘潭、绍兴、秦皇岛等 101 个城市，占比 35.31%。低水平地区城市数量进一步增多，可能由于现阶段部分地区存在人口城镇化进程过快，或部分地区人口城镇化发展过快，导致人口城镇化与土地城镇化协调发展状况不一，存在滞后性现象。

2014 年，高水平地区城市数量进一步增加，主要包括深圳、上海、东莞、北京、广州、南京、武汉、厦门、天津、珠海、济南、苏州、成都、杭州、西安、郑州等 25 个城市，占比 8.74%。较高水平地区城市数量进一步扩增，主要涵盖长春、重庆、贵阳、佛山、宁波、乌鲁木齐、常州、福州、鄂尔多斯、海口、中山等 59 个城市，占比 20.63%。中等水平地区城市包括黄冈、新乡、泰州、九江、咸阳、保定、金华、长治、邢台、江门、临沂等 106 个城市，占比 37.06%。低水平地区城市仍然较多，主要包括宿迁、菏泽、韶关、遂宁、咸宁、乐山、呼伦贝尔、金昌、吉安、驻马店等 96 个城市，占比 33.57%。

2017 年，高水平地区城市包括深圳、上海、东莞、广州、北京、南京、厦门、天津、武汉、郑州、珠海、苏州、成都 13 个城市，占比 4.55%。较高水平地区城市包括杭州、西安、济南、太原、青岛、无锡、合肥、长沙、沈阳、昆明、大连、重庆等 40 个城市，占比 13.99%。中等水平地区城市包括南通、舟山、芜湖、绍兴、济宁、衢州、焦作、漳州、湘潭、邢台、洛阳等 97 个城市，占比 33.92%。低水平地区城市包括呼伦贝尔、黄山、怀化、泸州、齐齐哈尔、宿州、咸宁、北海、娄底、鹤壁、六盘水等 136 个城市，占比 47.55%。

总体而言，人口城镇化与土地城镇化协调度（D）空间格局演变主要体现在以下四点：①整体水平仍然较低，两极化差距逐步减小；②较高水平及以上地区城市主要为省会城市，且呈中心扩散态势；③中等水平地区城市主要分布于中东部地区，数量较为稳定；④低水平地区城市数量仍然较多。

## 四　人口城镇化与土地城镇化互动发展困境

### （一）人口城镇化与土地城镇化在时空上速度和质量发展不均衡

从时间维度来看。首先，2008~2017 年，人口城镇化指数虽然呈上升趋势，但增长速度缓慢，而土地城镇化指数则有所下降。在具体变化上，人口城镇化指数与土地城镇化指数的增长速度具有较大不同，如 2014~2017 年人口城镇化指数呈 V 形发展态势，而土地城镇化指数在此时段内则呈下降趋势，这与人口城镇化与土地城镇化发展速度应保持动态平衡的增长关系相悖，人口集聚速度和土地附属资本要素集聚速度不匹配很容易造成人口城镇化与土地城镇化发展的不协调。其次，人口城镇化指数从2008年的0.1382增长到2017年的0.1591，土地城镇化指数从2008年的0.0669下降到2017年的0.0547，人口城镇化指数大于土地城镇化指数，即土地城镇化滞后于人口城镇化。由于城镇化系统是一个涉及土地、人口和经济的复杂生态系统，各系统之间不断进行着物质能量交换，土地系统、人口系统、经济系统之间的耦合共生推动城镇化水平提高，而两者不协调很可能造成城市拥挤而引起集聚不经济限制城市进一步发展。最后，人口城镇化与土地城镇化发展质量较低，在之前城镇化竞赛理念的指导下，很多城市出现人口半城镇化和建成区盲目扩张的现象，在人们的生活方式和思维方式有待转变以及土地的利用质量有待提升的情况下，极易造成较大的社会资源浪费。

从空间维度来看。在区域方面，人口城镇化与土地城镇化指数均呈现东部>中部>西部的变化特征。但在区域内部，人口城镇化指数与土地城镇化指数存在较大差异，如2017年中部地区人口城镇化呈冷点集聚，而土地城镇化呈次冷点集聚；东北地区人口城镇化呈次冷点集聚，土地城镇化呈冷点集聚；华北地区人口城镇化以次热点集聚为主，土地城镇化以冷点和次热点集聚为主。进而造成这些地区人口城镇化与土地城镇化系统在规模、结构和发展速度方面的不协同，影响城镇化系统健康有序发展。在城市方面，高水平和较高水平人口城镇化与土地城镇化主要集中在北京、上海、广州等一线城市和各省会城市，但大多中小城市受自身经济实力和社会环境影响，人口城镇化与土地城镇化和谐发展存在较大阻力。在人口城镇化与土地城镇化重心迁移上，虽然人口城镇化与土地城镇化重心均总体向西偏南方向移动，但经度上人口城镇化变化幅度大于土地城镇化变化幅度，在纬度上与此相反，且土地城镇化重心比人口城镇化重心更偏向南方，如何实现人口城镇化与土地城镇化在空间上互动协调发展是一大难题。

### （二）人口城镇化与土地城镇化协调发展水平低

从耦合协调度分析结果来看，人口城镇化与土地城镇化在发展度和协调度方面仍以低水平地区城市为主。一方面，在人口城镇化与土地城镇化过程中，应该认识到人口城镇化不仅仅是公众从农民身份转为市民身份，土地城镇化也不只是建成区面积扩张。面对中东部地区人多地少而西部地区人少地广的现实问题，土地作为稀缺资源不仅承载着人类活动，而且要作为生产资料被投入经济社会生产，因此许多中小城市受诸多因素限制难以实现人口城镇化与土地城镇化发展水平提升。另一方面，人口城镇化与土地城镇化的协调是多维度综合作用的结果，受自然条件限制、户籍制度阻碍和第二、第三产业发展不协调等因素影响，人口城镇化与土地城镇化系统在规模、结构等方面协同发展机制不完善，出现人口城镇化发展速度快于土地城镇化发展速度的现象，两个系统发展质量出现失调，城市人口和城市建设用地动态增长出现偏差，影响城镇化系统健康有序稳步发展。

第五章

# 空间异质性视角下人口城镇化
# 与土地城镇化良性互动的内在机理

## 一 人口城镇化与土地城镇化良性互动的外在拉力

### （一）指标体系构建

相比于其他国家的城镇化进程，中国的城镇化具有鲜明的国家特色，其中最为突出的就是城镇化的主要构成。与联合国人居署对城市的界定不同，中国的城市更具复杂性，不仅包含了位于建制城市内的市辖区，还囊括了建制城市内的市辖镇和并不属于城市建制的县镇地区，也就是说中国的城镇化是包含了城市地区和乡镇地区的双重城镇化。而造成这一现象的主要原因是长期存在的城乡二元结构和城乡二元体制。城乡二元结构是中国的基本国情，有着特殊的历史背景和发展历程，也是中国特殊城乡关系的概括。新中国成立初期，为了实现工业化发展战略，国家相继实行统购统销政策和城乡分割的户籍制度，使得农业、农村成为我国工业化和现代化发展的主要资金来源，同时把农民固定在了农村。而这种二元经济结构催生了中国的二元社会结构，使得城乡在政治、经济、文化、教育等各个方面出现差距。虽然改革开放极大地促进了农民在城乡之间的流动并有效连接起城乡间的经济、文化等的发展（吴霓，2011），但这种流动是有限度的，并不能从本质上解决城乡间的发展矛盾。与城乡二元结构不同，城乡二元体制并不是对城乡空间与功能的抽象化总结，通过严格限制城乡人口、生产和生活要素的流动来满足集中资源发展工业化的需求，它以二元户籍制度为核心，还包括二元就业制度、二元社会保障制度、二元土地制度、二元分税制度、二元教育制度和二元公共事业投入制度等一系列制度体系，从而最终形成了具有中国特色的城乡二元体制。基于以上分析，本书将以导致人口城镇化与土地城镇化失调的本质原因为切入点，从二元人口、二元社会保障、二元经济和二元土地四个维度来探寻影响中国城镇化发展的外在拉力（见表5-1）。

表5-1　人口城镇化与土地城镇化良性互动的外在拉力指标体系

| 维度层 | 准则层 | 指标层 | 政策建议 |
| --- | --- | --- | --- |
| 二元人口 | 人口集聚 | 人口密度 | 户籍政策差别化 |
| 二元社会保障 | 社会保障 | 社会保险指数 | 社会保障差别化 |
| | 公共服务 | 基建投入 | 集体建设用地流转差别化 |
| 二元经济 | 经济基础 | 人均GDP | 经济政策差别化 |
| | 产业升级 | 产业结构高级化指数 | 产业发展差别化 |
| | 金融发展 | 年末金融机构各项贷款余额 | 投融资体系差别化 |
| | 外资利用 | 地均外商投资 | 外商政策差别化 |
| 二元土地 | 城市建设 | 建筑业总产值 | 规划管理差别化 |
| | 农业资源 | 人均耕地面积 | 农地流转差别化 |
| | 政府开发 | 土地出让金占财政收入比 | 土地供应差别化 |

　　从二元人口来看，二元户籍制度是造成城乡人口分割的问题根源，也是城乡二元体制形成的主要依托。1958年初颁布《中华人民共和国户口登记条例》，该条例明确将城乡居民区分为农业户口和非农业户口两种不同户籍，规定农村户籍居民未经正式许可不能迁入城市。在当时的特定背景下这一户籍制度发挥了很大的历史作用，通过不断集聚农村优质资源来满足城市经济发展需求，但同时也在很大程度上造成了城乡差距的扩大。21世纪后新一轮户籍改革序幕就此拉开，各地区纷纷统一了城乡户口登记制度，并取消了户口身份差异，将二元转变至一元（孙伟和夏锋，2018）。随着新户改不断推进，我国城镇化率快速提升。国家卫健委预计，2030年中国城镇化率将突破70%。虽然二元户籍制度的破解逐渐撬动了根深蒂固的城乡二元结构，为农村人口转移和城市人口集聚提供了强

有力的制度保障，但根据托达罗模型，人口迁移是基于对城乡预期收入差异的考量决定的，这主要涉及农村收入、城镇工资、就业率、迁移成本等众多因素（范进和赵定涛，2012）。由于我国特有的二元户籍制度把本不该有的利益分配功能附加在户籍之上，各地在教育、医疗、住房、就业岗位以及其他基础设施服务方面产生差异，导致某些地区的社会保障和福利严重缺失，直接抑制了人口城镇化进程，造成了城乡二元社会保障分割。

从二元社会保障来看，自城乡二元户籍制度实施以来，户籍就依附了如教育、医疗、就业保障、公共服务等诸多制度。在就业保障方面，城乡收入差距的不断拉大以及城镇所占据的资源、资本和人才等的绝对优势使得大批农村青壮年选择外出务工，从而导致乡村治理真空等问题。但同时，由于进城务工人员大多被受教育程度低、就业收入少与流动性大等各种条件所束缚，其外出打工的最直接目的只是单纯赚钱养家而不是融入城市，因此对城镇化发展的推动作用并未完全释放。在社会保障方面，城乡社会保障存在失衡现象，与城镇居民较为完善的参保体系相比，多数农村居民可选择的险种只有新型农村社会养老保险和新农村合作医疗保险两类，且在保险保障力度上的差异也是显而易见的，在现有物价水平下这种保险体系无法给予农村居民有效的生活保障。在基础设施建设方面，许多落后地区及小城市的基础设施建设远远落后于发达城市，且公共产品配置效率较低，这在教育和医疗资源分配两方面尤为突出。教育经费、优质师资和教学条件等资源都优先向大城市倾斜，导致小城市的教育资源供给严重不足。许多地区的基层医疗卫生机构质量偏低，存在医疗设备简单老化、技术人员医疗能力有限等问题，无法满足居民的看病需求（于克斌和许科龙波，2019），而这些都不利于城镇化的高质量发展。

从二元经济来看，虽然改革开放与户籍制度改革等一系列政策加速了城乡之间的人口与要素流动，在一定程度上缓解了城乡经济与社会发展的矛盾，但我们仍需认识到人口迁移的本质是一个国家经济发展必须经历的经济现象与社会发展的必然规律，也需明白其是二元经济结构变迁的重要内容。经济结构由二元转向一元的过程也是某一经济体城乡关系不断融合的过程，在这一过程中产业发展是基础，工业化是主导力量，城镇化是重要内容。一方面，工业化作为二元经济转型的主导力量与城镇化发展的发动机，可有效带动非农产业就业人口迁移，从而推动人口城镇化率不断提高。另一方面，作为城镇化的主要力量来源，工业内部的结构与分工深刻影响着城市布局与区域资源配置，通过合理分配与优化城市资源可以加速实现城乡协调发展，进而有效推动城镇化进程。

从二元土地来看，中国现行的土地制度是城镇土地国家所有和农村土地集体所有的二元土地制度（李宝礼和胡雪萍，2016），围绕该制度我国又形成了农地和非农地两个相对独立的土地市场。在此基础上，许多地方政府为获得级差地租垄断了土地供给渠道，再加上现有法律无法对征地的公共利益范围做出明确界定，使得在巨额土地收益的驱使下地方政府非理性地推动土地城镇化（范进和赵定涛，2012）。1994年实施的分税制改革不仅未能改善土地城镇化的发展，还加剧了地方政府对土地财政的依赖，导致在二元土地制度和二元财税体制的叠加效应下农民的迁移成本大幅提升，从而抑制了人口城镇化发展。因此，城镇扩张方面的土地财政激励动机与社会保障方面的收缩动机的双重作用共同导致了人口城镇化与土地城镇化的非均衡发展。另外，在二元土地制度下，中国城镇化表现出显著的双轨特征。第一轨由政府主导，依靠强制性低价征收权和土地一级市场独家垄断权等排他性权力，城市政府不仅为城镇化提供了资金来源和公共产品，而且通过土地资本化提升了城市政府的治理能力。但这种非理性扩张也使得城市出现空间无序蔓延、发展效率低下以及银行金融风险提升等一系列危机。第二轨由农民自发，在城乡二元体制下，城市政府大多推行"要地不纳人"的城镇化，它们只需向户籍居民提供公共服务，这就导致进城务工人员只能在区域农村集体组织所提供的栖息之地如城中村、城边村以及城郊村落脚。这虽然在一定程度上缓解了进城农民的生活压力，但同时也造成了一些城市治理难题。因此，如何改革城乡二元土地制度是中国下一步城镇化所要关注的核心问题之一。

基于以上分析，可以初步了解到影响人口城镇化与土地城镇化协调发展的主要因素是中国特有的城乡二元结构和二元体制。为更加全面了解影响中国城镇化发展的具体因素，本书从二元人口维度选择人口集聚，从二元社会保障维度选择社会保障和公共服务，从二元经济维度选择经济基础、产业升级、金融发展和外资利用，从二元土地维度选择城市建设、农业资源和政府开发这 10 个方面来详细探讨中国城镇化进程中的外在拉力。

①人口集聚。农村人口向城镇转移是城镇化发展的直接体现，而乡村人口迁移与城市人口集聚也符合社会经济发展的客观规律。一般来说，高密度人口不仅反映了城市的繁荣程度，也为城镇化发展注入了强大动能。一方面，人口集聚度与土地城镇化水平直接相关。城市人口的快速增长往往伴随房地产市场需求的增加，城市通过改变土地利用方式来满足人口增长需求，而城市建成区面积扩张就是其最直接的体现。换句话说，城镇人口的快速增长会有效驱动土地城镇化发展（Mustafa et al.，2018）。另一方面，人口集聚可有效推动新型城镇化发展。相比于以往城镇化依靠土地、资本等外生动力的传统发展路径，新型城镇化在动力机制上发生了实质性转变，更加依赖于人力资本及衍生的新知识、新技术等内生力量。但是在同等条件下，高人口密度地区往往拥有更多的剩余劳动力。因而，人口集聚在新型城镇化发展中将起到至关重要的作用。基于以上分析，本书选择人口密度来衡量人口集聚对城镇化发展的具体影响。

②社会保障。近年来，中国城镇化进入飞速发展期，大量进城务工人员游离在城市的边缘，缺乏城市认同感与归属感，这也正是半城镇化和虚城镇化现象的直接体现（李明桥等，2009）。与之相反，完全城镇化是农民城镇化的理想类型，它是指农民可以在城市通过就业来获取支持他们及其家庭融入城市的稳定收入，并享受到与城镇居民同等的社会福利保障。一般来说主要包含三个过程：迁移、定居和市民化。其中，迁移和定居反映的是人口流动的客观规律，而农民市民化则是完全城镇化的最终状态。但是，若要有效推进农民市民化进程，就必须拥有完善的社会保障制度。现阶段进城务工群体之所以在流入地与流出地间呈现明显的钟摆现象，其直接原因就是没有建立起基本的社会保障体制（陶然和徐志刚，2005）。换言之，只有健全城乡统筹的基本社会保障制度才能构成农民融入城市生活和获得市民权利的良性循环机制，从而实现中国的完全城镇化。因此，本书选择社会保险指数这一指标来探讨其对城镇化的深刻影响。

③公共服务。当前，城镇化快速发展过程中盲目追求城镇人口数量带来的相关问题开始显现，并致使我国基本公共服务供给能力与之脱节（蔡秀云等，2012），城镇人口的激增无疑也为实施城市公共服务均等化

带来了巨大挑战。作为衡量城镇居民生活质量的重要标志，公共服务水平是促进新型城镇化可持续发展的主要动力之一，应满足不同时期城镇化的需求，避免因盲目追求城镇化而造成基本公共服务的供给滞后。一般来说，公共服务通过以下两条路径影响城镇化发展。首先，拥有较高公共服务水平的城市往往具有更完善的基础设施与更良好的生态环境，这也使得它们能够凭借优越的人居环境成为迁移者的首选迁入地，而人口的集聚又会直接带来城市建成区面积的扩张，从而推动土地城镇化发展。其次，基础设施作为城市基本公共服务的重要内容之一，可有效支撑区域经济和城镇化的耦合协调发展，通过改变经济活动条件来实现地区经济集聚，直接作用于城镇化质量和生产率水平的提升。因此，本书选择基建投入来反映公共服务水平对城镇化的影响。

④经济基础。经济基础在城镇化发展中具有不可替代的作用，且经济发展水平通常与城镇化质量具有显著正相关性。经济基础反映了一个城市所拥有的物质基础以及所能提供的要素集聚程度和规模经济效应。某一区域的经济发展水平往往通过对人口城镇化与土地城镇化的双重影响来作用于整个地区的城镇化发展。对于人口城镇化来说，城市经济发展水平对人口迁移具有明显的拉力（王晓云等，2017）：一方面，城市经济通过创造大量非农就业岗位来吸引农村地区人口转移；另一方面，经济发展水平高的地区通常有更加旺盛的基础设施建设和公共服务保障需求，这些地区往往利用经济增长所带来的集聚效应来整合各方资源发展城市基础建设，而较高的公共服务水平又能带来更强的人口集聚效应，以此来不断提升人口城镇化率。对于土地城镇化来说，首先，经济基础较为扎实的地区或城市大多都具有较高的人口密度，这就会进一步增加对建设用地的需求（俞振宁和吴次芳，2016）；其次，经济快速发展不仅会带来产业结构的转变，还会导致行业规模和劳动力规模的扩张，进而促使城市特别是具有外向型经济特点的城市土地快速扩张，从而加速土地城镇化发展。因此，本书选取人均 GDP 来表征经济综合发展水平对城镇化的影响。

⑤产业升级。现代经济学理论认为，城镇化发展的核心动力来自产业结构的优化升级。同时，产业升级也是现阶段中国经济发展的必然结果。通常情况下，产业结构调整对城镇化发展存在两条影响路径。第一

条路径是，产业结构升级加快不同要素在不同产业间的流动，导致城市土地向外扩张，从而对土地城镇化产生一定的激励作用。从城镇化演进机理来看，城镇化被视为工业化发展的产物（陈明星，2015），在钱纳里等人提出的世界发展模型中，城镇化不仅在时间上与工业化进程存在一致性，更在空间上与工业化进程存在一定的耦合关系。早在20世纪60年代就有学者认识到，相比于农业，工业和服务业更能发挥城镇化的集聚效应，由于工业化大生产需要各种要素和配套企业在空间上集聚，所以可以直接将农村分散的人口和产业集中到城市。但是，当城镇化发展水平超越工业化发展水平后，工业化将不再是城镇化发展的主要引擎。产业升级不仅使各要素由第一产业流向第二、第三产业，也使得工业用地逐渐被商业和居住用地所代替，导致城市不断向外扩张，从而推动了土地城镇化进程。第二条路径是，产业结构升级扩大了就业空间，导致人口集聚度上升，从而对人口城镇化产生一定的激励作用。农业人口的空间转移虽然是城镇化发展的直接体现，但绝不是全部内容。由于外来务工人员与原有城镇居民在工作能力等方面存在差异，所以迫切需要调整就业规模和就业结构以跨越异质群体间的鸿沟。在产业结构优化升级过程中，产业结构的优化升级会使更多劳动力流入以现代服务业为主的第三产业，再通过第三产业的发展为劳动者带来更高的劳动收益，从而凭借良好的就业机会和完善的公共服务能力吸引更多人群流向城市，从而推动人口城镇化的发展。

⑥金融发展。金融发展水平是直接影响新型城镇化发展的重要因素之一（李广众和陈平，2002）。首先，其重要性的直接反映是为新型城镇化建设提供资金保障，新型城镇化发展过程中所面临的农村劳动力转移、基础设施建设和公共服务供给等需求无法仅仅依靠政府的宏观调控来获取资金保障，还要通过强有力的金融支持来获取大量资金。其次，在一定程度上，金融发展水平与新型城镇化质量呈正相关性，通过提高资本配置效率和优化产业结构等方式，金融发展水平会间接影响城镇化发展质量。因此，强有力的金融支持将会大力推动新型城镇化发展，参照徐维祥等人（2017）的做法，本书选用年末金融机构各项贷款余额指标来反映金融发展的水平。

⑦外资利用。越来越多的学者认为在经济全球化背景下地区对外开放程度将成为城镇化发展的重要驱动力，较高的对外开放水平不仅有利于吸引外资促进经济发展，同时能够创造更多的非农产业就业机会，从而有效推动产业和人口集聚来加速城镇化发展。

⑧城市建设。城镇化水平的提升往往伴随自然生态环境空间的缩小（黄金川和方创琳，2003），这也意味着城镇化发展所需的建设用地扩张会在很大程度上挤占生态空间，从而对自然环境产生破坏性影响，因而政府通过合理规划、政策引导、市场监督、社会管理等宏观调控政策可有效抑制建成区面积肆意扩张，提高城市人均绿地面积，从而保证城镇化发展质量。

⑨农业资源。农业资源丰富度往往与人口集聚、经济发展和公共服务等呈现显著正相关性，农业生产力水平作为城市形成的第一前提（刘贺贺等，2016），往往通过提供充足的粮食来吸引更多的人口并将其转化为非农劳动力，以此来加速城镇化进程。一般来讲，传统农业地区通常会以农业为核心形成涉农型城镇化，但与此同时，由于农业地区的工业基础相对薄弱，若盲目采用"去农业化"策略来发展城镇化显然不切合实际，因此，应立足于自身特点通过构建农业产业链主线来协调第一、第二、第三产业的发展，不断推动城镇化进程。

⑩政府开发。中国特殊的制度环境决定了某些地区的城镇化水平往往与政府的开发政策成正相关性。目前相关研究指出，地方政府是推动城镇化快速发展的主要外部力量，地方政府行为将会为城市土地扩张方向与规模起到重要导向作用（李智礼等，2020），它们通过改变地方公共财政支出用途和基础设施建设等对地区土地利用集约度和人口承载力做出相应调整，同时，土地财政也使得地方政府对内部土地资源的依赖程度不断增强，通过城镇土地使用权出让与招拍挂制度来追求更多财政收入，从而不断推动中国城市建设和城镇化发展。

## （二）外在拉力的空间异质性分析

人口密度对人口城镇化与土地城镇化良性互动具有正向影响，回归系数介于 0.000016~0.000093。一方面，农村富余劳动力进行大量边际生产率为零的农业劳作，不仅会减少其本身的收入，也会降低国家整体经济效率，而城镇比农村具有更多的发展机会和更高的收入回报，所以农村人口向城镇转移能够在一定程度上解决农村隐性失业问题，加快人口城镇化进程。另一方面，人口密度增大带来的公共服务需求增加，会进一步拉动巨量投资和消费，这意味着更多农村用地向城镇用地转变，土地城镇化进程得以推进。在空间分布上，人口密度的影响呈现自东南向西北逐渐减弱的趋势，特别是在城镇化发展水平较高的成渝地区及辽中南地区，人口密度对人口城镇化与土地城镇化良性互动的影响较小。在成渝地区，重庆的城镇发展具有良好的基础，经济实力的增强和发展规模的扩大使其在城镇化发展中处于优势地位；成都由于具备良好的区位条件和政策环境使其综合发展处于较高水平。而辽中南地区作为东北地区的城市群，是我国最发达的经济核心区之一，它拥有广阔的土地和高效率的综合交通走廊，沿线拥有密集人口的城市，形成了都市连绵区，虽然从总体上看两地区城镇化发展已较为成熟，人口城镇化与土地城镇化之间的差异逐渐缩小，但是在地方政府利益驱动下的土地二元结构造成土地城镇化超前，在一定程度上抵消了人口规模变大带来的正向效应。

社会保险指数对人口城镇化与土地城镇化良性互动具有双向影响，回归系数介于$-0.0052\sim0.04140$。从空间分布上看，大体呈现自东向西影响逐渐增强的趋势。负向低值区大部分集中在中部地区的河南、山西、安徽、河北以及东部的山东等地。之所以呈现这种负相关性的原因可能是这些地区城镇和乡村在社会保障领域分配差距过大，城镇社会保障体系建设明显好于农村，城乡二元分割问题突出，阻碍了农村剩余劳动力向城镇的转移，进而影响中部地区的人口城镇化进程。正向高值区主要集中在西部地区，以广西、云南、四川等省份为代表，西部地区正相关性较强可能是得益于国家西部大开发政策的支持，近年来，公共服务水平、基础设施建设都有了很大的改善，城镇居民生活水平有所提高。社会保障服务体系的进一步完善推动了更多赋闲在家的务农人员向城镇聚集，有利于西部人口城镇化与土地城镇化发展。

基建投入对人口城镇化与土地城镇化良性互动具有正负双向作用，回归系数介于$-0.1655\sim0.6067$，在空间上呈现自以长江三角洲为主的东部沿海地区向四周递减的分布趋势。其中，长三角地区之所以会成为高值集聚区，主要是由于近些年的快速发展使得长三角城市群在基础设施建设方面的投资比例较大，由此加速实现了产业集聚和地区产业结构转型升级。另外，基础设施投资建设具有长期效应，可以将企业吸引至基础设施相对富裕的地区，从而带动人力资源的集聚，推动城镇化建设。反观低值区，主要分布在以珠三角为主的东南沿海地区和东北地区，其中，珠三角地区作为中国对外开放的门户之一，已成为新一轮科技革命和产业变革的排头兵，但原有的老基建已无法满足传统产业数字化的需求，只有通过新基建才能全面重塑生产关系和释放数字生产力，从而加速城镇化建设质量的提升，并且助推人口城镇化与土地城镇化良性互动。

人均 GDP 对人口城镇化与土地城镇化良性互动具有正向作用，回归系数介于 0.0063~0.0151。在城镇化进程中，随着经济发展，资源配置效率及全要素生产率不断提高，经济高质量得到发展，在一定程度上遏制了地方政府依靠土地财政推进城镇化的行为，促进了人口城镇化与土地城镇化的协调发展。在空间分布上，人均 GDP 的影响由南向东北逐渐减弱。虽然西部地区经济发展相较于东部及中部地区较为滞后，但是近年来"一带一路"建设极大地推进了西部地区对外贸易，同时城镇地方特色与民族传统特征相结合，催生了新的产业并不断培育内生产业，越来越多的人愿意留在家乡，这在一定程度上减少了人员的流失，促进了人口城镇化与土地城镇化的良性互动。东北地区作为中国的重工业基地和商品粮基地，经历了从工业资源充沛到资源枯竭的转变，对人才的吸引力也逐渐下降，且东北籍人口在东北地区的教育回报远低于东部地区，导致大量高技能劳动力流出，在东北地区内部流动的劳动力大多受教育程度较低，使得人口城镇化速度减缓，对人口城镇化与土地城镇化良性互动的贡献率降低。

产业结构高级化指数对人口城镇化与土地城镇化良性互动具有较为显著的正向影响，回归系数介于 0.0042~0.0970。从城市经济学视角来看，城镇承载着产业集聚，产业则支撑着城镇发展。一方面，劳动力在不同行业间的流动，推动了产业调整与结构升级，加大了对城镇用地的发展需求；另一方面，城镇用地需求扩大又反作用于人口与产业发展，如此交互循环，最终形成人口城镇化与土地城镇化的良性互动。在空间分布上，产业结构高级化对东部地区的影响最为显著，中部地区次之，对西部地区的影响最弱。东部地区依托较高的产业层次和较优的发展环境，吸引了大量高层次人才集聚。在有效的制度供给、人才支撑下，传统生产要素被赋予新的活力，产业向高端化方向迈进，区域新型城镇化质量得到有效提升。而西部地区具有地广人稀的自然禀赋结构，大多为资源密集型产业，由资本推动建立的产业集聚区较少，且人口居住分散，城镇化与工业化的步调不一致，产业结构升级带动人口城镇化与土地城镇化的良性互动缺乏活力。

金融规模对人口城镇化与土地城镇化良性互动具有双向作用，回归系数介于 -0.0015 ~ 0.0109。其中，高值区主要分布在西部地区，低值区主要分布在东部地区，尤其是东北部地区。在正向影响的地区，一方面，大量资本集聚带动当地经济发展及就业人口增加，随着第二产业比重不断提高，第三产业比重也随之提升，产业结构得到优化，城镇化质量稳步提高。另一方面，金融规模的扩大在提高当地经济水平和居民消费水平的同时，固定资产投资额也有所增加。消费水平的上升与固定资产投资额的增加所具有的光环效应吸引更多投资者进行投资，使得金融规模进一步扩大，形成良性循环，进而提高城镇化质量。而在负向影响的东北地区，民营企业大多集中于低附加值的第二产业或资金、技术门槛较低的第三产业，发展远远落后于国内先进地区。在民营企业的改革中，服务机构无法为企业提供有力的支持，特别是在融资方面，银行贷款要求多、门槛高，而民间融资利率较高，企业需承担高昂的运营成本，这使不少企业望而却步。融资的困难造成产业落后、人口流失，给东北地区城镇化发展带来了阻碍。

建筑业总产值对人口城镇化与土地城镇化良性互动具有双向影响，回归系数介于 -0.0001 ~ 0.0002。从空间分布上看，大体呈现自东向西影响逐渐由负转正的态势。负向高值区大部分位于东部地区，以浙江、福建等省份为代表。之所以呈现这种较强的负相关性，可能是因为这些城市的某些区域城镇建设用地已经趋向饱和，建筑非常密集，城镇用地日益紧张，在这种情况下进行建设用地扩张，显然影响居民的生活体验，阻碍了城镇化高质量发展。正向高值区主要集中在西部地区，以云南、四川、内蒙古等省为代表。正相关性较强的原因可能是西部地区地大物博，尚未充分开发的土地还有很多，而且近几年来经济发展速度很快，城市人口数量不断增加，产业结构不断调整，基于这种情况，建筑业总产值的提升，有利于西部地区城镇化建设。

人均耕地面积对人口城镇化与土地城镇化良性互动具有双向影响，回归系数介于 $-0.0308 \sim 0.0107$。从空间分布上看，负向高值区大部分集中在东部地区的山东和中部地区的河南、湖北等地。造成负相关较强的因素可能有以下两方面：一是城镇用地的盲目扩张，占用了农村部分耕地；二是这些地区农村外出务工人员众多，但是土地问题没有被很好地解决，土地抛荒现象严重。这两个因素导致的结果是一致的，就是农地处于闲置状态，没有被很好地利用，不利于人口城镇化与土地城镇化的良性互动。正向高值区主要位于广东、广西、湖南、云南。广东正相关性较强的主要原因是这些地区农村外出务工人员比较多，因此，耕地通过转包、转租、出租、入股等方式集中在部分农民手中，由此培养了很多种粮大户，实现了规模经营和机器化大生产，同时释放出农村部分劳动力，推动这些农村剩余人口向城镇转移，促进了人口城镇化与土地城镇化的良性互动。

土地出让金对人口城镇化与土地城镇化良性互动具有双向影响，回归系数介于 $-0.0230 \sim 0.0098$。从空间分布上看，负向低值区大部分集中在东部地区的福建、浙江等地。造成负相关较强的原因可能在于这些城镇地区的现有资源已经不足以承担土地的继续扩张。政府不考虑实际情况一味地进行开发只会对人口城镇化与土地城镇化的良性互动产生阻碍作用。正向高值区主要位于东部的山东、中部的河北等地以及东北地区的部分城市。正相关性较强的主要原因是这些地区正处于城镇化快速发展期，土地供应脚步跟不上城镇化发展的速度，面对这种情况，政府进行土地开发、增加土地供应，有利于缓解人地矛盾，促进人口城镇化与土地城镇化的良性互动。

## 二 人口城镇化与土地城镇化良性互动的内在推力

改革开放之前，城乡二元制度限制农村人口向城镇转移，农业和农村等发展速度慢、发展模式较为固定，农村劳动力迁移的推力不足，加上经济规模小等诸多因素，我国城镇化发展进程较为缓慢。改革开放后特别是近年来，虽然制度约束依旧存在，农业、农村发展与土地约束之间的矛盾也并未根本解决，但随着国家对"三农"问题持续关注，农业劳动生产率不断提高，农民收入有一定提升，农村和城镇社会环境有了较大改善，各种推力的综合作用促进农村人口外迁，推动城镇化水平不断提升。同时也应该认识到，农村环境和城市社会环境依旧存在较大差异，如城市中生活成本高、农村迁移人口社会保障缺乏等问题。因此要促进农村人口更加合理有效地向城镇集聚，实现城镇化发展速度与质量并举。

### （一）农村的推力作用

#### 1. 农业劳动生产率提高造成农民隐形失业

由费景汉-拉尼斯模型可知，农业部门劳动生产率的提高产生了隐形失业者，这是农业部门劳动力进入工业部门的前提条件。随着我国农业生产条件改善，农业总产出得到大幅提高，虽然农村人口的增加会在一定程度上为农业发展提供劳动力。但由于边际生产率递减规律的影响，在农业总产出增加到一定程度后，进一步增加劳动力投入将不会提升总产出，而新进入农业部门的劳动力的边际生产率将为零，因此他们不再能创造新的价值，即为多余劳动力。劳动生产率提高所造成的农业剩余被认为是农民向城镇移动和工业扩张的决定性因素，由此不断推动城镇化水平提升。现阶段，农业生产技术进步推动农业劳动生产率提高，当农业生产技术取得突破时，会使机械化水平大幅提升以及先进的农业栽培和种植技术得到广泛应用，这时农业劳动力供给大于农业生产的劳动力需求，多出的这部分农村剩余劳动力自发地向城镇第二、第三产业转移，虽然户籍限制仍然存在，但大量农民向城镇迁移这一趋势已不可阻挡，城镇人口规模和建成区得以扩张。

#### 2. 人均农业资源占有量少

自古以来，我国就是一个人多地少的国家，虽然农业资源总量较为丰富，但由于农业人口基数大，人均农业资源占有量少。在常见的农业资源中，我国人均耕地面积仅为 1.47 亩，人均山地面积仅为 0.03 公顷，人均园地面积仅为 0.007 公顷，远远低于世界平均水平（方永丽和胡雪萍，2017）。以耕地为例，耕地是农民获取收入、维系生活的基本生产资料，随着我国经济社会现代化进程不断向前推进，耕地受农民转让和被征用等因素影响较大，城镇化发展中城镇建设用地不断扩张，严重压缩了农业用地面积。与以上分析类似，农业用地减少与农民人口增加必然发生矛盾，产生的结果即多余劳动力的产生，这些劳动力自然会向城镇迁移从事其他产业。

3. 农村地区较城镇收入水平低

农业收入水平低在农村人口向城镇转移的推力中是最直接的因素。这种收入差距是相较于城镇人口收入而言的，当农民从事传统的农业劳动的收入不能满足其生存和生活需要时，这些农民便会考虑放弃农业生产转入城镇非农业生产中，从而扩大城镇人口规模，推动人口城镇化与土地城镇化水平提升。而造成农民收入水平低的原因主要包括两方面。一方面，从我国农业、农村和农民现实情况来看，由于人均耕地面积较少，单靠种植粮食或经济作物获取的经济收入有限，而农民在农业生产、家庭生活、子女教育和医疗费用等方面支出不断增加，为弥补收入和支出之间的缺口，农村劳动力通常会进入城市第二、三产业部门。另一方面，根据经济学相关原理，从供给和需求的角度来看，粮食的供给是相对稳定的，在科技水平和农业机械化水平提高的现代社会，粮食亩产有了较大提升，并且可以通过外贸进口粮食。食品是刚性需求，在生活水平普遍提升的情况下人们的食品支出在生活支出中占比是减少的，即人口稳定增长而需求保持稳定，这导致粮食价格较低，农民从事农业生产获得收入较低，从而向城镇高附加值的工业或服务业部门转移。

4. 农村社会环境变化

在诸多推力因素中，农村社会环境的影响同样不可忽视。改革开放至今，我国城镇化、工业化建设取得长足发展，城市相较农村收入和生活水平更高、教育和医疗卫生条件更为完善，农村大量剩余劳动力进入城镇，根据 Findley 提出的社区迁移网络理论，这些迁移人口在邻里间形成示范效应，一个社区中有迁移经验的人越多，社区迁移网络中形成的社会关系越广泛。农村劳动力追随有迁移经验的人外出打工的现象在我国较为普遍，推动农民向城镇迁移。另外，根据马斯洛需求理论，在农民普遍解决生存问题后，就开始有更高层面的追求，从教育和医疗等基础设施方面来看，农村和城市之间有较大差距，人们很可能为了享受更好的生活、教育和医疗卫生条件向物质基础更好的城镇迁移，从而对人口城镇化与土地城镇化发展起到推动作用。

### （二）城市推力的消极作用

#### 1. 社会保障缺乏

农村劳动力进入城镇普遍面临缺乏社会保障问题，对农民市民化形成较大阻碍，进而影响城镇化发展。受教育水平和专业技能的限制，农民进入城镇生活和工作，从事的大多是建筑业和低端制造业等体力劳动和高风险行业。据统计，企业主为新转移农民缴纳保险比例较低，农民参保率低。一旦农民遇到疾病或遭遇工伤，用工单位大多支付少量费用甚至直接将其辞退，农民无法享有医疗、养老等社会保障和城镇社会福利待遇，农民的基本权利无法得到保障，从而成为城镇中的弱势群体，这大大降低了这类人群的市民化意愿，不利于城镇化进一步发展。

#### 2. 城市生活成本高

与农村相比，城市生活中日常消费和各项开支都较高，包括住房支出、子女抚养和教育支出等，城市生活成本高对农民迁入城镇产生较大的外推力。由经济学人智库发布的 2016 全球生活成本调查显示，相较于亚洲其他国家城市，中国城市中食品、服装、交通、家庭用品、水电等价格普遍较高。其中并不包括住房成本，如果将房价考虑在内，国内城市生活成本将会更高，这对收入不高的进城农民来说较为艰难。以子女教育成本为例，农民进城生活在很大程度上是为子女创造良好的生活环境或受教育机会，但受户口限制，其子女很难享有平等的教育服务，这必定对进城农民的市民化进程形成较大外推力，从而阻碍人口城镇化发展。

#### 3. 城乡二元户籍制度限制

户籍制度的限制是农业人口向城镇迁移和融入城镇的最大阻力。借助廉价的劳动成本，农村剩余劳动力进城务工极大地推动了我国城镇化和工业化发展，但同时存在同工不同权等问题，原因之一就在于户籍制度的限制。户籍限制包括显性户籍墙和隐性户籍墙（刘传江和程建林，2009），显性户籍墙指我国实际存在城乡二元户籍制度，隐性户籍墙指在户籍制度限制下形成的、针对农村向城镇转移人口存在差异的制度，如就业机会、社会保障和受教育权利等与户籍挂钩的差异化制度，这些影响了城镇化进程中农民市民化意愿和能力，成为城镇外推力中的重要因素。

第六章

# 人口城镇化与土地城镇化良性
# 互动的国外做法

## 一 欧洲、东亚、美洲国家城镇化研究

### (一) 欧洲国家市场主导政府调控的城镇化

欧洲国家城镇化起步较早,城镇化水平较高,并在政府调控的协助下得以较稳发展。德国根据自身地理位置,积极探索乡村城镇化发展道路。在传统集市作用的保留、公共服务设施的扩展和工业化的助推下,积极发挥市场主导作用,不断扩大乡村经济的影响力,为人口城镇化与土地城镇化良性互动铺筑道路。德国政府从国家根本大法抓起,制定区域平衡发展的城镇化发展原则,保障了人口城镇化与土地城镇化的有序、健康发展。英国是工业革命受益最大的国家,市场化机制的运作、机器生产取代手工生产、工厂制度的出现、工商业的发展等,使工业城市不断涌现,大量农村人口开始涌入城市地区,为城镇化发展奠定了坚实的基础。另外,英国政府更是较早建立了相对完善的社会保障体系,使得人民生活更有保障,为人口城镇化与土地城镇化的良性互动保驾护航。法国是典型的农业大国,所以形成了以农业为根基的城镇化模式。根据人少地多的现实特征,法国通过市场和政府两个主体,积极探索城镇化发展路径。在人口城镇化方面,实现原有农业人口和外来移民人口城镇化;在土地城镇化方面,走旧城扩张和新城建设两条路径,实现了人口城镇化与土地城镇化的良性互动。

总之，通过人口城镇化与土地城镇化的良性互动，欧洲国家城市化进程不断加速，社会空间结构、产业结构得以调整，人民生活水平得以不断提高，社会经济发展迈向新的台阶。

1. 德国乡村城镇化模式

（1）发展特征和发展过程。

德国宪法第106条规定了城镇化发展的基本原则，即德国应追求区域平衡发展和共同富裕。发展至今，德国成为欧洲城镇化水平最为均衡的国家，已处于以中小城镇为主的高度城镇化阶段，呈现空间分布均衡的高密度城镇化形态，实现了城乡等值化发展的高水平一体化目标（石忆邵，2015）。尽管传统的空间形态并未发生巨大变化，但德国乡村走出了原有生活方式落后和生产效率低下的困境，乡村地区逐步在全球城镇化发展过程中寻找自身发展路径，使得德国乡村成为中小城镇的主要集聚地，并积极探索城镇化发展模式。相比其他欧洲国家，德国城镇化起步较晚，但后来居上，已成为发达国家中的城镇化典范。从其发展历程来看，德国城镇化主要包括三个发展阶段，表现出明显的诺瑟姆曲线规律（李毅震，2016）。第一阶段是19世纪40~70年代的初期城镇化阶段，随着第一次工业革命的开展，技术进步带来了产业发展，使得人口集聚，城市初具发展规模，为城镇化的良性发展奠定了基础。第二阶段是从19世纪70年代到20世纪初的加速发展阶段。统一后的德国，积极建立了较为完备的工业体系，并在第二次工业革命中表现突出，城镇化加速。德国城镇化进程如图6-1所示，第二阶段城镇化率从36%上升至60%，仅用了40年时间德国就从一个落后的农业社会步入了工业化、城镇化社会，进入城镇化发展的黄金期。20世纪初以来，两次世界大战爆发，战争使德国的城市变为废墟，大量人口死亡，经济发展备受打击，城镇化进程几乎停滞。第三阶段为第二次世界大战结束以来的高速发展阶段。如图6-1所示，在已经处于高度城镇化的基础上，德国城镇化率又继续上升。第二次世界大战结束以来，依靠科技实力、教育强力和产业发展基础，德国经济发展得以不断恢复，产业发展得以不断升级。在此基础上，德国城镇化由大城市集中膨胀发展转变为以中小城镇为主导的分散型城镇化模式，规模结构得以调整，成为德国乡村城镇化发展的基本形态。

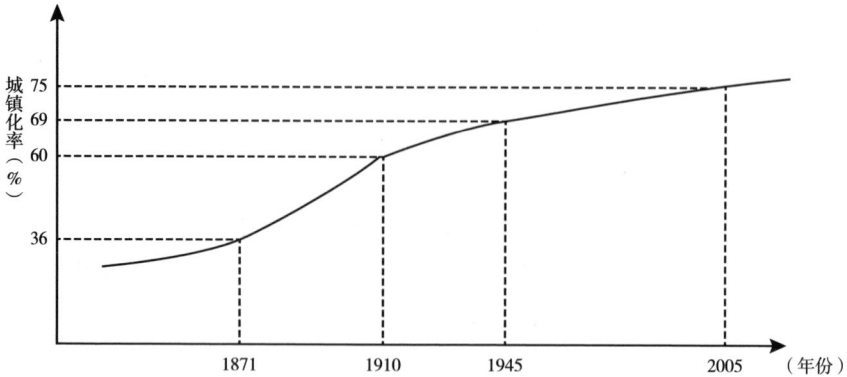

图 6-1 德国城镇化进程

（2）市场主导下人口城镇化发展具体措施。

19 世纪中期，德国城镇一体化完成，尤其是第二次世界大战结束以来，步入了以中小城镇为主的高度城镇化阶段，以乡村为主体的小城镇地位不但没有下降，反而有所上升（张之秀，2015）。一是传统集市作用的保留和公共服务设施的扩展。乡村小城镇保留了原来农业社会的人口汇聚点和为农产品提供交换场所的乡村集市的功能，对人口具有一定的吸引力。德国城镇化发展充分利用这一特征，不把优势资源局限于大城市，而是将其散布开来，在乡村地区加快完善公共服务设施建设，使得各乡村小城镇的公路建设星罗棋布，铁路网密布，便利的交通把城乡紧密地联系在一起，为跨区域发展提供了条件；银行、教堂、学校、公园、杂货店的建设更是为市场化产业布局奠定了坚实的基础；广播、电视、电话、网络等通信手段的广泛应用，使中小城市以及乡村居民的生活条件得到明显改善，甚至与大城市已经没有太大差别，有效降低了乡村人口向大城市转移的意愿。二是工业化和市场化促使小城镇向经济多元化发展，利用经济发展将吸引来的人口留下来，加速循环促进乡村地区城镇化发展。首先，受资源要素禀赋差异的影响，德国形成了一批资源型城市，如发展煤铁工业的莱茵-鲁尔城市群；其次，根据区位不同，形成不同的城市分工，如萨克森地区纺织工业的发展；另外，根据市场发育程度差异，形成专业化城市，如发展金融业与机器制造业的柏林勃兰登堡以及发展造船工业与海上贸易区的汉堡。总之，随着市场经济的发展，产业发展加速布局，乡村地区第一、第二、第三产业协同发展，小城镇发展加速。于是大城市与乡村小城镇在经济、政治、文化、就业、生活等方面的差距缩小，逐步均等化，为当地居民提供了就业机会和生活保障，促进了乡村小城镇的广泛分布和全面发展。

（3）政府调控下土地城镇化发展具体措施。

德国乡村模式土地城镇化的形成受自然地理原因、历史原因和政府调控等多重因素的影响。就自然地理环境来说，德国地势南高北低，以山地和平原为主，但山地面积已经过半。受地形地貌的限制，德国用于生产、生活的土地资源十分有限，所以早早开展了围绕土地基础的土地管理工作，走上了高效土地利用之路，保障了城市土地的良性供给，使得城乡空间发展更为精细和集约。就历史原因来说，德国是一个从分裂逐步走向统一的国家，在此过程中不断涌现的邦国纷争，引发战争不断，其各占一方领土，城市也均匀分布。16世纪之后，宗教改革的完成保留了德国相对分散的空间结构体系。到了1870年，随着德意志的统一，德国开始发展。但受历史原因及城镇发展脉络的限制，仍保留了多中心的发展模式，并且各中心均匀分布。因此，较为均匀的土地空间布局是德国以中小城镇为主体的乡村均衡城镇化模式孕育的历史基础（张岚珂，2019）。就政府调控来说，相对于英美等强调自由市场主导的国家，德国政府在社会经济发展、国土开发、城乡建设等领域扮演着更为重要的角色（黄璜等，2017）。工业化以来，德国政府积极贯彻"城乡等值化"发展理念，积极开发和管理城乡土地资源，对乡村地区加快布局，通过建设较为完备的基础设施，使得农村地区产业升级，乡村土地利用方式发生转变，不再只用于农业生产，逐渐开始乡村土地城镇化的布局和发展。

（4）人口城镇化与土地城镇化良性互动。

随着城镇化不断发展，德国农村地区基础设施加速完善，乡村地区人口逐渐增多，对生产、生活建设用地的需求也不断增加，为了达到供需平衡，德国乡村地区土地资源得以不断开发利用，土地城镇化得以快速发展。另外，随着城镇化加速发展，城镇人口持续增加，城镇土地利用结构相应变化。就原本的乡村地区来说，随着基础设施和生活水平逐渐提高，人口城镇化的快速发展、适应以及市场经济发展需求带来产业结构的调整，第一产业比重下降，第二、第三产业比重高速上升。具体来说，在城镇化发展初期，由于生产、生活水平有限，人们依然以从事农业劳动为主，农业用地占比最大。随着城镇化深入发展，人们的生产、生活水平得到明显提高，人们转向生产效率较高的工业产业工作，工业用地随之增多，并得到迅速发展。此外，在城镇化发展中后期，在高效率生产需求得到满足后，人们开始追求高品质生活状态。生态环保、绿色健康成为人们追求的城镇化标准。公共绿化、基础服务设施、娱乐场所等相应增加。越来越多的人开始关注可持续发展状态下的城镇化发展，寻求以此为条件的城镇化健康发展。通过以上分析可以看出，土地城镇化是人口城镇化的反映，土地利用结构是人们进行生产、生活的缩影。

随着德国乡村地区土地城镇化发展，土地利用结构得到调整，生产效率较低的产业遭到淘汰，产业结构得以不断升级。在这样的发展过程中，德国政府享受了城市价值提升带来的土地增值，并能够把这些资金继续用于基础设施建设、城镇土地扩张等城镇化建设过程，使得乡村地区生产、生活条件得到改善，进而提供更多的就业岗位，住房、教育、医疗等基础设施的完备满足了人们对美好生活的期盼，从而吸引来了更多的外来人口。另外，由于城镇化发展，处于乡村城镇边缘地带的土地被政府征收并转变为城建用地，原本位于该土地上的农民在获得一定的补偿后，往往会选择进城务工。土地的城镇化对这部分农民的人口城镇化起到了积极作用，降低了人口城镇化的门槛。

2. 英国工业化推动与政策引导相结合的城镇化模式

（1）发展特征和发展过程。

英国的城镇化始于18世纪中叶，是世界上最早推进城镇化的国家，也是最早实现城镇化的国家，缔造了世界城镇化历史的四个创举：第一个提出建设田园城市科学理念；第一个制定《城市规划法》用以引导城镇化发展方向；第一个实行维护社会公平正义的城市（镇）社会保障体系并建设了卫星城；第一个立足统筹城乡发展，完成郊区城镇化，较为成功地治理了城市病（孙红和张乐柱，2016）。从其发展历程来看，主要包括三个阶段（高宝华，2017）。第一阶段是从18世纪中叶到19世纪中叶的初级城镇化阶段。英国从 16 世纪开始海外掠夺，在 18 世纪中叶就已经成为最大的殖民地国家。通过海外掠夺，不断扩大海外市场，英国手工业和城镇化开始发展。紧接着，第一次工业革命到来，英国进入蒸汽时代，改良蒸汽机普遍使用，促进社会生产飞跃发展，实现了生产方式的机械化变革。铁路、公路、水路等交通运输行业迅猛发展，有力推动了商品流通和人口流动，促进了新兴城市产生，加快了英国城镇化水平发展。第二阶段是从 19 世纪中叶到 20 世纪初的高水平发展阶段。英国城镇化进程如图 6-2 所示，第二阶段城镇化率从 50% 上升至 75%，达到较高城镇化水平。随着第二次工业革命的到来，人类进入电气时代，新技术、新发明层出不穷，产业升级、经济发展使得城镇化水平进一步提高。第三阶段是从 20 世纪初至今的高度城镇化阶段，该阶段的城镇化水平都在 75% 以上。1931 年、1951 年、1970 年和 2000 年的城镇化率分别为 77.9%、78.9%、77.1% 和 89.5%，城市发展主题已由人口数量集中与增长转向人口布局优化、管理体系完善、城市文明提升。不过，城镇化发展伴随的环境污染、交通拥堵等城市病开始泛滥，英国逐渐步入城镇化调整阶段。

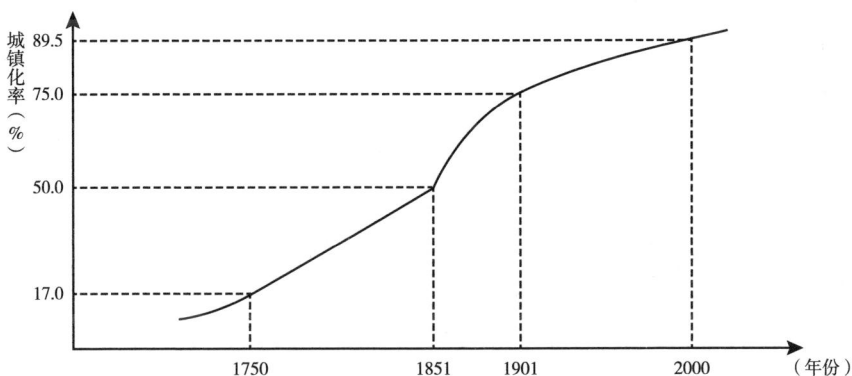

图 6-2 英国城镇化进程

（2）工业化推动下的人口城镇化与土地城镇化良性互动。

英国是实行资本主义生产方式最早的国家，通过圈地运动，将传统的个体生产转为大规模的农场生产，使原本分散的土地得以集中，进而提高了农业生产率，农产品产量猛增，农业商品化顺势进行，部分土地贵族变成了资产阶级，农民成为第一代工人，农民阶层分化，自耕农消失，大多数农民流入城市成为工人（周彦珍和李杨，2013），为工业与城市发展提供了物质基础和劳动力。在工业革命期间，机器生产和工厂制度的兴起改变了英国当地原有的产业结构，使得工业和服务业一跃而起，成为经济发展的主导产业，原有城市得以扩大，并且新兴工业城市不断涌现。如原来经济落后、人烟稀少的英国西北地区在工业化推动下成为棉纺织业和煤铁工业中心，新的城市如曼彻斯顿、伯明翰、利物浦等迅速发展，城市就业机会增加，把大批农村人口吸引到城镇和工矿区，推动人口城镇化发展。

19世纪后半期，英国城镇化率已经达50%以上，在大城市周围也已形成了便利的交通条件，并形成商业、服务业等多功能的城市集聚体（也可以称为集合城市），高度集中型城市开始向低密度郊区扩展。随着产业的入驻，郊区城镇化为人们提供了一定的就业机会。学校、医院、商场等的建设，确保了人们日常生活的供给，满足了正常的生活需求。同时，相比大城市，郊区的城镇化水平依然较低，房价等生活成本相对较低。原本在大城市艰难生活的民众可以摆脱城镇化带来的消极影响，缓解自己的生活压力，进而选择居住在郊区；对想要提高生活质量的农村地区居民来说，城镇化后的郊区有较为完善的交通网络，有优质的教育资源，有较为发达的医疗资源，有满足精神需求的图书资源，有提高生活质量的大型超市，有给予人们娱乐活动的广场。郊区是农村居民成为大城市居民的良好过渡区，不断吸引大量人口入住，并且生产、生活水平得以不断提高，逐步促进人口城镇化的健康发展。

（3）政策引导下的人口城镇化与土地城镇化良性互动。

英国是世界上第一个设立城市社会保障体系的国家，并为该体系制定了一系列保驾护航的政策，如实施福利国家制度，给新迁入居民的生活提供了一定程度的社会保障。《国民保险法》是一个由多种津贴和补助金构成的综合性社会保险法律，保障了迁移人口的最低生活水平；国民保健制度规定英国人都可享受免费医疗、病人只付处方费等，保障了迁移人口的健康生活水平；另外，政府还发放住房津贴、提供教育资金资助等，保障了迁移人口的居住和教育水平。通过政策引导下福利国家制度的顺利实施，农村居民更有保障地迁往城镇，城镇居民增多，社会需求和供给相应增加，生产、生活用地不断扩张，进一步促进土地城镇化发展。

英国非常注重法律对城镇化发展的规范作用。早在19世纪末期英国就已经制定了《环境卫生法》，使城市环境卫生的保护和治理实现了有法可依。针对第二次世界大战后的城市病，英国政府再次鼓励郊区城镇化发展。在此基础上，1947年的《英国城镇和乡村规划法》和《综合发展地区开发规划法》，就将城乡统筹发展作为城镇化发展的重要内容，为英国城镇化发展指明了方向。从1960年开始，随着家用汽车的普及，出行的方便使得大量人口开始迁往小城镇定居。在此背景下，英国政府也积极发力，相关政府部门及其下属机构首先开始迁往小城镇，并积极开展基础设施等相关项目的建设，从而使交通、教育、医疗、娱乐等与居民生活相关设施的建设水平都得到提高，逐步缩小小城镇与中心城市的生活差距，向更高水平的城镇化过渡。小城镇生产、生活条件逐渐完善，得到了相关企业的关注，甚至大企业总部也开始往小城镇迁移，许多跨国企业也把英国总部设在了小城镇。至此，英国城镇化已不仅仅局限于大城镇，而且面向大、中、小各级城镇，土地城镇化面积不断扩张，郊区市民的生产、生活方式随之改变，摆脱第一产业低下的生产效率，市民生活水平显著提升，人口城镇化水平逐步提高。

3. 法国以农业为根基的城镇化模式

（1）发展特征和发展过程。

法国人少地多，长期是一个农业国。18世纪末，法国82%～83%的人口是农民，直到1931年法国城市人口才首次超过农村人口，农村人口占比为48.8%，依然接近半数。据法国教授菲利普·潘什梅尔研究，19世纪30年代已是法国城镇化的开端（杨澜等，2008），这表明法国形成了以农业为根基的城镇化模式。在城镇化发展过程中，形成了工农业协调发展、以中心城市带动中小城镇发展、循序渐进推进城镇化的特点。从其发展历程来看，主要包括四个阶段（马丁，2011）。第一阶段是从七月王朝时期（1830～1848年）城镇化的起步到第二帝国时期（1848～1852年）全国城镇化的展开。在工业革命的带动和影响下，法国迈出了城镇化的步伐，城镇化率达到 25% 的水平。第二阶段是 19 世纪 50 年代到 20 世纪 50 年代的城镇化加速发展阶段，表 6-1 展示了 1876~1911 年法国农村人口连年持续迁往城市的情况。第三阶段是 20 世纪 50~90 年代的城镇化高速发展阶段。第二次世界大战结束后，法国积极兴建基础设施，大力发展落后地区原有企业，积极调整工业布局和城市发展布局，城镇化率由 50% 上升到 70% 以上。第四阶段是从 20 世纪 90 年代发展至今的城镇化稳定发展阶段，法国再度成为世界工业发达国家。据统计，1994 年法国的城市人口就已经占总人口的 96%，农业劳动力仅占总劳动力的 4.3%，由此可知，法国的城镇化率早已达到 95% 以上。

**表 6-1　1876~1911 年法国农村迁往城市人口数量**

单位：万人

|  | 1876~1881年 | 1881~1886年 | 1886~1891年 | 1891~1896年 | 1896~1901年 | 1906~1911年 |
|---|---|---|---|---|---|---|
| 农村阶段人数 | 82 | 45 | 57~58 | 67 | 77 | 50 |
| 年均迁城人数 | 16.4 | 9 | 11.4~11.6 | 13.4 | 15.4 | 10 |

资料来源：笔者自行整理，1902~1905 年数据缺失。

（2）法国农村人口的人口城镇化与土地城镇化良性互动。

法国本地农村人口在工业化冲击、走出乡村和乡村复兴的发展过程中实现了人口城镇化与土地城镇化的良性互动（熊芳芳，2018）。首先，在工业革命的影响下，法国工商业蓬勃发展，给城市创造了更多的就业机会，减轻了城市的就业压力。同时以巴黎为核心的铁路网的大面积修建，提高了劳动力的流动性，使得城镇生活更具诱惑力。相关研究显示，截至 1975 年，法国超过 2/3 的人口集中在城市，总人口在 1851~1975 年净增长了近 1600 万人，城市人口增长 4 倍以上，而农村人口却下降 1050 万人。由此可见，经历了一个世纪的发展，法国褪去了传统的城乡面貌，打破了原来古老的空间结构。随着城市面积不断扩大，周边乡镇也逐渐被纳入城市的范围，转变为城郊或者工业中心。由此一来，乡镇地区的农民受到城镇化的影响，就业机会增多。基础设施更加完善，生活更加便利，呈现乡村人口城镇化。其次，法国积极实施走出乡村计划。在工业化的冲击下，农村地区经济发展更为缓慢。很多农村居民流动范围受限，因此他们以乡镇工厂或邻近市镇为跳板，进入大城市以谋求更好的工作机会。城市人口激增，对学校、住房等基础设施的需求增加，建筑行业的蓬勃发展等吸引了大量的农村居民。生产节奏不断加快，工作机会不断增加，农民季节性流动的节奏被打破，更多的人选择在城镇定居。最后，第二次世界大战后的30年是法国经济发展的黄金时期，城市人口不断膨胀，再加上住房紧缺、交通拥堵、基础设施不完善等问题，使得城市规模不断扩张，周边的乡村空间和农业用地被纳入城市的范围。总之，在人口移民的推动作用下，农民旧有的社会观念发生改变，社会生产方式得以升级，农民生活水平不断提高，使得农民生活城镇化。在此基础上，改善生产、生活条件成为经济发展的新动力，城乡协调下的城镇化扩张运动逐渐开展，农村土地利用结构发生变化，农业生产方式步入现代化，使得农村土地城镇化。

（3）人口移民带来的人口城镇化与土地城镇化良性互动。

在欧盟诸国中，法国不论接收移民数量还是本国移民人口占比均位居第二，是移民大国。法国外来移民是城市人口增长的重要动力，推动了法国新城的建立与定居点的发展，由此带来的产业结构调整与经济发展更促进了法国人口城镇化与土地城镇化的良性互动（徐继承，2011）。历史上，经历四次移民浪潮的洗礼，法国变为一个现代移民国家（宋全成，2006）。具体来说，法国的第一次移民浪潮发生于19世纪末和20世纪初，这些移民主要来自中欧、南欧、英国等地。尽管法国工业化进程缓慢，但法国发达的小农经济以及独特的财产分割继承制度，使得法国大量农村劳动力无法从根本上转为工人阶级。而外国移民潮恰好符合了工业化的发展需求。第二次移民浪潮发生在20世纪初到第二次世界大战结束。20世纪初，法国工业化又上升了一个新的台阶，大量外籍劳工涌入法国，促进了法国经济的发展。该移民趋势被接踵而来的世界经济危机和第二次世界大战打破，但法国的迅速战败以及战争中人员伤亡较少，再加上法国愿为不同背景和种族的难民提供庇护，又为法国人口城镇化发展创造了条件。第三次移民浪潮发生在 1945～1973 年。在战后重建期间，法国政府从鼓励生育抓起，可是孩童出生并不能立刻解决法国劳动力短缺的现实困境。为此，法国开启了招募国外工人的新纪元，也就是在 1945 年，法国政府颁布了历史上第一个移民法案，成立了专门负责他国劳工招聘和协调事宜的国家移民局（ONI），使得移民被正式列入法律规章，为之后的户籍制度管理和土地制度管理创造了条件。1974 年至今为法国第四次移民浪潮，这是移民数量最多的阶段，也是社会问题频发的阶段。因此，法国政府实施了紧缩、严厉的移民新政策，进入法国的外国劳工数量开始得到控制。综上，19 世纪以来移民政策的实施，为本来人少地多的法国带来了发展生产所需的人口。通过人口集聚，人们开疆拓土，开始创造生产、生活必需的条件，扩建旧城、建设新城使土地城镇化得到进一步扩展。在此基础上，人们开始修建铁路，办医院、办学校，吸引企业入驻，并在工业化的推动下，逐步发展第二产业和第三产业，不断促进移民就业水平提升，最终使得外来移民的生产效率提高、生活质量提升、消费观念升级，原来闲置的土地也得以不断开发。如此循环往复，在经济不断发展的保障下，法国外来移民的人口城镇化与土地城镇化水平相互促进，产生良性互动。

**（二）东亚国家政府主导市场推进的城镇化**

日本和韩国是第二次世界大战后在较短时间内快速实现国家工业化和人口城镇化的典型国家。日本面临严峻的民族危机，其国内是一个分散、缺乏整合的封建制国家；同时日本又是一个后发国家，城镇化发展有着较为紧迫的时间压力。这些原因决定了日本城镇化进程是以政府为主导、以市场为驱动而形成的（林伟，2014）。韩国城镇化是在殖民政策变化和战争结束后难民迁移的基础上形成的，是由政府主导、积极制定相关政策法规，并随着工业化水平不断提高，在市场经济的助推下不断促进城镇化发展（俞云峰，2010）。从城市人口集聚模式看，日韩两国都经历了由集中到分散，再到相对集中的城镇化发展模式。在城市体系的空间分布模式中，为有效缓解大城市过度集中给经济社会及资源环境带来的压力，日韩两国都积极发展卫星城市，综合开发国土资源，从而实现城乡及区域的协调发展。日韩两国城镇化制度与管理模式对我国城镇化发展模式的选择具有借鉴意义（李辉和刘春艳，2008）。

1. 日本以大城市为核心的空间集聚模式

（1）发展特征和发展过程。

日本虽然是市场经济国家，但受国土资源的制约，实行了政府主导下高度集中的城镇化发展战略。其在城镇化进程中，主要依靠大城市发展（万马，2014），建立三大都市圈，推进以大中城市为主体的城镇化进程，同时形成高度紧凑的城市布局。从其发展历程来看，主要包括四个阶段（何志扬，2009），如表6-2所示。第一阶段是从明治维新到20世纪20年代的城镇化准备阶段，该阶段城市人口比重低于20%。明治维新前，日本作为农业国家，全国只有为数不多的城市，第一产业就业人数在就业总人数的占比达87.9%，而第二产业的占比只有4.1%。从明治维新起，日本逐步走上了资本主义发展道路，开始了工业化和城镇化进程。第二阶段是20世纪20~50年代的基本实现城镇化阶段。在这个阶段，日本劳动力开始转向第二、第三产业，经济也开始向城市区域集中。城市人口比重在1920~1940年从18.04%上升到37.72%。但是第二次世界大战的战败使得大量劳动力被安排在农村，日本城市人口比重从1940年的37.72%下降至1950年的37.50%，相当于倒退到10年前的水平，拖缓了城镇化进程，但通过战后5年的恢复，还是基本实现城镇化。第三阶段是20世纪50~70年代的高度城镇化阶段。该阶段城市人口比重由1950年的37.50%上升至1970年的72.17%，年均增长1.7个百分点，特别是1956~1973年，日本工业发展处于黄金时期，年均工业生产增长率达到13.6%。在日本工业快速发展过程中，日本城镇化进程也在快速推进：平均每年农业劳动力向三大都市圈转移42.9万人，年均转移递增率为3.6%，达到创纪录的水平。第四阶段是20世纪80年代以来的城镇化继续发展与完善阶段。城市人口逐渐趋于饱和，城镇化速度有所减缓，且城市病频发。2000年的城市人口比重仅比20世纪80年代高出2.49个百分点，于是众多城镇居民开始主动迁出三大都市圈，城市发展空间分布格局随之变化。

表 6-2　日本城市人口与农村人口比重变化情况

单位：%

| 年份 | 城市人口比重 | 农村人口比重 |
|---|---|---|
| 1890 | 10.12 | 89.88 |
| 1900 | 13.78 | 86.22 |
| 1910 | 16.12 | 83.88 |
| 1920 | 18.04 | 81.96 |
| 1930 | 23.96 | 76.04 |
| 1940 | 37.72 | 62.28 |
| 1950 | 37.50 | 62.50 |
| 1960 | 63.51 | 36.49 |
| 1970 | 72.17 | 27.83 |
| 1980 | 76.19 | 23.81 |
| 1990 | 77.37 | 22.63 |
| 2000 | 78.68 | 21.32 |
| 2010 | 87.40 | 12.60 |

资料来源：笔者自行整理。

（2）人口城镇化带动土地城镇化。

日本人口城镇化是一个循环往复的过程，人口在大城市扩散、集聚是其重要特点，由此形成城市新的增长点（李辉和刘春艳，2008），开始了"三大都市圈—中小城镇—农村地区"的土地城镇化进程。首先，优势企业资源最先在三大都市圈集聚，并在此形成了知识密集型产业，这是受过高等教育的年轻人生产、生活的首选之地。随着工业化进程不断推进，工业化带来的城镇化建设也需要大量劳动力，这给农村居民提供了更多的就业机会，农村居民也愿意迁往此地进行生产、生活，并且大都市圈具有较为稀缺的强势教育资源，从小学到大学，特别是私立大学大多集中在大都市圈内，这对以家庭为单位的人口具有较强吸引力，人们可能为了使孩子得到更具优势的教育资源进行迁移（林琳，2004）。随着青少年、壮年，个人及家庭的进入，三大都市圈城市面积不断向周边地区扩展，扩大了三大都市圈的辐射边界。其次，随着大量人口不断在三大都市圈集聚，该范围内的人口承载力、交通承载力、工作岗位承载力以及生态环境承载力等纷纷出现问题，大都市与乡村地区的经济发展差距也被逐步拉大。政府相关政策的变革使得产业布局发生调整，政府支持在中小城镇发展优势产业，鼓励给中小城镇居民带去更多就业机会，并不断加强中小城镇基础设施建设，使其满足工业化、城镇化进程的发展要求。在此基础上，超负荷的都市圈人口开始向中小城镇转移，中小城镇由此得到发展机会。由政府统一领导，各级政府根据地理形势积极开发建设，形成了一大批资源型、工业型、旅游型中小城镇，专业化的发展方向使得优势资源在短时间内集聚并得以不断扩展，使得中小城镇的面积也逐渐扩大，尤其是新建中小城镇数量显著增加。最后，日本政府连年投入人力、物力和财力发展本国农业，加上农村居民根据经验积极发挥主观能动性，不断培育良种，使其农产品产量和品质不断提高，通过土地改革实现了农业内部积累，在工业化发展背景下，工业反哺农业，助推农业发展，农村人口还积极组建农协来提升农民的组织化程度。通过各级政府和农村地区农民的共同努力，日本农业现代化水平显著提高，这为农村农民从事生产提供了便利，也获取了更大的利润，使得农村农民生活水平提高，农村地区迈开城镇化发展步伐。

（3）土地城镇化助力人口城镇化。

随着日本现代化、城镇化进程不断推进，为了加强城镇化管理，使城镇实现有序、健康发展，日本政府自上而下制定政策加强对城镇的管理。1956年从中心城市着手，制定了《国家首都区域发展法》；1962年顺应工业化发展潮流，制定了《新工业城市建设法》；20世纪60年代后期，日本又开始编制新的《全国综合发展规划》，该规划明确指出由国家引导工业、城市的发展布局（林伟，2014）。在政策的引导下，日本实现了国家的工业集聚，生产效率得到提高，交易成本大幅减少，城镇化发展进程加速推进。从此，日本进入政府主导下的城镇化发展阶段。通过《全国综合发展规划》的实施，日本快速形成了以东京、大阪、名古屋为中心的对人口极具诱惑力的三大都市圈。这些都市圈的产业结构最先发生变化，第一产业占比快速下降，工业、服务业比重不断上升。服务业的快速发展对城市更加优越的生活条件起了保障作用，同时增加了各种就业机会，使得大量农村人口主动来到城市寻找就业机会。以 1960 年为例，向东京大都市圈迁入的人口达 35.5 万人，向大阪大都市圈迁入的人口达 17.4 万人，向名古屋大都市圈迁入的人口达 5.9 万人，三大都市圈迁入人数几乎为当年迁往城镇总人数的 1/3（林琳，2004）。可见，在政府以大城市为核心的城镇化发展布局下，三大都市圈土地城镇化优先带动人口城镇化发展。另外，20 世纪 80 年代以来，以往单一的大城市发展路径造成人口和产业过分集中，城市病如住房紧张、交通堵塞、环境污染、人们生活质量下降等日趋严重。为解决因过度城镇化而出现的问题，日本政府专门制定规划，着手推行逆城镇化战略，即将城镇化发展向大城市周边的中小城镇转移。因此，1975～2000 年 25 年间，日本新增城市 28 座，城市面积扩大了 4%。2000 年以来，该趋势加速，仅 2000～2006 年 6 年时间里，日本新增中小城市 106 座，城市面积扩大了 71.5%（郑宇，2008）。随着大城市周边地区被划入城市，就业机会随之增加，基础设施逐渐完善，教育、医疗资源相应增加，使得很多原本在大城市打工的人愿意返回离家更近的中小城镇。该时期人口老龄化问题加剧，整个日本社会的发展需要考虑到对老年人口关怀这一重要环节。原本去往大城市打工的人们，可能考虑到对父母长辈的照顾，愿意返回中小城镇，这使各地区得以均衡发展。同时，原本居住在这些地区的农民开始获利。城镇化的发展带来生产、生活方式的重大改变，当地居民的生产方式逐步优化，生活质量显著提高，开始城镇化生活，积极促进人口城镇化的良性发展。

2. 韩国城乡互动的城镇化模式

（1）发展特征和发展过程。

韩国国土面积狭小，地区差异也不大，因此政府实施的城镇化政策大致相似，各地的城镇化程度也大同小异。比如，政府的一系列经济发展计划与国土综合开发规划等推动了城镇化进程，其中新村运动、首都圈发展计划、区域共同发展计划、城市计划与土地利用管理制度、住宅供给与交通政策、低收入人群集中养老宅基地政策、设立各类工业园区等都对推动城乡互动的城镇化模式产生了积极影响（崔桂莲，2017）。从其发展历程来看，主要包括以下五个阶段。20 世纪 30 年代至 40 年代中期为城镇化起步阶段，但该阶段韩国被日本占领，处于殖民地时期，城市人口占比只达到 10% 左右的水平。20 世纪 40 年代中期至 60 年代初为非正常发展阶段，大批第二次世界大战期间流亡的韩国人在 1945 年日本投降后回到韩国。随后，大批朝鲜战争中的难民迁往朝鲜半岛南部，并定居于城市周围，使得城市人口占比达到 28%，但是殖民政策变化和战争难民迁移带来的城市人口增加使得韩国城镇化处于非正常发展阶段（俞云峰，2010）。真正意义上的韩国城镇化开始于 1960 年。初始阶段为 1960~1970 年。20 世纪 60 年代初，朴正熙政权带领韩国快速推进工业化运动，早期的工业化运用集中于劳动力需求大的轻纺和日用品行业，在产业集聚效应的作用下，大量移民向首尔市集聚。片面追求工业化造成了农村衰败与残破，同时在前两期城镇化的铺垫下，城市的基础设施等相对完善。虽然韩国城镇化起步晚，但发展速度较快。1970~1980 年为加速阶段，该阶段韩国城镇化率突破 50%，并且由短暂的单一大城市发展阶段转向持续的城乡互动城镇化发展阶段。"新村运动"改变了韩国农村的面貌并加速了城镇化进程，除首尔外，釜山、蔚山等东南沿海城市的人口也迅速增长。1980 年开始进入后期阶段，城镇化率在 2000 年突破 80%，处于成熟城镇化发展阶段（见图 6-3）。为保证城市发展平衡，中部地区和西南沿海地区的投入力度也逐渐增大，同时首尔周边卫星城的兴起，也在缓解首尔发展瓶颈方面发挥着重要作用（李辉和刘春艳，2008）。

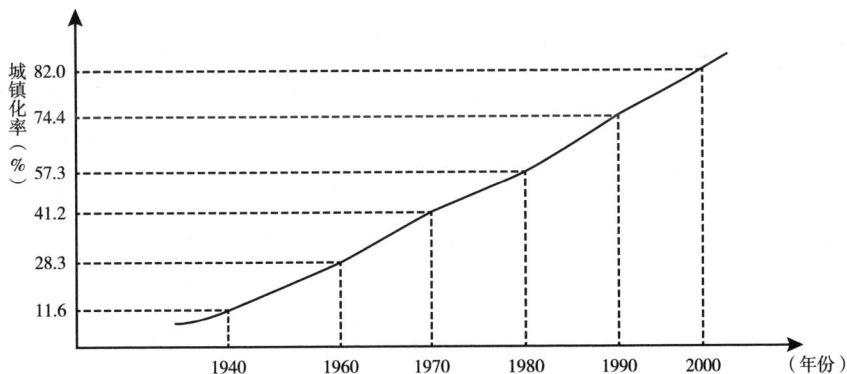

图 6-3　韩国城镇化进程

（2）人口城镇化推动土地城镇化。

韩国自由的人口流动制度不区分农民和市民身份，促使城乡人口自由流动，客观上推动了城乡互动发展的一体化进程，为人口城镇化快速发展创造了条件。韩国人口城镇化对土地城镇化作用体现在两个方面：一是农村人口迁往城镇带来的土地城镇化发展；二是通过开展"新村运动"将城市的发展成果推向农村，推进农村地区的土地城镇化过程（李辉，2005）。具体来说，农村人口迁往城镇是依靠人口迁移"推—拉"理论（农村发展落户的助推作用和城市工业化发展的拉动作用）共同发挥作用形成的。20 世纪 50 年代初期，传统农业在韩国仍然占据主体地位，为了实现经济稳定发展、追赶初期的工业化进程，政府实施谷物管理制度，其主要内容是结合进口美国农产品的一系列措施，以行政命令实施农产品低价策略。然而，到 20 世纪 60 年代中期，韩国经济状况急剧恶化，60 年代末期韩国政府开始实施二重谷物价格制，即通过提高米价来刺激国内农产品生产，但实际作用不大。由于农产品和工业品之间交易条件不断恶化，农户负债率从 1965 年的 10%上升至 1989 年的 41.3%。在残酷的市场经济中，相对于工业化的快速发展，韩国的农业发展水平依然滞后。一方面，工业化进程不断冲击着传统的农业经营与农村生活；另一方面，农产品低廉的价格和城市生活条件的改善吸引着农村人口向城市迁移。20 世纪 70 年代，为促进城乡一体化发展，开展了一场由政府主导的、以改善农村生活环境、促进农业发展、提高农民生活质量为主要内容的"新村运动"，该运动通过修建农村公路、改善农村住房、全面推广农村电气化、自来水厂全覆盖、推广高产水稻品种、依法建立农协组织等内容，改善了农村的落后面貌，增加了农民收入，缩小了城乡差距，并通过物质文明建设带动伦理精神建设，大大增强了韩国农民的信心，使其积极投身城市文明建设，不再只是被动等待城镇化过程，而是通过积极创造成为城镇化建设的主体。韩国的"新村运动"既加速了农村城镇化，又促进了经济社会和谐发展，通过农村居民生活面貌的改变，把他们赖以生存的土地归入城镇化发展布局之中，扩大了土地城镇化的版图（涂波，2008）。

（3）土地城镇化推进人口城镇化。

韩国土地归私人所有，政府政策以保障土地所有权、促进农地流转和城市用地市场化开发为目标，为土地投入城镇化建设提供了更大可能。韩国分别于 1962 年和 1963 年颁布了对韩国的城市空间布局和土地利用结构有着深远影响的《城市规划法》和《土地规划法》，有效促进了城乡互动发展的城镇化模式形成（刘黎明，2000）。韩国土地制度的重大变革发生于 1986 年，《农地租赁法》的颁布解决了长期以来土地出租转让中存在的无序和非法现象，打破了一家一户小农场式的传统经营模式，是加速实现农业规模化、产业化的法律保障。韩国土地城镇化过程中的工业区建设、产业结构升级和工业选址政策的制定促进了人口城镇化的不断发展（李辉，2005）。从 1962 年起，9 个重工业区和 24 个地方工业区先后被开发。这些工业区利用政策优势集聚资源，加快工商业发展，并且由点及面，工业区的影响范围不断扩大。在这个过程中，韩国城市数量增加、规模扩大、居住人口直线上升。据统计，1966~1975 年 10 年间，农村人口减少 255 万人，城市人口相应增加 690 万人，人口城镇化进程增速明显（高姝君，2013）。在工业化过程中，4 次大的产业结构调整进一步加快了人口向城市产业转移的速度。1953~1961 年为第一次调整，其主要以恢复经济和发展消费品为中心；1962~1971 年为第二次调整，主要以轻纺工业出口为主，出口导向型的工业化推动了釜山、汉城（2005 年更名为首尔）的高速发展，也带动了其他地区的城镇化；20 世纪 70 年代为第三次调整，主要发展方向为重化工业；20 世纪 80 年代以后为第四次调整，主要以技术发展和经济稳定增长为目标。经过四次产业结构调整，韩国从农业国转变为工业国，产业从劳动密集型向知识和技术密集型转变，城镇土地对人口的吸引力与日俱增。最后，工业选址政策不断促进新兴城市的发展，积极实现地区间协调发展。政府从 1964 年开始限制汉城原有工业的扩大及新工业的建立，1967 年为了工业选址政策的有效实施，政府开始实施《地方工业发展法》，并采用不同的税收机制，制定各项资金援助政策，其中最主要的是为实行工业选址政策而提供的政府贷款和基础设施发展计划。工业选址政策的实施在疏解过分集中的汉城都市区人口的同时，也促进了新兴城市的产业集聚，在一定程度上推进了人口城镇化进程。

### （三）美洲国家自由放任式的城镇化

美洲国家中适应城市发展特色的美国采用自由放任式的城镇化模式

使之形成了有序、良性的模式；而拉美国家赶不上市场化进程，被迫采用的自由放任式城镇化模式反倒拖缓了自身的城镇化发展。具体来看，美国城镇化进程最显著的特点在于美国现代化的早发性，战争、自然灾害、行政干预等外生因素对美国城镇化进程影响较小，这为发展城镇化提供了相对宽松的环境，也为美国提供了较为充裕的时间处理城镇化发展中出现的一系列问题。另外，美国经济发展深受亚当·斯密的自由市场理论的影响，在城镇化进程中，政府主导性较弱，形成了自由放任式的城镇化模式（林伟，2014）。拉美国家城镇化进程不同于美国，城镇化起步晚，但速度快，甚至超过了其经济发展水平和工业化速度，市场化经济发展速度快于政府调控速度，使得城镇化发展模式过于自由，催生出一系列城市病态发展问题。现如今，"中等收入陷阱""过度城镇化""拉美陷阱"成为拉美城镇化的代名词，拖缓了城镇化进程。因此，总结拉美城镇化建设发展的经验与教训，对加快我国城镇化建设的步伐和防止城镇化病态发展问题的出现具有启示和借鉴作用（张家唐，2003）。

1. 美国市场主导低密度蔓延式的城镇化

（1）发展特征和发展过程。

自美国联邦政府对城市生活实行不加干预的自由放任政策开始，就奠定了美国市场主导的城镇化发展基调，形成了低密度蔓延式的城镇化发展特征（见表6-3）。具体说来，美国城镇化发展受生产力水平的制约，与工业化发展水平紧密相连，形成了S形"慢—快—慢"的城镇化发展趋势，并且城镇化过程中的城市规模和城市数量受经济发展水平的影响，使之呈现"（小、少）—（大、多）—（小、多）"的变化趋势。由于工业区域的发展变化，美国城镇化形成了"东北部—中西部—南部"的发展路径（邢建军，2011）。

表6-3 美国城市人口密度（1940~1990年）

| 年份 | 城市数量(个) | 平均人口(人) | 平均面积(平方英里) | 平均人口密度(人/平方英里) |
|------|-------------|-------------|-------------------|--------------------------|
| 1940 | 412 | 128051 | 19.2 | 6742 |
| 1950 | 481 | 128811 | 19.5 | 6536 |

续表

| 年份 | 城市数量(个) | 平均人口(人) | 平均面积(平方英里) | 平均人口密度(人/平方英里) |
|------|------|------|------|------|
| 1960 | 673 | 112400 | 22.8 | 5340 |
| 1970 | 835 | 104785 | 28.5 | 4673 |
| 1980 | 944 | 97756 | 32.8 | 3998 |
| 1990 | 1068 | 98108 | 34.9 | 3783 |

资料来源：笔者自行整理。

从其发展历程来看，交通运输业的不断发展对城镇化布局和发展进程具有很大的影响。在此基础上，可将美国城镇化进程分为四个阶段（见图6-4）。第一阶段是1830年以前的马车时代，此时城镇化处于准备阶段，发展进程缓慢，城镇化率仅有5%~9%，且主要集中于东北部地区。在这个阶段，农业在经济中占据主导地位，最重要的动力是畜力和风力，主要的运输工具仍是马车和帆船，因此城市人口流量较小。第二阶段是蒸汽火车时代（1830~1880年），此时城镇化处于初步发展阶段。该阶段城镇化率由1830年的8.8%上升至1880年的28.2%。主要原因在于美国在19世纪中期引入欧洲先进的技术和设备，其工业化发展步伐大幅加快，同时主要交通工具变为以蒸汽为动力的火车，打破了城市发展的地区限制，中西部地区与东部地区的联系大大加强，原有的城市空间体系发生改变，城市空间得到扩展，促进了美国中西部地区制造业和采矿业的发展。第三阶段是有轨电车和汽车时代（1880~1950年），此时城镇化处于加速发展阶段。该阶段城镇化率快速提高，从28.2%增加至64.0%，开始步入工业化后期，城市人口成为经济建设的主力军。其中，1880~1920年为迅猛发展阶段，此时美国主要交通工具变为有轨电车和火车，铁路网将全国各个城市连接起来，大大刺激了工业革命发展，使得工业从业人员不断从农村迁往城镇；1920年城镇人口首次超过农村人口，此后城镇化进入郊区化雏形阶段，工商业继续向城市周围蔓延，单个城市的向心集聚达到高点。便捷的高速公路和崛起的石油业为汽车成为主要的交通工具提供了条件，而汽车的普及推动了中心城市人口向郊区扩散，城市人口开始出现郊区化趋势。第四阶段为1950年至今，美国进入快速发展的成熟城镇化阶段。此时虽然传统制造业日渐衰落，但服务产业的快速发展、新式交通技术的不断更新以及网络经济时代的来临，致使经济行为和人们活动日渐向郊区扩散。虽然城镇化速度有所放缓，但是城乡生产和生活方式的融合使城镇化迈向高质量发展阶段，1998年美国城镇化率已经达到76.0%。

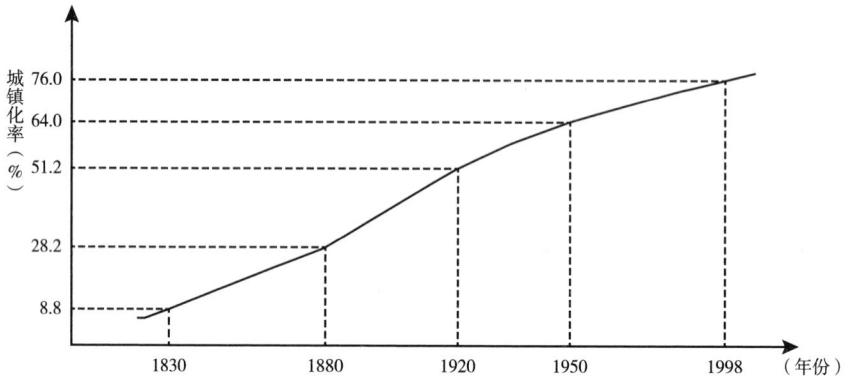

图 6-4　美国城镇化进程

（2）人口城镇化带动土地城镇化。

美国人口城镇化对土地城镇化的促进作用由农业发展和大规模外来移民入驻共同完成。就农业发展来说，在城镇化过程中，美国农业非但没有出现衰退，反而以较快的速度发展，解决粮食问题、扩大市场为城镇化创造了条件。首先，美国农业经历了以畜力为动力的半机械化阶段、基本机械化阶段以及高度机械化阶段，农业生产率得到了极大的提高，为农业劳动力向城市转移提供了支撑，也为城镇土地扩张奠定了坚实的基础。其次，美国城镇化初期主要依靠本国农业和外国资本进行资本积累，由于外国资本投入的不确定性，农业在城镇化发展初期发挥了积极作用，为其提供了大量的资本。美国始终是世界农产品的出口大国，为支持美国城镇化积累了大量资本。因此，农业发展为城镇化进程提供了必要的人力、物力和财力，使得原有农村人口不断进入城镇地区生产、生活，扩大了原有城镇用地面积。另外，随着农业现代化水平的提高，农村地区居民改变了旧有的生产方式，机械化运作大大提高了生产效率，使得农业进入规模化生产，增加了农民收入，农村地区也逐渐并入城镇化发展轨道，扩大了城镇化范围。就移民人口来说，相比美国丰富的自然资源，其人力资源显得有些贫乏。为引进外部人才弥补城镇化过程中产业劳动力的短缺，美国推行同化政策，积极鼓励移民融入美国社会。1820~1940年迁移到美国的人口约有3260万人。从20世纪70年代开始，来自拉丁美洲和亚洲的移民迅速增多，20世纪七八十年代外国移民在美国人口增量中的比重超过了20%。他们既是生产者和消费者，也是技术的传播者，其流入使以社会生产和技术为核心的经济重心转移，带动了移民地区的城镇化发展，土地城镇化随人口城镇化的进程逐步展开。最后，美国阶段性的自然人口增长也是城镇化发展过程中不可或缺的一部分。在婴儿潮时期，美国人口出生率比大萧条时上升了0.7%，人口自然增长速度加快为城镇空间的扩充提供了保证。

（3）土地城镇化助力人口城镇化。

美国的城镇化发展是工业、交通业快速发展的结果，工业区域的形成及交通的全面布局造就了美国人口城镇化接力式蔓延的发展特征（邢建军，2011）。19世纪初，美国的小规模工业化就已经开始，从轻工业到重工业缓慢展开。通过半个世纪的发展，制造业从工匠的小作坊发展为机械化的大工厂，该阶段的工厂主要集中于美国东北部，造成了美国人口向东北部集中的态势。到1865年，随着美国内战结束，废除了存在已久的奴隶制度，解放了大量劳动力，美国的大规模工业得以迅速发展，由此产生了一大批依靠工业、矿业和能源发展的城市，这些城市的产业辐射带动了其他地区的工业发展，进而加快了中西部地区工业化与城镇化进程。工业生产需要大量劳动力，使得人口不断由东北部向中西部扩散，并在中西部地区得以不断集聚，形成人口稠密区。另外，交通的发展在美国城镇化进程中发挥着不可或缺的作用。美国广袤的土地与稀少的人口决定了要想促进城镇化发展，就需要交通基础设施将作为生产主体的人联系起来，通过生产主体和生产要素的紧密结合，推动土地城镇化与人口城镇化相互促进、协同发展。具体来看，运河的开通和蒸汽机船的广泛应用减少了主要河流两岸城市交流的阻碍，促进了其发展，改变了以往紧凑型的城市空间结构，推动了土地城镇化以同心圆的形式向外扩张。铁路的快速发展使东部地区和中西部地区的联系更加密切，而东西方向上贯通大陆铁路的修建加速了中西部城市的快速发展。有轨电车的出现不仅增加了居民的出行距离，也扩大了城市边界。同时，汽车的普及与交通设施的完善拓展了城市郊区范围，居住、商业、工业呈现郊区化趋势，超级大都市区与都市连绵区开始出现。总之，工业化和交通基础设施的不断完善，为土地城镇化有序、健康发展提供了条件。有了城镇化土地做保证，首先大批的劳动力来此从事生产，之后随着生产方式的多样化发展，各行各业的劳动力不断在此集聚，完成了由生产到生活的过渡。

2. 拉美国家缺乏产业支撑的城镇化模式

（1）发展特征和发展过程。

大约一个世纪以前，拉美的城镇化率位于世界前列。1920 年，拉美地区城镇化率仅次于欧美老牌资本主义国家；1950 年拉美国家城镇化率名列世界第 4；1990 年和 1991 年拉美国家城镇化率分别超过欧洲和大洋洲；到了 2020 年，拉美城镇化率仅次于北美。在拉美现代化发展过程中，城镇化速度之快、水平之高令世人瞩目。但外来投资对本国民族工业发展作用甚微，且自身的产业经济发展低迷，缺乏产业支撑的过快城镇化进程和过度城镇化，使得拉美国家出现城镇化水平与经济发展水平不协调、城市首位度高、大城镇化特点突出以及城市治理面临严峻挑战等难题，其发展模式值得深思。从其发展历程来看，主要包括三个阶段（杜凤姣和宁越敏，2015）。第一阶段是 1870~1930 年的农产品、矿产品等初级产品出口拉动城镇化发展时期。出口贸易的发展带来了大量外国投资，而交通基础设施的兴建使得移民持续进入拉美，为拉美地区早期城镇化赋予了移民城镇化的色彩。但是 20 世纪 20 年代末的资本主义大萧条严重阻碍了拉美国家初级产品的出口，加之第二次世界大战爆发，对外部工业品的输入产生了不利的影响。第二阶段是 1930~1970 年快速城镇化发展时期。该阶段发展的特点是进口替代工业发展，即通过努力发展本国工业，逐步取代进口工业产品，建立本国独立的工业体系，培养的是一种内向型工业发展模式。该模式的实施加速了拉美城镇化进程，城镇化率由 1950 年的 41.9%，通过短短的 25 年的时间上升至 1975 年的 61.2% 的水平，使其可以自然过渡到高度城镇化发展阶段（见图 6-5）。但该阶段拉美国家城市重点发展资本密集型产业，面对农村人口的大量涌入，并没有相应的劳动密集型产业与之配套，由此走上缺乏产业支撑的城镇化发展道路，面临工业化与城镇化发展严重脱节的问题。第三阶段是 1980 年至今,该阶段城镇化率保持在 64% 以上的水平,城镇化开始转向巩固期,但是主要拉美国家的城市人口比重持续增加,甚至超过 50%。在该发展时期,经济形势出现恶化以及进口替代工业崩溃使拉美城镇化水平与经济发展水平差距越来越大,拉美国家面临人口失业、贫困、住房供应短缺、城市环境恶化等众多难题,这种缺乏经济和产业支撑的城镇化引起了国际社会的广泛关注。

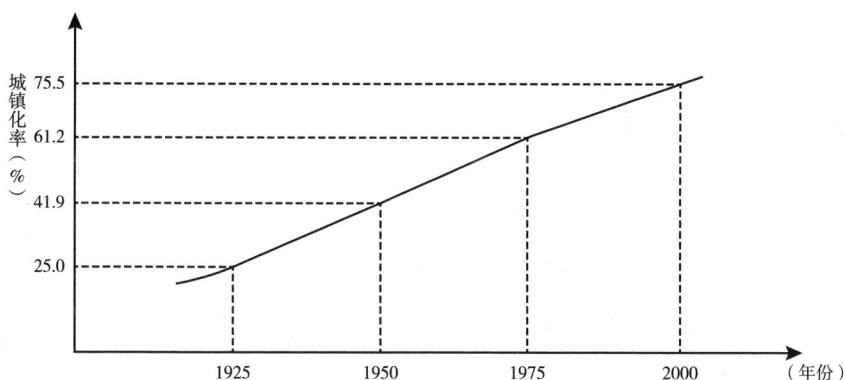

图 6-5 拉美城镇化进程

可以看出,城镇化与工业化在各发展阶段的特征基本吻合,主导产业逐渐从农业过渡到工业,再从工业转变到服务业,其中,工业又从劳动密集型的轻纺织业发展到资本密集型的重化工业,最后发展为技术密集型的重加工业,体现在不同产业和空间内农村剩余劳动力的同步转移,即非农产业占比与城市人口占比的增长变化保持同步。通过以上分析,工业化与城镇化之间的阶段性特征决定了农村人口转移的规模与速度。可是拉美采取进口替代工业的城镇化模式,通过关税保护、进口配额和外汇管制的方法抑制本国进口,即由劳动密集型产业快速过渡到现代服务业发展阶段,忽视了重化工业和服务业发展阶段,从起步到逐步提高的工业化发展阶段都相应缺失。短期来看,这可以跨越一些发展阻力,只为了满足国内市场需求而发展,保护了民族工业,但该模式的核心问题是它违背了比较利益优势,不能有效吸收世界其他国家相对优势带来的发展成果，必然会削弱国内的经济发展动力。另外，国内市场狭小，难以实现规模经济，造成产品的单位成本偏高，拖累本国经济发展。更为重要的是，该政策的实施在很大程度上切断了与外部的联系，工业企业只看到廉价劳动力的短暂好处，却忽视了产业技术升级的长久机遇，形成了城镇化进程中产业结构单一且落后的不利局面，从而限制了工业企业提升竞争力的动力。

（2）人口城镇化与土地城镇化未能实现良性互动。

拉美重工抑农的市场经济发展和大土地所有制的固有缺陷使得农村人口大量涌入城镇（万欣，2013）。在重工抑农经济发展背景下，进口替代工业得到快速发展，为此拉美政府不惜以牺牲农业为代价对工业进行扶持，在利益被严重剥削的情况下，大量无地和少地农民被迫离开自己的土地，导致农村人口过度涌入城镇，远超于城镇工业化发展所需要的人口。另外，大土地所有制下形成了高度集中的土地占有方式。据统计，拉美93%的农业耕地集中在7%的农场主手中，剩余93%的农民为了生存，不得不转向城市生活系统，这带来城市人口的无序、暴发式增长，加上缺少政府统筹规划，从而造成混乱。如表6-4所示，1950~2000年拉美地区500万及以上人口城市从1个增加到7个，人口总数在2000年占到城市人口的20%。拉美城市的城镇化道路呈集中化特征，且城市首位度高已经成为普遍特点，土地城镇化难以有序、健康、良性发展。随着人口大量涌入，城市需要有足够的就业机会和住房保障人们生产和生活的正常运行。可是，拉美国家政府难以调控的进口替代工业发展模式，形成了工业品种单一、工业技术落后的尴尬局面，并且工业发展只为满足国内需求，难以拓宽国际市场，导致不能大规模生产，从而使工业部门容纳劳动力的能力有限，农村迁移人口面临无住房保障、失业率高、社会混乱等难以调控的问题，土地城镇化难以跟上人口城镇化步调，难以实现协调发展（杜凤姣和宁越敏，2015）。就住房问题来说，农村居民被迫来到城市，但缺乏足够产业支撑的大城市并不能满足大多数人的生活需求，他们难以在城市获得合法住宅，只能被迫通过非法手段强占城市公有或私人土地，以求得一席之地。几十年间，拉美低收入阶层主要通过这种非正规手段解决住房问题，而贫民窟在这一过程中逐渐形成，没水、没电、没交通等基础设施的贫民窟与少数基础设施完善、生活充盈的富人区形成鲜明对比，出现了畸形富裕与畸形贫穷并存的局面，农村土地得不到开发利用，城市土地难以扩张，土地城镇化得不到发展。就失业问题来说，拉美工业部门吸纳劳动力的能力有限，导致城市失业率居高不下。为了维持生计，许多失业人员纷纷转入各种家庭企业和没有固定工资的流动摊贩等非正规经济部门就业，导致非正规经济发展迅速。拉美地区城市的就业结构如表 6-5 所示，经过半个世纪的发展，非正规部门就业人员已经明显超过正规部门的就业人员，并有继续扩展的趋势。非正规部门劳动者工作条件恶劣，得不到技术支持和鼓励，缺乏必要的保护。工作岗位、技术都掌握在少数人手中，大部分人只能从事低端、没有技术含量的工作。大部分人虽然人在城镇，却不能有效参与城镇建设，土地城镇化与人口城镇化难以协调发展。因此，农村人口虽然入住城市，但生活条件、生活观念、生活质量等均没有得到提高，贫困化现象丛生，由此带来一系列社会问题，暴力活动、毒品犯罪、道德沦丧等问题在拉美城市泛滥成灾，与少量富裕人口高度城镇化水平形成鲜明对比，出现畸形先进与畸形落后并存的局面。总的来说，拉美畸形城镇化模式被称为"拉美陷阱"，已成为当前人口城镇化面临的主要问题。缺乏产业支撑的城镇化模式，使城镇化进程发展缺乏动力，城市面临快速无序人口城镇化与缓慢低水平土地城镇化并存的尴尬局面，人口城镇化与土地城镇化不能各自发挥作用并形成有效互动，使得城市病频发，拉美只好对城镇化进行改革。纵观全局，人口城镇化与土地城镇化的不协调发展，终究还是拖缓了城镇化进程。

表 6-4　1950~2000 年拉美地区 500 万及以上人口城市

单位：个，%

| | 1950 年 | 1960 年 | 1970 年 | 1980 年 | 1990 年 | 2000 年 |
|---|---|---|---|---|---|---|
| 城市数量 | 1 | 4 | 4 | 4 | 6 | 7 |
| 占城市人口比重 | 7.3 | 11.3 | 19.9 | 19.2 | 19.8 | 20.0 |

资料来源：笔者自行整理。

表 6-5　拉美地区城市的就业结构

单位：%

| | 1950 年 | 1960 年 | 1970 年 | 1980 年 | 1990 年 | 2000 年 | 2005 年 |
|---|---|---|---|---|---|---|---|
| 正规部门 | 32.2 | 36.5 | 47.1 | 46.2 | 52.0 | 41.5 | 39.7 |
| 非正规部门 | 13.9 | 15.8 | 17.4 | 19.7 | 22.5 | 38.2 | 43.9 |

资料来源：笔者自行整理。

# 二　国外城镇化发展对中国的启示

中国和世界上其他国家的国情不同，城镇化发展模式和道路选择存在较大差异，但是不同国家和地区的城镇化进程也具有共同性，研究其他国家和地区城镇化发展经验，对中国的城镇化发展理念、发展速度、发展道路都有重要启示。

## （一）对中国城镇化发展理念的启示

如何把握好城镇化发展规模是城镇化建设的一个重要问题。城镇化发展规模虽有大小之分，但是就高质量发展而言，城镇化发展规模却并非越大越好，而是要根据市场来决定，要以提升城镇居民的生活质量为目的。为此，中国政府从人民的根本需求出发，提出新型城镇化的概念。新型城镇化的理念核心是以人为本，它要求土地集约利用、保护生态环境、促进人与自然和谐共生、产业联动互动、城乡统筹建设、以大城市为中心带动周边城市发展，形成互促共进的格局。因此，中国城镇化发展要积极贯彻科学发展观，坚持以人为本，树立全面、协调、可持续发展观，按照"统筹城乡发展、统筹区域发展、统筹经济社会发展"的要求促进经济社会全面发展。从中国经济社会发展历程及未来趋势来看，城镇化进程应是以人为本的内涵式发展，而非只专注于城镇规模的扩张。从某种程度上来讲，两者并不矛盾，城镇规模扩张与否是由城镇类型和发展情况共同决定的。对于正处于城镇化高速发展势头的小城镇来说，现有的城镇规模已经不能满足城镇化的发展需求，需要进行向外扩张来进一步提升城镇化建设质量，但在扩张的过程中，要注意做好城镇发展规划，杜绝盲目扩张，注重集约化发展。对于城镇内资源承载力趋近饱和不足以支撑起再扩张的城镇来说，要从内涵式发展角度出发，将发展重点从扩大城镇规模转移到提高城镇内部发展质量、提升建设内涵上来。具体来讲，城镇化建设一定要遵循城镇化发展的规律，在现有城镇发展的基础上顺势而为，对不符合理念与规律要求的城镇区域，要以满足城镇居民生活需求为出发点来改造升级，让旧城重新焕发新的生命力。

### （二）对我国城镇化发展速度的启示

1. 要遵循城镇化速度特定规律，不要过快发展

城镇化是客观规律的反映，是人类社会在工业化、现代化进程中自然变迁的过程。以诺瑟姆曲线来诠释城镇化可以发现，城镇化轨迹为一条拉长的 S 形曲线。城镇化发展速度被划分为初期缓慢、中期加速和后期稳定三个阶段。不同国家由于经济体制、环境条件、历史文化存在差异，因此城镇化发展模式也不尽相同。但特殊性中包含一般性，即任何国家城镇化发展都要遵循特定规律，不可急于求成、过快发展。放眼全球，城镇化最早起步于 18 世纪中期英国第一次工业革命时期，这场工业革命促进了欧洲与北美地区的工业产业迅速发展，工业化水平显著提升，而工业化水平的提升又极大地带动了城镇化发展。城镇化发展大致分为初级、快速、成熟三个阶段；城镇化发展速度也大概可以划分为孕育、加速、减速、趋零四个阶段。20 世纪以来，世界范围内城镇化格局发生了显著变化，亚洲、非洲和拉丁美洲国家城镇化进程发展较快，但是发展质量不高，这是盲目追求城镇化发展速度、忽视城镇化建设规律所造成的结果。中国应吸取国际上城镇化发展经验教训，遵循城镇化发展规律，实现城镇化发展与经济社会发展速度相互协调。

**2. 我国已经迈过城镇化速度转变的拐点，加速城镇化不应长期为我国城镇化主旋律**

改革开放初期，我国城镇人口为 1.72 亿，城镇化率仅为 17.92%；而到 2018 年，我国城镇人口达到 8.31 亿，城镇化率为 59.58%。改革开放40 多年来，城镇化持续高速推进，取得了举世瞩目的成功。城镇化水平的提高扩大了内需，带动了城镇经济发展，居民生活质量也得到了很大提升。大家看到了城镇化发展带来的好处，在一些专家学者的研究文献和政府工作报告中，都提出了加快城镇化发展速度、助推城镇经济快速发展的战略。但是该战略是否真的有益于既定目标的实现以及推动城镇经济的进一步发展，仍然有待商榷。结合城镇化速度曲线，我国城镇化速度已经达到理论饱和值的 1/2，迈过了速度转变的拐点。具体来看，2009 年，我国城镇化率为 46.59%，若以此拐点推算，我国城镇化率饱和值将是93.18%，大致处于城镇化成熟阶段后期，而且，中国拥有 14 亿庞大人口规模和世界第三大的国土面积。所以，理论上讲，我国城镇化率饱和值要想达到 90% 以上较为困难，即我国总体上已迈过城镇化速度转变的拐点，从加速阶段转变为减速阶段成为客观现实，追求城镇化发展速度不能也不应该成为我国城镇化发展的主旋律。

### （三）对我国城镇化发展道路的启示

*1. 户籍制度：差别化户籍制度，加快农业转移人口市民化进程*

在新型城镇化建设过程中，人口城镇化是核心，土地城镇化是载体（丁声俊，2012）。现如今，我国已经取消了二元户籍制度，但是如何提升城镇居民生活质量，尤其是农业转移人口的市民化待遇，是真正实现城镇化高质量发展的关键。我国 1958 年起实施的《中华人民共和国户口登记条例》规定我国人口划分有两种口径：一是按照户籍身份划分的非农业人口和农业人口；二是按照户籍所在地域（居住地）划分的城镇人口和农村人口。无论哪一种划分口径，体现的都是基本公共服务供给方面的城乡二元结构。加快农业转移人口市民化进程是提高人口城镇化的主要途径，过去的二元户籍制度对农村剩余人口的转移形成了阻碍。如今，户籍制度的改革在很大程度上促进了人口城镇化发展，但是城乡二元结构仍然存在。给予进城务工人员市民化待遇、确保他们能够享受到基本公共服务、提高城镇居民素质、差别化放开落户限制以及出台相应政策来保障农民工基本权益等措施都是今后有序推进以人为核心的新型城镇化建设的重中之重。其中，在进行户籍制度改革时要注意循序渐进，不同地区的实际情况可能会有很大差异，要以能够适应本地区经济社会可持续发展需求为落脚点，施行差别化的户籍政策。对于已达到或接近人口容纳能力上线的城市，通过提高户籍门槛，吸纳能够为城市经济发展做出贡献的人才，优化城市产业结构，转变城市发展方式，缓解城市发展压力，推动城市高质量发展。对于那些仍留有空间来承接人口以及需要大量劳动力来快速发展经济的地区，要根据实际需求放宽或者取消户籍限制，采取措施来最大限度地吸纳各类人才。

2. 土地制度：集约利用土地并注重大中城市（群）与中小城镇均衡发展

过去几十年，中国部分城市不断地进行土地扩张，为城市发展集聚了人才，提高了城市的集聚力。同时，我国城镇化建设速度快，土地资源也不断被消耗，要想实现高质量、可持续的城镇化发展，集约化开发和利用土地是必由之路。因此，我国要调整改革思路，集约利用城镇建设用地。在总量调控方面，严守18亿亩耕地红线，对于资源承载压力较大的城市群地区，要注意盘活存量；在结构优化方面，要适当增加生活用地，减少工业用地，优化生产、生活、生态的空间布局（高宝华，2017）。在盘活存量、集约利用土地的基础上，我国要吸收运用英、德两国的均衡发展和差别化的发展思路，同时避免拉美国家"城镇过大、过于集中"带来的城市病问题。在此基础上结合我国地域辽阔、人口众多以及东、中、西部截然不同的发展条件、自然环境、历史传统和自然资源等独特国情来加快城市群建设，还要加强中心城市与周边卫星城市的交流合作与相互作用，加速中心城市在科技创新、产业升级、绿色发展和制度等方面的创新。大中城市以及中小城镇要善于挖掘自身资源、区位、产业和文化等优势来实现差别化、个性化发展，最终形成以小城镇为基础、以中心城市为依托、以中小城镇为重点、大中小城市共同发展的城镇化格局。

3. 产业发展：发展高效率、高质量工业和服务业，同时"工业反哺农业"

从国外城镇化历程可以看出，工业和服务业是推动城镇化的主要力量，城镇化发展初期，工业是主要的推动力量，而在城镇化发展后期，城镇化发展的推动力逐渐转移为以服务业为主的第三产业（高宝华，2017）。目前我国的城镇化已进入中后期（孙鸿志，2007），虽然一些特大城市已达到发达国家水平，但是存在低效率、低质量等问题。在城镇化建设中，我们必须注意调整并合理引导第三产业，提升其结构与质量，促进增量升级，使第三产业良好发展，为吸纳农村剩余劳动力奠定基础。此外，我国不同地区在产业发展的过程中要明确自身定位，做好发展规划，结合本地区的生态、资源、产业、科研等条件，积极承接产业转移，完善产业结构，以产业支撑城镇化建设，实现城镇化与信息化、工业化相融合。同时，要深入分析本地区的资源优势和目前所处发展阶段来提升产业水平和招商引资，不断提高城镇吸纳就业能力，吸引要素集聚，最终将资源优势转化为产业优势，进而形成本地区的经济优势，使产业结构升级与城镇化协调发展。

在工业化起步较早的发达国家，工业化、城镇化和农业现代化是同步推进的，城乡发展协调度较高（陈晓华等，2005）。而与欧美等先行工业化国家不同，以韩国、日本为代表的工业化后发达国家，其乡村发展资源在快速工业化过程中迅速流入非农产业，加速了乡村的衰退，进一步拉大了城乡发展差距。几乎在同一时期，日韩都启动了乡村重建活动，逐渐缓解城乡发展差距过大的问题。中国经过改革开放40多年的发展，工业化、城镇化已发展到一定阶段，而农村还处于薄弱环节，目前我国城乡还存在差距。

4. 政府作用：在加强市场作为城镇化主导力量的同时，注重政府的作用

市场是一只"看不见的手"，具有自发性、盲目性和滞后性的固有缺陷。政府以一只"看得见的手"来积极转变自身职能并与市场经济体制要求相适应，不断纠正市场调节的固有缺陷，引导市场的正确运行。我国城市郊区化仍处于萌芽阶段，因此应考虑将城市郊区化作为城市长期发展

规划中的一步，通过政策引导，使城市发展走向合理化。同时，要将发展郊区化与提高中心城市现代化相结合，发挥其区域经济发展中心的作用。我国需要政府对城乡发展进行合理规划、扶持与引导。具体来说，政府要建立城乡一体化的公共服务体系，助力农村在农业科技、农民素质、生产良种供应等方面的进步，全面提升农业、农村的发展水平。

第七章

# 空间异质性视角下人口城镇化
# 与土地城镇化良性互动的政策优化

## 一　优化原则

### （一）顶层设计与区域差别化相结合

顶层设计原是系统工程学的一个术语，本意是运用系统论的方法，从全局的角度对某项任务或者某个项目的各方面、各层次、各要素进行统筹规划，以集中有效资源，高效快捷地实现目标。在此之后，顶层设计在不同领域被赋予了不同的内涵，那么从城镇化建设的角度来解读顶层设计，其内涵就是政府从国家整体出发，聚焦于提高城市的发展质量，在城镇化建设的不同方面和各个环节，按照其内在发展规律有机整合到一起，协同推进，上下贯通，同时要考虑不同地域自身的实际情况，因地制宜，做到高处着眼，全局谋划，个性化发展。现阶段，顶层设计越来越多地出现在不同的文件当中，其中一部分文件对顶层设计的理解较为片面，缺乏对其真正内涵的思考，主要表现在以下几方面。首先，战略被概念所取代，只有形式没有内容，因此也造成城镇化建设中诸多方法论的误区，在进一步的规划实施环节存在战略风险。其次，由于顶层设计具有任务视角，政府在规划体系建设上往往更加侧重城市的发展目标、方向和策略，不太关注城市建设目标的实现过程，导致执行过程中的可操作性不强。最后，在顶层设计的过程中，大多数情况下可能会忽视不同地方的个性化发展需求，片面强调整体建设的一致性，使得城镇化建设缺乏特色。为了解决上述可能存在的问题，使顶层设计在实现城镇可持续发展目标上可以更好地发挥政府独有的作用，需要在顶层设计的基础上考虑区域差别化。

区域差别化在城镇化建设中的含义是针对不同地区经济、社会、人口、文化、地貌等方面存在的差异采取不同的措施，因地制宜地制定不同方案，以促进区域高质量协调健康发展。中国人口众多、地大物博，依据各地不同的人口密度、地貌特点、自然环境、社会公共服务水平、文化特色、经济发展状况等，推动以人为核心的新型城镇化建设非常有必要。现有的管理政策大多存在普适性较强而针对性不足的缺陷，制定过程中未能充分考虑各地区不同的资源禀赋、社会保障水平、经济发展阶段、产业结构、人口集聚、土地供应状况等特征，也就无法满足各地区的差异化发展需求和新型城镇化发展需要。为了满足不同地区的个性化发展需求，实现资源的最优配置，就要求政府能够根据各地区人口城镇化与土地城镇化的空间格局及异质性特征来科学制定和实施差别化管理策略。

综上所述，要想实现城镇建设的可持续高质量发展，就不能采取全国统一的城镇化建设方案，正确的做法是遵循顶层设计与区域差别化相结合的原则，两者缺一不可。

由此可见，在推进以人为核心的新型城镇化建设中，顶层设计与区域差别化是密不可分的。为了更好地贯彻此方针，要做到以下几点：第一，推进城镇化建设在以县城为重要依托载体的同时，要充分考虑到不同城镇的发展阶段和地区差异。围绕优化国土空间开发格局、全面促进资源节约、加大自然生态系统和环境保护力度以及提高农业转移人口市民化质量，来打破劳动力转移的不合理壁垒，使人力资源得到优化配置。目前，我国大部分地区在土地城镇化建设方面方式比较粗放，城镇土地开发低效、无序，在一定程度上引起生态环境恶化、资源短缺、经济社会发展不可持续等问题。在解决此问题时，需要充分考虑区域发展需求和资源环境基础，注意将地域类型与功能类型相结合，从而进行空间规划，确定发展目标与城镇土地空间定位，使本地区发展规划与空间规划有效衔接。第二，设计有针对性的管理政策。在制定政策时要能够着眼全局，了解符合社会需求的主流趋势，树立起区域个性化发展的战略观念。在调控市场和引导空间开发等方面发挥好部门优势，实现建设新型城镇化的战略目标。第三，各级地方政府部门在后续的政策实施过程中需要考虑区域差别化。依据上级制定的政策目标，在执行过程中充分考虑本地的风土人情、发展现状，通过合适的方式，因地制宜真正走出一条创新之路、特色之路。第四，完善国家和地方政府的沟通机制。为了保证顶层设计和区域差别化有效结合，在这一过程中建立畅通的沟通机制很重要。中国经济社会发展实现质的飞跃离不开目标制定的科学性，在进行重大决策时要集思广益，与社会各界交流沟通，科学规划，合理制定符合中国国情的新型城镇化建设政策。我国自改革开放以来，社会经济实现飞速发展，生态环境质量得到改善，人民生活水平稳步提高，创新指数大大提升，贫困县全部摘帽目标任务如期实现。能够取得这些巨大成就的原因之一便是我国的制度基础保证了党和国家拥有实现大目标的能力。而之所以能够体现出"一张蓝图绘到底"的制度优势，主要是因为国家与地方能够有效沟通与密切合作。通过有效的沟通合作机制，在目标制定环节将顶层设计与区域差别化相结合，使得制定出的规划目标既可以将各城镇化建设主体局部的、短期的目标与国家整体的、长远的目标相结合，同时也符合各级政府、各部门、各行业的实际情况。只有这样，才能保证决策的科学性和有效性。总而言之，我们要牢牢把握住"十四五"规划的政策机遇，加强新型城镇化建设中顶层设计的应用牵引，整机带动，坚持开放、创新与协调的发展理念，坚持以人为本的原则，加快推进人、地、水、城协调融合发展，要以项目带动产业发展进而推动城镇化进程。地方政府要采取能够凸显地方特色的新型城镇化发展措施，依据各地实际情况，在顶层设计的指导下，创新区域差别化战略，实现城镇化高质量发展。

## （二）遵循客观规律

任何事物的发展都要遵循客观规律，同样城镇化发展也应遵循一定的规律。遵循新型城镇化建设规律的内涵就是首先要认识、尊重、顺应城市的内在发展规律，端正城镇化发展指导思想，厘清政府、企业、社会、市场四者之间的动态关系，逐渐形成对城镇化建设的科学认知，并将其运用到城镇化规划与建设当中，最终形成一种创新的新型化城镇发展局面，走出中国特色城镇化道路。

"十三五"期间，新型城镇化建设取得了新的突破。2019 年底，我国城镇常住人口占总人口比重为 60.6%，比 2015 年末提高 4.5 个百分点。2019 年底，全国县城污水处理率达到 93%，比 2016 年提高近 6 个百分点。截至目前，我国城镇化发展取得了显著的成就，但依旧存在一些问题尚待解决。因此为了实现高质量的新型城镇化建设目标，我们要做到以下几点。

首先，在推进土地城镇化过程中要注意：第一，城市布局要集中、合理。"十四五"规划建议提到要立足于城市资源环境承载能力，发挥各地比较优势，逐步形成城镇化地区、农产品主产区、生态功能区三大空间格局，优化重大基础设施、重大生产力和公共资源布局。很多城市追求"遍地开花"的城市功能和产业格局，这严重违背了城市布局集中化的发展规律，每个城市的发展定位是不同的，要依据自身的生态环境、产业基础、资源条件来确定自身的产业依托和产业载体，从而形成具有竞争优势的辐射力强的特色产业。城市是多种功能的集合体，各种功能都要占用空间，但由于空间有限，必须要优化国土空间结构，实现有限空间的高效集约利用。例如，要区分我国哪些国土面积适合生产农产品，哪些需要搞好生态建设，发展旅游产业。不是所有的行政区域都要追求城镇化，而是要从自身的实际情况出发，让城市不同空间单元均衡分布不同的功能区，形成不同城市之间和城市内部的专业化分工，同时又加强与相邻城市或区域的互动与协作。需要注意的是，办公区、住宅区和商业区要集中分布，因为若商业区和办公区集中于城市核心区，而住宅区位于城市非核心区，往往会导致交通拥堵问题。第二，城市用地和人口要匹配。随着城市经济的不断发展，越来越多的农村剩余劳动力向城市集聚。在这种情况下，流入人口增加，占地面积也要相应增加，农业用地要依据人口转移规模有序地转化为城市建设用地。一般而言，人们不愿意迁移到一些远离城市群的小城市、小城镇和一些资源枯竭的收缩性城市，那么给这些地方少配置一些土地；一些特大城市、中心城市和经济发达的二、三线城市对人口有着强烈的吸引力，应该给这些城市多配置一些土地。目前，我国建设用地实行的还是在本行政区占补平衡政策下的计划管理，这使得城市用地和人口规模不能很好适应,以至于人口流入多的地区住房供给满足不了住房需求,从而导致了高房价、高地价;而人口流出或人口流入少的地方,住房供给大于住房需求,出现土地资源浪费现象和较高的住房空置率,这对改善人民生活质量、推进制造业和实体经济发展均产生了不利影响。以人为核心的城镇化要考虑到人的需求和本性,2019 年 11 月,中共中央、国务院印发的《关于构建更加完善的要素市场化配置体制机制的意见》提出要增强土地管理灵活性,推动土地计划指标更加合理化,探索建立全国性的建设用地、补充耕地指标跨区域交易机制,在一定程度上缓解了城市用地和人口流动规模之间的矛盾。

其次,在促进人口城镇化建设中要做到以下几点。第一,处理好城镇化发展中政府干预和市场自我调节之间的关系。两者之间对度的把握至关重要,要明确哪些地方政府发挥其主导作用,哪些地方市场发挥其决定性作用。如在公共品、外部性、不完全竞争市场和信息不对称等方面,市场调节已经很难再起作用了,这时就需要政府加以干预,否则可能会出现公共品缺乏、生态环境污染、垄断甚至扰乱社会秩序等问题。但在市场能够发挥其积极作用的领域,政府也要学会放手。第二,城镇化发展要考虑环境和资源的承载能力。目前,很多城市出现交通拥堵、空气质量较差、生态环境破坏等现象,造成这些现象的根本原因就是忽视了城镇化发展过程中环境和资源的承载力。城市的发展水平和效率与城市规模有很大关系,实际上,城市规模并非越大越好,因为城市规模的大小要根据城市环境和资源的承载力来调节,这就要求城市人口密度和发展规模不能超出城市环境容量、水资源和生态资源承受范围的上限,也就是说我们不可一味搞开发,而是要从居民的实际需求出发,在优化空间布局结构的基础上为居民提供良好的生活环境,推进以人为核心的新型城镇化发展。第三,协调推进城市各方面建设。为了推进城乡一体化发展,国家近年来逐渐取消了二元户籍制度,这一政策推动了人口城镇化的发展。同时,今后各地方政府要在提供公共服务、就业岗位以及加强基础设施建设等方面不断发力,依据农业人口转移规模来稳步推进户籍人口城镇化和农民市民化,做到各方面协调发展。第四,尽力保证职业人口迁徙自由。社会分工的不断细化使得城市对不同职业的人口需求逐渐增加,人口迁徙自由是城镇化健康发展的重要保障。我国取消城乡二元户籍制度的政策在很大程度上刺激了人口城镇化的发展，因此我们要继续坚持城乡统一的户籍制度，依据不同城市自身的城镇化水平，逐步放开城市的落户限制。第五，人口城镇化发展要与第二、第三产业劳动力发展需求相适应。这条规律贯穿城镇化过程始终，客观上要求城镇化发展与当地的经济发展水平和工业化发展阶段相匹配。著名经济学家钱纳里通过调查得出，在一定的人均 GDP 水平上总会找到与城镇化水平相对应的生产结构和劳动力配置结构。以往的经验表明，城镇化进程遵循着这样一条路线，即随着城市工业化程度不断提高，再加上农业机械化发展和农村剩余劳动力的增加，工厂对劳动力产生大量需求，因此吸引大量农村剩余劳动力进入城市工业区，这直接导致城区工业化的进一步发展和人口的不断增加，为了满足人民增长的生活需求，第三产业得以迅速发展。在城镇化发展的初级、中级阶段，第三产业是人口城镇化的主要推动力量。到城镇化发展的高级阶段，第三产业对人口城镇化的吸引力要明显大于第二产业。第六，城镇化发展具有明显的阶段性特征。政府需要根据目前城镇化发展所处的特定阶段，对每年进入城镇的农业转移人口进行预判，为他们提供相应的公共服务、就业岗位和基础设施来保障他们的生活质量。英国学者范登和美国学者诺瑟姆通过研究发现，城镇化发展的最初阶段，农业经济占据绝对的主导地位，这时城镇化发展相对缓慢；而当城市人口超过 10% 时，城镇化发展速度加快；当城市人口超过 30% 时，城镇化进入加速阶段；当城市人口超过 70% 后，城镇化速度将再次放缓，至此进入高级阶段，这时城镇就业岗位趋于饱和，同时农村生活水平提高，城镇对农村人口吸引力下降，两者之间达到动态平衡。目前，我国城镇常住人口占总人口比重为 60.6%，正处于城镇化加速阶段，未来还会有大量农业人口向城市转移，政府要提前预估并做好相应准备，推动城镇化高质量发展。此外，城市与周边区域的联动关系也与城镇化发展水平密切相关。在早期和快速发展阶段，城市对外表现出很强的集聚效应，大量生产要素流入城市，城市规模的不断扩大又进一步加强了这种集聚效应；当城镇化进入高级或成熟阶段后，城市由集聚转为扩散，这时以大城市为中心，以点带面，辐射带动周边卫星城市，形成了城市群或者城市带的多中心空间结构。因此，政府要抓住集聚和扩散的双重作用，带动大城市周边的城镇化以及促进城乡一体化格局的形成。

新型城镇化建设是一个缓慢发展的过程，在这一过程中我们要不断加深对城镇化发展规律的掌握程度，认识和了解城镇化发展规律对我们实现高质量的城镇化目标至关重要。

### （三）突出质量内涵

在新型城镇化的建设过程中，无论是土地城镇化还是人口城镇化都必须体现这样一个基本原则：人是城镇化发展的核心。人口向城镇集聚是城市经济发展到一定水平自然而然产生的结果，城镇化发展也与当地的产业结构、经济基础、自然禀赋有着密切关系。这就决定了城镇化发展不能忽视人的需求和当地产业经济的实际情况，不能单方面追求速度而无视质量。虽然中国城镇化进程已进入中后期，但整体城镇化率仍显不足，还需继续推动新型城镇化高质量发展，在中国推动构建以国内大循环为主体、国内国际双循环相互促进的新发展格局中发挥引领作用。

那么新型城镇化高质量发展的内涵分为哪些方面，具体又包括什么内容呢？首先我们明确一下质量的定义。如今，随着生活水平不断提高，人们也越来越看重生活质量。可见质量一词，已经从单纯象征企业产品的好坏延伸到社会生活等各领域。城镇化发展作为一个客体，也有质量的内涵。宏观上，城镇化高质量发展的内涵就是指社会环境趋于稳定公平、经济环境保持活力、自然环境绿色健康、人民生活幸福安宁、城市做到可持续发展。微观上，城镇化发展的质量内涵又包括两个方面：人口城镇化的质量内涵和土地城镇化的质量内涵。在人口城镇化方面，不仅要促进农村剩余劳动人口向城镇转移，而且要将人放在城镇化建设过程的首要位置，满足城镇居民和新城镇居民在精神层面和物质层面的需求，提升居民道德素养和文化程度，缩小贫富差距；完善基础设施和社会保障体系，改善居民生产生活环境；优化产业结构，加快由第一产业向第二、第三产业转移，扩充第二、第三产业就业岗位。在土地城镇化方面，不能毫无规划地不断扩张城镇建设用地面积，而是要考虑不同地方的差异化需求，优化土地资源配置，完善土地利用结构，避免建设用地粗放利用，实现土地集约利用，提高土地经济性能，使土地的利用效率得到提升，仍要坚持以人为核心的土地城镇化建设，为居民创造出更加适宜的居住环境，满足人们生产、生活的需要。不难看出，城镇高质量发展的重点已从片面追求提升城镇化率和扩大城镇面积转移到关注人的发展上来，提升居民生活水平和生活满意度已成为城镇化高质量发展的新评判标准。

当下，阻碍中国城镇化进程迈向高质量发展阶段的因素大致有以下几点。首先，生活环境质量仍需改善，公共资源供给不能满足居民需求。"十三五"时期全国空气质量得到明显改善，但是水污染、垃圾清洁、污水排放等涉及生活环境健康的问题尚待进一步解决。在公共资源供给方面，有些大城市人口数量迅猛增加，导致住房紧张、房价居高不下，基础设施和公共资源不堪重负，城市建筑设施过于密集，城镇公共服务质量有待提高。其次，解决交通难题仍然是方便居民出行的首要任务。近几年，随着高铁、地铁不断普及，交通便捷性大大提高，但是交通拥堵、居民通勤时间长和停车困难等问题仍然存在。造成交通拥堵的主要原因是在土地城镇化发展过程中，城镇面积不断向外扩张，使得商业用地、住宅用地和工业用地等不同功能类型的土地逐渐分离开来，造成居民办公和生活区域也被分隔开来。再次，城市规划设计缺乏个性化，城市风貌趋向同质化。

因此，生活环境质量、公共资源供给等居民需求要求政府管理者注重对城市生态的保护，增加城市公共资源方面的投入；交通拥堵、居民通勤时间长、停车困难等问题启示政府要加快智慧城市建设，科学规划城市布局；在解决城市规划设计缺乏个性化而导致的城市风貌趋向同质化等问题时，加强城市文化内涵建设是关键。此外，为了达到城镇化可持续发展的要求，完成幸福、绿色、转型、集约、公平和健康的新型城镇化六大核心目标，要完善顶层设计，提高对新型城镇化建设的认知，立足于新发展格局，从生态安全、粮食安全、能源安全，水资源保护和节约的角度出发，研究有效的解决办法与措施。第一，加快推动中国城镇化发展模式转型。把环境保护和生态修复放在更加突出的位置，推动生态文明建设再上新水平，使其能够与城市建设和谐统一。推进城镇产业结构优化升级，打造产业园区和产业集聚区，加快实现工业园区生态化。贯彻绿色、低碳发展理念，逐步建立起绿色交通、绿色建筑和新型工业，促进土地集约使用与可再生能源利用。第二，区域协调与城乡一体化发展。加强城乡一体化发展，使生产要素在城乡之间自由流动、使公共资源在城乡之间合理分配。在区域发展顶层设计的指导下，优化城市内部空间结构和产业布局，促进产业结构升级和产业融合。根据不同产业发展需要，有意识地引导人口流动，使得城镇人口合理分布。加强城镇基础设施建设，促进不同城市、不同城市群和不同区域间分工与合作，最终实现大中小城市和城镇共赢、协调发展。第三，提高城市综合管理能力。在城镇化建设中，政府不同部门之间要深化交流与合作，提高政府管理效率，建立起以人民为核心的治理高效、协作有序、责任清晰和分工明确的现代化城市治理体系，坚决避免管理混乱、部门分割、建设浪费等问题的出现。践行"人民城市人民建，人民城市为人民"的理念，提高基层治理能力和改善社区环境，加快旧城区改造和新城区建设并举，从而扩大公共空间。还要注重城市韧性建设，提高城市对突发紧急事件的处理能力。第四，进一步研究村镇的规划建设问题，推动就地城镇化。农村城镇化是我国实现城镇化发展目标的一个重要途径。随着城镇化进程的不断深入，城市的生产生活方式、文明理念逐渐渗透到农村，城镇公共基础设施逐渐延伸到农村，使得农村地区的住宅地、公共基础设施逐步改善。通过城乡间生产要素的流动，非农产业得以迅速发展，农村地区的产业结构也逐步优化升级，从而释放出更多的富余劳动力。另外，县市政府部门要抓住城镇化发展的机遇，既要制定出针对全县市域的科学发展规划，也要做好村庄规划设计，将村庄整治作为村镇规划管理的突破口，完善农村地区的基础设施建设，提高农村地区的公共服务水平并改善农村生产生活条件，从而提升农村居民生活品质，增强农村居民的获得感和幸福感，实现就地城镇化。

城镇化是一个循序渐进的过程，其间往往伴随人口城镇化与土地城镇化的非均衡发展问题，故而需要更深层次地挖掘导致城镇化发展滞后的影响因素，有计划、分阶段、有针对性地实施新型城镇化战略，合理利用劳动力、土地、资本等资源。城镇化策略的制定也应充分考虑城镇化协调水平的空间分析，根据各地市的实际，加强不同区域间的协调，通过区域间的联动发展进行优势互补。最重要的是要以人为本，让社区居民在城镇生活中能够拥有获得感、幸福感、安全感，从而突出新型城镇化发展的质量内涵。

## 二　优化路径

### （一）户籍政策差别化

新中国成立以来，我国的户籍制度一直在不断完善，这是因为户籍制度的改革有利于经济和社会效益的提高。在经济方面，主要是通过促进劳动力要素的自由流动来提高资源的配置效率，进而促进经济增长和城镇化建设。在社会方面，城乡二元户籍制度的取消，打破了原先依附于此的各类公共服务的差别化分配，促进了机会平等和社会公正，有利于城镇化高质量发展。"十四五"规划提出要深化户籍制度改革，强化基本公共服务保障，加快农业转移人口市民化。要想做到这一点，全国上下要齐心协力，各级政府要分工明确。中央政府主要负责统筹规划，出台相应指导性政策，地方政府需要考虑到不同地区的区域特征和生态环境等，对目标区域实施有针对性的特殊户籍政策。

从区域特征来看，东部地区的城镇化水平较高，人口密度大。地域特点是大部分城市位于沿海地区，紧邻港口且交通发达，吸引了大量海内外企业入驻，是我国经济增长的"火车头"，同时也是我国流动人口的主要集聚区。东部地区流动人口的特点是以跨省流动迁移为主，且他们很难真正融入这些地区。对于东部经济发展良好、基础设施齐全且公共服务体系完善、土地和资源仍然具备一定人口承载能力的城市，例如无锡、宁波、济南等，政府应该适当放宽落户限制，鼓励外来人口落户。而对于东部地区人口密度大、流动集聚程度高且城市的土地承载空间已经趋于饱和的城市，政府不应该再继续追求更高的城镇化率，而应该采取相应政策和配套措施合理调控人口数量，使人口城镇化与土地城镇化能够协调发展。以上海为例，为了缓解巨大的外来人口增长压力，上海实行了居住证制度，这种制度改变了之前将外来人口一律拒之门外的做法，调控了城市内人口数量，使外来务工人员可以更好地融入城市，同时也为城市高质量发展吸收了人才。中部地区人口城镇化水平中等，且地区内部的城镇化发展差异也很明显，其地域特点是人口稠密，且人口密度和城镇密度均高于全国平均水平，而人口流动特点是省内流动人口比例高，流动人口可以快速适应城市生活。近几年，在东部地区企业因劳动力成本过高而向内地转移的情况下，中部地区的中心城市得以迅速发展，规模也不断扩大。但中部地区的农村进城务工人员绝大多数还是流向了东部沿海地区城市，使得中部地区的有效劳动力人数无法满足当地经济发展需求，而且中部地区虽然人口数量多，但人口质量偏低，高技术人才更是少之又少，难以支撑"中部崛起"计划。面对这种情况，中部地区人口集聚度和城镇化发展水平高的中心城市仍然要保持一个较高的落户门槛，要有序开放这些地区的落户限制。但对于高端人才和特殊人才，可以适当降低落户标准，吸引专业技术人才到本地落户，从而提高城市人力资源质量，增强城市的创新能力。对于中部人口集聚度和城镇化发展水平较低的城市和小城镇，在今后可以吸纳大量的农村转移人口，因此要适当降低落户标准或者取消落户限制，积极探索"弹性退出机制"的可能性，建立户籍政策与土地、就业、社保等领域的联动机制，扩大基本公共服务的覆盖面，慢慢消除进城务工人员的后顾之忧。我国东北和西部地区的城镇化水平普遍比较低，且人口稀少，其地域发展特点是土地和矿产资源丰富、人均土地多。东北是我国主要的重工业基地，西部的能源资源丰富，两者都是我国人口迁移的主要流出地。东北和西部地区流动人口的特点是省内流动人口比例较大，并且流动人口能够快速融入城市生活。辽中南和成渝地区之外的其他地区，城市的综合承载能力多数较强，大量土地闲置未得到有效利用和开发，使其对人口的吸引力较弱，城市内劳动力匮乏。针对这种情形，要根据实际情况降低落户门槛甚至实行零门槛，同时积极制定一系列激励政策鼓励外来人口到本地落户，以促进本地区农村人口城镇化，减少户籍的附加功能，提高对进城务工人员的社会保障水平，扩大基本公共服务的覆盖面，努力将农民工留在本地，推动本地区经济发展。而对于辽中南和成渝地区等城镇化发展水平相对较高的城市，要将吸引外来人口落户到本地作为户籍改革的重点，既要稳步放开户籍，也要顾及本地区资源承载能力和产业结构单一因素的影响，通过一些特殊户籍政策，招揽各领域的专业技术人才，推动城市内产业结构的优化升级。

从生态环境基础来看，西部矿产资源丰富但是生态较为脆弱。目前，我国许多具有重大战略意义的资源开发项目都集中于西部,例如"西气东输""西部管道工程"等。这类项目的开发会使用西部部分地区居民住宅用地,需要当地居民举家搬迁。针对这种特殊情况,西部地区政府可以综合考虑新农村建设、扶贫移民、资源开发和生态移民等情况,在有条件的情况下取消这部分人群的落户限制,采取"一步城镇化"措施,使这部分人群直接进入城镇生活,既可解决这部分人群的住房问题,又可解决当地的地方发展和生态保护问题。另外,在长江经济带、青海湖流域、三江源基地、祁连山水源地等需要重点保护的地方,要鼓励当地居民退耕还林还木还草,努力恢复自然生态环境,同时积极引导处于生态保护区内的居民向周边城镇移民,周边城镇也要向这些居民敞开怀抱,放开户籍政策,通过大力发展城镇产业和对生态移民进行劳动技能培训等方式来统筹解决其生计问题。

### (二)经济政策差别化

改革开放以来,我国在经济上取得了举世瞩目的成就。在中国经济稳步前进的背后,城镇化发展对中国经济的助推功不可没。一般看来,投资、出口、消费被认为是拉动经济增长的"三驾马车"。其中,出口在很长一段时间内一直是重中之重,是中国经济的主要增长点。2012 年消费对经济增长的贡献率首次超过 50%,代替出口成为拉动国内经济增长的主要动力。党的十九届五中全会更是提出"十四五"时期要坚持扩大内需这个战略基点,形成强大的国内市场,更好地融入以国内大循环为主体、国内国际双循环相互促进的新发展格局。而城镇化的发展,一方面为扩大内需提供了有力支撑,可以通过城镇公共服务保障和基础设施建设、产业集聚等方式向国内市场提出巨大需求;另一方面可以刺激消费,调查研究显示,城镇化率每提高 1 个百分点,可以拉动消费增长大约 1.6 个百分点,城镇化在今后相当长一段时间内将成为中国经济持续健康增长的关键。从各个地区政府报告中的人均 GDP 不难看出,目前处于领先地位的仍然是北京、上海、广州、深圳以及江苏、浙江等地区,其次是以湖北、陕西、山西、湖南为代表的中部地区,青海、新疆、西藏、甘肃等西部地区相对比较落后。本书将从投资、出口和消费三个方面给东、中、西部地区的经济发展提供一些可供参考的建议。

从投资来看，城镇化发展可以引领投资需求，而投资脚步也紧跟城镇化发展的方向。其中，投资主体可以划分为外商投资和国内投资。外商投资主要集中于我国的东部长三角、珠三角、环渤海等地区城市，其次是中部地区，随着内陆地区的开放度日益提升，其吸引外商的能力也逐渐提高，外商投资主要集中于湖南、湖北、河南、江西等地。西部地区是外商投资较少的一个区域，且大部分投资集中在四川、重庆、陕西等西部发达地区，新疆、西藏、内蒙古、甘肃等地拥有的外商投资较少。由于东部地区部分沿海城市不仅拥有得天独厚的地理优势，而且其资源条件和国家政策方面的优势也非常突出，已经具备了很强的吸引外资能力，未来在引入外资时需要以提升本地区技术水平和优化产业结构为出发点，拒绝对环境污染严重的外资企业，坚持"择优选资"，将"引资"与"引智"结合起来，改善经济结构。从国内投资来讲，无论是政府、企业还是个人，把握好投资方向极其重要。东部地区作为我国高科技产业聚集地，大量高等院校、科研机构汇聚于此，其资金应尽量向科研领域流入，加快研发高新技术产品，突破技术瓶颈，解决企业发展技术难题。中部地区城乡差距较大，要清楚认识到乡村发展也是城镇化发展中的重要一环。政府要加大财政资金对农村的投资力度，确保"三农"收入平稳增长。但是，单靠政府的力量远远不够，还要鼓励和引导社会资本参与乡村振兴战略，构建多元化投融资体系，统筹规划好资金的运用，将更多的资金用于支持乡村基础设施建设，改善乡村居民生活环境，增强农村居民的获得感和幸福感。西部地区存在大量剩余劳动力，通过引导投资流向、完善产业投资结构，将资金更多地投入能够推动劳动力流动的社会服务、住宿餐饮和零售通信等第三产业领域，这将有利于城镇流动劳动力规模扩大，从而进一步提升西部地区城镇化水平。

从出口来看，东部地区出口量大，广州、杭州、苏州、无锡、宁波、上海等是外贸大都市。但是近年来，东部地区的外贸发展面临持续减弱的问题，首先，由于出口商品结构的不可持续性，出口商品仍然以劳动密集型产品为主，高新技术和机电产品数量虽然有所增加，但是占比依然较低，同时缺乏具有核心竞争力的技术创新产品。其次，出口商品市场结构持续性不佳，出口过于集中在美国、日本和欧洲等一些发达国家和地区，分布极不平衡，很容易因为贸易壁垒或贸易摩擦对出口产生大的冲击。最后，资源严重短缺与环境日益恶化，已经成为影响东部地区外贸发展的重要制约因素。

为了解决这些问题，东部地区可以采取以下措施。第一，优化产业结构，提高创新能力。东部地区高等院校和科研院所众多，可以通过产、学、研相融合的模式以及加深区域协作来提升自身的科技创新能力。第二，在对外贸易过程中，适当减少货物贸易，增加对环境破坏较小的服务贸易来提高东部地区的出口效益。第三，加大对具有正外部性产业的扶持力度，同时对负外部性企业追加环境成本，通过税收优惠、环保补贴、出口退税政策以及制定严格排放标准等措施慢慢引导东部地区企业由传统产业向环保产业过渡。第四，政府要利用好市场的调控机制，优化配置资源，大力发展循环经济，在对外商品加工中，坚决避免国外的"洋垃圾"对中国本土环境的污染。

从中原城市群、武汉城市群、山东半岛城市群到环鄱阳湖城市圈，中部地区形成了以各自省会城市为中心的经济发展格局，经济发展水平也有了进一步提升。但在中部地区经济发展的增长极中，对外出口贸易发挥的作用并不是很明显，中部地区无论是出口依存度还是人均出口值都低于全国平均水平。原因主要有以下三点：首先，中部地区的对外开放程度比较低，制约中部地区对外贸易发展。其次，出口产品的技术含量较低，多是一些资源密集型、劳动密集型和低附加值的产品，它们在对外贸易中的竞争力较弱。最后，中部地区地处内陆，远离海岸港口，对外交通运输成本较高。

为了进一步发展经济，中部地区要积极寻求解决方法。第一，要扩大对外开放程度，提高对外开放水平，坚持"引进来"和"走出去"相结合，要以出口带动进口、进口促进出口的方式使两者协调统一。第二，中部地区要积极将"看得见的手"和"看不见的手"相结合，其中，政府要制定一些有利于当地的招商引资政策，同时要以市场需求为导向，积极承接东部地区产业转移，加强中、东、西部地区合作，从而提高产品技术含量和产品质量，提升对外出口商品的竞争力。第三，中部地区的加工贸易具有"两头在外"的特点,这就要求加工贸易基地要尽可能地贴近国际市场,以缩短交货时间、降低运输及交易成本,企业不能简单复制东部沿海地区模式,要积极寻找自身优势来降低成本。

西部地区各省中有9个省位于"一带一路"上,可以说西部地区是"一带一路"倡议的核心区,而西部能否搭好"一带一路"的"顺风车",让沿线国家和地区成为促进西部对外贸易的巨大推动力,发展和改善西部交通基础设施是关键。目前,西部地区的交通运输质量在不断提高,但仍跟不上西部地区与外界经济联系的步伐,存在交通基础设施规模发展不平衡、结构性矛盾突出以及管理和利用不到位等问题。基于此,西部地区可以通过以下办法解决:第一,加速优化西部交通基础设施结构,对交通基础设施的修建问题要严格把关、科学决策。在货物的对外出口中,要促进多种交通运输方式的协调配合,依据不同运输方式对贸易成本和时间的不同影响来合理规划布局西部交通基础设施。第二,西部地区要充分利用好"西部大开发"政策的支持,大力促进铁路的完善与高等级公路的修建,加快国际运输体系的形成,从而加深与共建"一带一路"国家的贸易往来,提高国际区域贸易额,达到推动西部地区经济增长、促进西部地区城乡一体化发展的目的。

从消费来看,东部地区的传统消费需求已经趋于饱和,东部地区要想进一步刺激消费需求,就要寻找和开发新的消费点。政府可以依据区域特点来创新消费项目。例如,海南、福建、江苏、浙江地区可以凭借自身丰富的文化底蕴和优美的自然环境来开发旅游、文化和娱乐市场的消费;北京、上海、天津等地可以将通信、住房、保健视为消费市场的下一个增长点,完善相关产业链,带动经济快速发展。对中部地区来说,其与东部地区的差距正在逐渐缩小,但是消费观念仍有待转变。通过消费拉动内需,让中部城镇化率稳步提升。西部地区城市人口规模比较小,人口外流现象比较突出,省会城市的人口规模都在500万人以下,其他城市人口数量则更少。较小的人口规模很难形成类似东部地区大城市的人口集聚效应与规模效应,使得城市基础配套设施单位投资成本很高,同时缺少高端的基础设施,令西部地区人民的生活成本并不比东部低,消费需求受到制约,消费水平也很难实现升级。要想激发西部地区的消费需求,要做好以下两点：第一，积极招商引资，发展本地产业，以产业带动就业，促使农村剩余劳动力向城镇转移。第二，加大对西部地区商业网点的布局优化力度，在完善城镇高端基础设施方面，可以通过引用民间资本及PPP模式来建设城乡物流站点、开通城乡公共交通、降低城镇配套基础设施建设成本，居民有消费途径之后，消费欲望也会随之上升。

### （三）产业发展差别化

产业结构是判断一个国家经济发展水平的重要因素之一，也是实现城镇化高质量发展的重要突破口。新中国成立以来，我国不断完善自身产业体系、壮大产业规模、丰富产业门类、优化产业结构。研究发现，产业结构与城镇化之间存在正向互动效应。一方面，产业结构是促进人口城镇化与土地城镇化发展的重要驱动因素。首先，从人口城镇化角度考虑，产业结构的优化和完善促进了第二、第三产业的发展，吸引了农村剩余劳动力不断向城镇集聚，从而带动了人口城镇化的发展。其次，从土地城镇化的角度考虑，产业发展的结构效应不仅有助于优化土地利用结构，还有利于土地利用效率的提高，同时产业发展的竞争效应有助于细化产业分工，对形成范围经济、节约土地要素、实现土地集约利用等方面有促进作用。另一方面，城镇化的发展有助于产业结构优化升级。主要表现为城镇化质量的提高会加快农村人口向城市转移，而人口向城市集聚又可以扩大内需，尤其是对生活服务业的需求，从而推动第三产业发展。众所周知，人力资本是产业结构升级的重要前提，而人口城镇化发展又恰好为产业发展提供了劳动力资源。此外，新型城镇化还能带来投资环境的改善，吸引技术、创新要素和资金集聚，而高附加值产业的集聚又会进一步优化产业结构。因此，实施差异化的产业发展措施要以不同地方的产业发展基础为依托，这就要求我们首先要理清我国整体和不同地区的产业发展历程。从我国的产业发展历程来看，我国不同区域的产业发展起步时间不一致，导致产业基础存在差异，且不同地理区间资源禀赋也不一样。本书从承接产业转移、区域资源优势两个方面来探讨东、中、西部不同地区的具体发展措施。

首先，从承接产业转移来看，东部地区劳动力成本不断攀升，土地矿产资源颇为紧张。为了缓解城镇和企业压力，部分产业需要向中西部地区转移来优化升级当地的产业结构，以提高城镇发展质量，但在产业转移的过程中可能会出现"产业空心化"和"青黄不接"等问题。为了防止此类问题的发生，东部地区可以将一些劳动密集型产业和"夕阳产业"向中西部地区进行转移，同时着眼于东部地区的产业现状，积极承接引进国际上的一些高新技术产业、环保产业或与东部地区现有产业关联性强且有利于本地区发展的产业，避免引进那些处于产业链低端且污染耗能大的产业。中部地区要牢牢把握产业转移的机遇，既要完善本地区的市场制度积极招商引资，降低自身的产业发展成本，又要走"严进宽扶"的承接之路。为此，政府可以依据本地区实际发展需要，合理加大对重点企业、产业、园区的支持力度，创造良好的营商和投资环境，吸引企业入驻，从而创造出更多的就业岗位来吸引农村人口向城镇转移，推动人口城镇化发展。但在产业引进的过程中，中部各地区要考虑到本地区土地和人口的协调耦合，将生态环境容纳量和土地资源承载能力等指标作为承接产业转移的重要依据，在可持续发展观的指导下，积极承接那些与本地区功能定位相契合的产业，并严格把控环保门槛，做好环境保护和污染防治工作。西部地区的生态承载能力较差，环境相对脆弱，但是目前来看，西部地区承接的多是东部地区的一些重污染、高耗能、低产能的产业，这可能会造成西部地区生态环境的急剧恶化，不利于西部地区可持续发展。正确做法是，西部地区应该根据自身的产业特色和资源禀赋，积极引入与本地区重点发展产业相关的产业。同时利用好东部地区转移来的资源力量，积极与本地区的产业结合，拉长本地区产业链，补齐本地产业短板，形成带有西部特色的优势产业，要以产业带动就业，既能留住本地人才，又能吸引外来精英，为城镇高质量发展提供人力资源，实现城镇化均衡发展。例如，西部地区的日照时间长、光热资源丰富以及得天独厚的自然和气候条件，使得西部地区的农牧产品质地优良、种类丰富，因此，西部地区要利用这一优势，有选择地承接外部产业转移来获得相关资金和技术方面的支持，在促使本地区农牧产业更好发展的同时，也为本地区群众创造更多的就业岗位。再比如，在能源开采方面，西部地区要延长资源开采周期，减少对当地生态环境的破坏和资源的浪费，利用东部地区的资金、人才和技术优势走集约化开采道路，提高城镇资源使用效率，推动新型城镇化建设。

其次，从区域资源优势来看，东部地区是国内的技术中心，长三角、珠三角、环渤海等地高校和科研院所云集，大量人才会集于此，且东部地区工业体系相对完善，劳动力素质也高，高新技术产业发展潜力巨大。可以通过承接国际上相关新兴产业来将其转化为本地的生产能力，加大产学研合作力度，持续释放东部地区的创新活力，增强产业链的自主可控能力，瞄准核心领域"卡脖子"的问题，在关键零部件领域加强科技攻关，加快核心部件的国产化进程，完成产业结构优化升级。例如，长三角地区的优势在于区位条件好、产业基础强、科技实力雄厚、民营基础发达。基于此，要加快自主创新步伐，吸纳国外优质创新资源，大力发展服务业和高新技术制造业；而珠江三角洲应当依托自身良好的制造业基础、完善的产业配套设施、发达的外向型经济和毗邻港澳的区位优势来积极推动自身创新平台建设，打造技术密集型的高科技产业研发制造基地。中部地区交通发达，有着承东启西的交通运输枢纽作用，要利用好交通便捷优势，发挥好餐饮、住宿、邮政、运输和仓储等传统第三产业的长处，使其能够带动其他相关产业发展，如以餐饮、住宿为依托可以大力发展旅游业，以邮政、运输、仓储来促进商务服务业的发展。其中，有"九省通衢"之称的武汉，居于长江中游，是中部水路交通枢纽城市，也是全国交通枢纽城市。京广线、汉丹线、武九线等铁路以及 106 国道和 107 国道，京港澳、福银、沪渝、沪蓉等高速公路在此交会，武汉天河机杨是中国的重要空运口岸之一，长江航道是武汉的重要航道。因此，武汉可以依托自身的交通区位优势，强化口岸功能，重点发展物流产业，扩展物流发展空间，以多通道多式联运衔接"一带一路"与长江经济带，建成贯通东西、辐射全国、连接国际的武汉国家物流枢纽，这将对支撑和引领中部地区的城镇化高质量发展有着重大意义。西部地区的自然资源优势明显，可以在市场的引导下，调整西部地区产业结构，以高新技术为主要动力，以本地区特色资源为依托，充分发挥好比较优势。例如，拥有羊绒、牦牛绒和驼绒生产加工优势的宁夏、新疆、青海、内蒙古、甘肃等地区，可以进一步提高毛纺产业的品牌竞争力，通过品牌优势来集聚相关企业，并通过企业间的资产并购重组来调整农业产业结构，提高土地利用效率，实现土地集约利用。煤炭、石油、水和天然气是西北和西南地区最具特色的自然资源，因此要做大做强特色优势工业，提升西部地区工业的产业实力，从而提高工业产业对城镇化的推动作用。比如，在云南、四川、甘肃、青海、宁夏等水资源丰富的省区要大力建设大型水电设施；在宁夏、新疆、甘肃等风能与太阳能资源丰富的地区可以建设新型或清洁能源基地；在内蒙古西部、陕北、宁夏等焦炭、石油、天然气等资源丰富地区可以建设相关产业体系。还可以西部独特的地域和多民族文化为抓手，大力发展特色旅游产业，例如，重点开发新疆—内蒙草原风光旅游区、云南民俗生态旅游区；另外在有条件的地方建设西部金融、商贸、物流中心，加强西部与中部、东部地区和东亚各国的联系，发挥好第三产业在城镇化建设中的重要作用。

### （四）社会保障差别化

社会保障体系建设是我国一项重要的民生工程，与其他国家相比，我国社会保障体系建设相对较晚，改革开放之后才开始建立。目前看来，我国社会保障体系框架已经基本形成，主要是通过省级来统筹分配社会保障资金，该工程的主要目的是满足人民生活的基本需要。因此，加快形成覆盖全民、城乡统筹、权责清晰、保障适度、可持续的多层次社会保障体系，对于缩小贫富差距、降低居民收入不确定风险、提高居民消费水平、拉动国内消费需求、促进经济增长以及维持社会稳定和国家长治久安等方面意义重大。同时，建立健全社会保障体系也是推进新型城镇化建设的必然要求，这是因为两者的目标是一致的。社会保障的优化目标可以概括为两个方面：首先，物质方面在于提高城镇和农村居民生活水平，缩小城乡基础设施和公共服务差距。其次，精神方面在于满足城镇居民与农村居民在教育、就业、住房、医疗、养老等领域的需求，丰富人民精神生活。这与新型城镇化要求的搭建城乡桥梁、缩小城乡差距、重视人的发展等要求十分契合。鉴于我国不同区域经济发展水平、能够支配的社会保障资金额度、社会保障现状以及可能面临的社会问题具有很大差异，因此本书从东、中、西部地区保障体系所面临的问题和社会公共保障应急服务体系两个维度出发，对社会保障体系建设提出具体的优化建议。

从东、中、西部地区保障体系所面临的问题来看，东部地区经济发展水平较高，雄厚的财政实力使得东部地区大部分省（市）财政社会保障支出水平位居全国前列，相对于中、西部地区而言，贫困发生率较低。但是，由于东部地区人口密度大、高等院校多，在就业保障领域也面临压力。为了提高覆盖全民的社会保障服务水平，健全毕业生高质量就业机制，要努力做好以下两点。第一，理顺社会保障行政管理体制，完善社会保险经办管理体制，使其能够与统筹层次更好适应，从而能够更加有效地利用各种管理资源。将数字技术与基层社会保障服务平台建设相融合，规范和优化社会保障管理服务，推进标准化建设，实行精确管理，稳步提高保障水平。第二，加快推进产业建设，以产业带动就业，努力为毕业生创造更多就业岗位，同时实施就业优先政策，深入推进就业管理工作，为广大毕业生就业指明方向。对于中部地区来说，近年来其经济发展非常迅速，尤其是城镇经济发展取得了显著成果，但是，由于中部地区农业人口占比较大，如何完善农村地区的社会保障服务体系将直接影响到中部地区的社会保障水平。目前，城镇社会保障已经基本实现了全覆盖，但是农村地区的社会保障服务仍然比较落后，与城镇相比有一定差距。城乡社会保障服务的差距将对劳动力要素的自由流动产生不利影响，不仅影响劳动力市场的发展，还会对中部地区城镇化发展造成一定的阻碍。要提高中部地区的社会保障服务水平，应从以下几方面着手。第一，地方政府在对公共资源进行投资时要优先考虑农村低收入群体，满足他们的生活保障需求。第二，增加对农村地区社会保障的财政投入，适当提高农村地区的社会保障标准，促进社会保障资金能够在城乡间合理分配。第三，发展多元化农业，通过产业帮扶、技术支持和数字化赋能农业等形式，提高农民收入、缩小城乡差距。西部地区得益于中央政府的大力支持，社会保障支出水平较之前有较大的改善，但仍需要国家继续在固定资产投资、技术等方面给予一定的政策倾斜。例如，继续支持西部建设高速公路网，对西部一些需要改造的国家公路、省级公路进行改善升级；尽快打通西北地区与内陆其他地区的客户专线铁路，力争构建"北连中亚，西南出海"的铁路大通道；尽早完成南水北调西线工程，加快建设一批重点水源工程，解决西北干旱问题，改善西部地区投资环境。

从社会公共保障应急服务体系来看，需要注意的是，并非经济越发达的地区其社会公共保障应急服务机制就越完善，东、中、西部以及东北部地区要根据各自人口流动方向，动态调整社会公共保障资源的分布，提高社会保障的应急能力。东部地区拥有多个国际化大都市，人口流动较为频繁，因此需要非常完善的社会公共保障应急服务体系和医疗保障能力来提高处理突发事件的能力。例如，深圳作为一个典型的国际城市，人口来往密切，但是公共卫生医疗保障以及社会公共保障应急服务体系建设明显与流动人口分布特征和人口结构不相适应，因此东部地区部分人口流动量大、人口密集的城市要加强社会公共保障应急服务体系建设，完善社会公共保障应急体制及提升医疗水平。2020年新冠肺炎疫情发生以来，中部、西部和东北部地区部分城市的社会公共保障应急服务体系有待加强。

### （五）土地供应差别化

基于中国目前的城镇化发展状况，要想实现城镇高质量发展的目标，解决好城镇土地供应问题至关重要。为了解决好土地供应问题，我们需要结合不同区域土地的资源禀赋、发展阶段和现状，综合运用法律、经济、行政等手段来实施差异化的供地政策。这种差异化供地政策可以充分发挥其在产业结构调整、节约集约用地、转变土地管理部门职能等方面的重要作用。另外，政府只有深刻认识土地供应差异，合理谋划土地供应布局，才能做好土地资源供应差异化管理工作。

从土地供应政策来看，东部地区部分城市土地扩张成本高，城市资源承载能力已接近极限，城市规模也已临近最佳。因此，对于东部已经达到或超过最佳城市用地规模的城市，要采取严格的土地供应政策，限制城市用地扩张。可以通过提升土地要素价格和提高城镇扩张成本来倒逼城镇发展转型，从而改变经济增长方式，并且可以利用土地级差收益规律引导城市产业布局，改善城市空间布局，助推城镇化发展。首先，要多渠道寻求耕地保护的方法，根据市场需求及城镇化发展需求，适度增加建设用地的供给量。其次，土地城镇化发展过快的很大一部分原因是各地方政府直接参与征地，这样不但抬高了土地价格，还会造成地方政府过度依赖土地收入来增加财政收入，针对此问题，要转变当前土地供给模式，提升土地供给的市场化水平。通过市场化的供地模式来转变政府职能，加强其在供地中的规划职能，同时，鼓励多方共同参与土地资源的开拓，建立多元化城市土地供应机制。此外，我国在区域发展中强调"东部引领""中部崛起""东北振兴""西部开发"四大板块发展格局，中央对四大区域都有一定的区域优惠政策。基于土地供应差别化原则，应该让西部地区体验到更优惠的土地供应政策，对西部地区加大援助力度，甚至可以实施"零地价"的优惠政策来鼓励那些符合政府标准的企业投资，以提高土地利用率。总之，西部地区的土地供应政策要以鼓励性、支持性的政策为主。

从深化东、西部土地供应合作来看，东、西部地区要落实城乡建设用地增减挂钩政策，通过这个政策杠杆来平衡东、西部在土地供需上的矛盾。《城乡建设用地增减挂钩节余指标跨省域调剂管理办法》主要被应用于"三区三州"等一些深度贫困地区，以国家统筹的方式跨省域进行调剂使用，这项土地政策不仅给指标、给审批、给资源，还能给资金。东部地区要想进行建设和发展可以向西部地区提出建设用地指标申请，然后由国土资源部、财政部等部门以统筹的方式来促进东西合作。这一措施意义重大，一方面顺应了经济社会的发展规律，可以推进土地资源的合理配置；另一方面，可以帮助土地实现增值，且其收益可以用于"三农"开发和巩固西部地区脱贫攻坚建设成果，双方都会因这项举措的落地而受益。同时，对于西部经济落后地区来说，既能减少土地闲置与低效用地，补充耕地并改善生态环境，又能充分调动各方力量来为西部开发提供资金支持，增加西部补偿安置、基础设施建设、农村集体经济建设等各类资金供给，助力异地扶贫搬迁和新居建设。这项举措既未破坏生态环境，还能够守住历史风貌底线，有利于西部地区发展农业、繁荣农村、富裕农民。对于东部地区来说，东部发达省份应积极提供资金来支持西部建设，尤其是广东、浙江等先行发展的省份，在实现自身发展的同时，要积极落实帮扶责任，加大力度购买西部地区的节余指标，这样既能够增加东部地区的建设用地空间，保障东部地区工业化、城镇化的用地需求，又能更好地体现东西部地区合作共赢、共同富裕的目标。

### （六）规划管理差别化

对整个国民经济发展体系而言，新型城镇化的"新"主要体现在两个方面：一个是人，另一个是地。其中，"人"是城镇化的核心，新型城镇化希望城镇居民能够在城镇生活中实现稳定就业和享受基本公共服务，并使其生活方式逐渐市民化；"土地"是城镇化的载体，新型城镇化要求在城镇化建设过程中科学分配用地指标、合理确定用地规模、优化用地结构，从而实现人口城镇化与土地城镇化协调发展。但现阶段来看，我们所关注的"高房价""高地价""交通拥堵"等现象都是由土地规划管理不当造成的。这表明，我国目前在用地规划管理和集约用地方面还存在很多问题仍待解决，为了使城镇化一直沿着高质量发展的道路前行，我们要根据不同地区的实际情况，因地制宜、谨慎稳妥地推进土地规划管理工作，解决这两方面的问题。

从土地规划管理方面来看，东部地区作为中国最具创新活力的地区，是迁移人口争相涌入的地区，由于人口稠密，居民住房等建筑业相应也比较发达，但随着建设用地日趋扩大，城镇用地日益紧张。因此，应当转变城市规划理念，不能一味追求建筑数量，而要追求建筑质量，注重功能建设，达到功能与品质并重，还要加强对流动人口的控制管理，从基础设施建设和房屋建设等方面入手。可以通过对城镇老旧小区改造来扩展大城镇居民容纳量，同时要对城镇建筑合理布局，引导人口合理有序流动，从而提高城镇化发展质量。中部地区各地市要结合其自身的地域条件、资源禀赋进行土地管理，例如中原城市群要利用好自身的平原优势，发展以民营企业为代表的农业生产合作社，提升农业供给质量和产量，摆脱对传统农业的依赖，延长产业链，借助自然生态和旅游资源优势，发展康养基地、生态农业、观光旅游等第三产业，打造特色小镇，促进旅游业和服务业的合作发展，同时提高农村人口在第二、第三产业的就业质量和就业容量，加快实现农村人口的就地城镇化。西部地区地广人稀，还有很多尚未开发利用的土地。上文研究表明，西部建筑面积的适度扩张有利于城镇化发展。但是由于西部地区经济较为落后，建设资金紧张，用于城镇建设用地开发的资金不足。为了提升土地使用效率，国家应当允许并鼓励地方政府通过发行市政债券的方式为自身筹集资金并拓宽资金来源渠道，增加政府财政收入。

从集约用地角度来看，土地集约利用是指在经济社会发展过程中，通过增加单位面积土地的要素投入、优化土地利用结构和改善土地管理制度等手段来提高土地利用产出效率和经济效益的行为，这已成为当前政府和学术界在城镇化进程中倡导的新型土地利用方式。由于工业化和城镇化快速推进过程中城市空间过度扩张和土地利用效率低下的问题十分突出，因此提高建设用地利用效率和促进城市土地利用由粗放型向集约型转变已然成为建设资源节约型和环境友好型社会的一项重要内容，也是谋求城市可持续发展的一个重要议题。全国经济近几年有"脱实向虚"倾向，其中一部分原因在于地区政府未能营造出有利于实体经济发展的营商环境，尤其在土地供应方面，土地利用方式普遍粗放，一些实体经济囿于土地供应不足，无法"伸展拳脚"，从而导致企业成本偏高，不利于继续经营。为此，中部地区政府可以制定一些激励措施，鼓励农村耕地承包经营权实现高效流转，盘活农村闲置土地，通过要素组合来实现土地的集约利用，同时提高城市容积率，推动实体经济的发展。

### （七）农地流转差别化

农地流转指的是土地使用权或承包权的转让。20世纪80年代家庭联产承包责任制的实施，将土地所有权和承包经营权分离开来，这成为农地流转的前提条件。适当的农地流转可以提升农业生产效益和土地资源配置效率，实现规模化的土地生产经营，从而增加农民收入并有助于解决土地细碎化问题。此外，土地流转和城镇化建设两者之间也存在相互影响的关系，随着城镇化进程的不断深入，大量生产要素向城市集聚，第二、第三产业发展迅速，同时由于农业收入低于第二、第三产业，越来越多的农村劳动力向第二、第三产业集聚的城镇迁移，使得农村闲置的土地面积逐年增加，从而加快了农地流转的速度。而农地流转又推动了城镇化的发展，农地的土地流转机制造就了一大批高效的工业园区和农业园区，培养了一批承包大户，这有利于实现土地的规模化经营，便于机械化大生产，这种经营方式降低了投入成本，提高了产出效率，同时又解放了一大批农村剩余劳动力，将脱离土地的农村劳动力转移至城镇或与城镇区域的相关第二、第三产业，不仅优化了产业结构，还为城镇化发展提供了动力。本书将从人均耕地面积和农地补偿管理角度出发来分析东、中、西部不同的农地流转措施。

从人均耕地面积来看，农地流转措施的实施要分区域进行，对于东部地区一些工业基础良好的城市，像上海、深圳、汕头、揭阳、徐州、青岛、枣庄、临沂等城市，人口城镇化落后于土地城镇化，城镇建设用地面积短缺已严重阻碍了城镇经济发展。因此，这些区域要深化落实土地增减挂钩政策，增加农村耕地面积，减少农村住房建设用地面积，通过农民集中搬迁、拆迁、安置来集约用地，并将节约的土地复垦成耕地，将多出来的耕地指标依据市场调节及城镇化发展需求转变为这些地区的工业用地，为产业集聚赢得空间，使第二、第三产业能够成规模扩展，还应促进产城融合，推动城镇化进程，以形成产业带动区域经济、区域经济辐射周边地区的发展模式。中部地区尤其是河南、湖北以及东部地区的山东等省，人均耕地面积的增加反而不利于人口城镇化与土地城镇化的良性互动。原因可能在于第二、第三产业利润相对第一产业而言较为丰厚，非农工资收入水平也相对较高，从而吸引了大量农民工向这些产业集聚区转移，致使农村部分耕地土壤退化，土地抛荒现象严重。要提高土地资源的利用率，应逐步引导那些长期外出务工且确实无力耕种的农户按照"自愿、依法、有偿"的原则，通过集体流转合作社或集体经济组织等流转途径进行农地的转包、转让、互换、出租和入股，将其交予农业企业或农场大户开发经营，从而以相对连片的规模化生产来解决土地耕作零散问题，提高农业比较收益。西部地区农地特点是人均耕地面积较大，土地多是零星分散的，以家庭承包为主的农地流转比例不高。农地流转受限的原因是西部城镇化发展对人口的吸引力弱，农村存在大量剩余劳动力，使得农地流转的供给方短缺、需求方充足，这在很大程度上限制了农地流转。针对这种情况，增加农户流转的土地供给是关键。因此，要着重做好以下两方面工作。第一，提高城镇经济发展水平，因地制宜大力发展第二、第三产业，发挥产业带动就业的作用，加快农村剩余劳动力向城镇转移，进而加快农地流转速度。第二，通过政策鼓励和政府宣传，引导农村土地流转，例如，对农地流转量大、时间长的农户给予一定的财政补贴，推动农地向种粮大户流转，从而培植出一批承包大户，这将有利于实现土地的规模化经营，便于机械化大生产和降低农业生产成本。此外，中西部地区的部分农民对家乡土地有很强烈的依赖感，不愿意远离家乡去外地谋生，因此政府要做好本地区进城务工人员的基本公共服务和社会保障工作，打消他们的后顾之忧，实现中西部城镇化不仅"搬得出""进得去"，而且"留得住""能致富"。

从农地补偿管理来看，土地是农民最根本的保障，政府要切实从失地农民的相关权益出发，完善耕地补偿机制，做好失地农民的补偿管理工作。首先，端正态度，把解决好失地农民的社会保障问题当作工作重点，走进失地农民群体当中，了解他们的诉求，明白现阶段失地农民最为关心的就是耕地补偿标准问题，且东、中、西部的耕地补偿标准也存在较大差异，中部和西部的耕地补偿标准低于东部地区，尤其是西部地区的失地农民对于当地的耕地补偿标准满意度较低，认为政府在进行耕地补偿标准界定时忽视了土地的增值部分。针对这个问题，政府要采取有效措施尽快解决。其次，建立社会保障专款专用基金，这项基金可以由个人、集体、政府共同出资，将其存储于银行专户并由社会保险机构代为管理，用来发放耕地补偿费用。对于剩余的耕地补偿费用，要做好规划管理，让耕地补偿款在失地农民手中实现升值，最大化提高失地农民的既得利益。基于此，中西部地区政府通过帮助、扶持和引导失地农民合理利用补偿款进行资产积累和投资的管理方式实现利益增资；另外，鼓励失地农民积极参与养老保险，通过政府承担大部分、个人承担小部分的费用承担方式，尽可能把失地农民全部纳入城镇养老保险体系。最后，为了避免农民因为对政策误解而缺乏积极性，阻碍耕地流转并影响城镇化发展，要深入宣传征地补偿安置政策，让失地农民能够深入了解政策内容。

### （八）集体建设用地流转差别化

集体建设用地流转是指农村集体经济组织或其他集体建设用地使用者通过出让、出租、转让、转租等形式，将集体建设用地使用权有偿让与其他经济主体使用的行为。新中国成立至今，我国进行了两次大型土地红利释放，一次是 20 世纪 70 年代末的家庭承包经营将集体所有权与土地承包经营权分离开来；另一次是 20 世纪 90 年代末的住房制度改革，将城市土地使用权与国家所有权分离，使国有土地从无偿使用转变为有偿使用。这两次土地红利的释放都大大提高了土地利用效率，加快了工业化和城镇化的发展进程。如今，为了激发新一轮的土地红利，国家发展改革委发布《2020 年新型城镇化建设和城乡融合发展重点任务》，提出要全面推开农村集体经营性建设用地直接入市。这一改革措施对于盘活农村低效闲置土地、满足城镇建设用地外溢、提升集体经营性建设用地价值、提高集体建设用地利用效率等方面具有积极作用。主要表现在土地和人口两方面，允许集体建设用地入市流转在一定程度上缓解了城镇建设用地的紧张局面，我国目前正处于城镇化快速发展的时期，土地矛盾突出，城镇人口数量激增，通过集体建设用地入市流转，可以实现土地统一规划，将市场这只"看不见的手"引入土地资源的配置中，提高土地的利用率和利用价值，从而提高城镇化发展质量。各地在制定集体建设用地流转方案时，要充分考虑到区域差异的影响，可以根据集体建设用地的存量与溢价程度来采取差异化的战略措施。

从集体建设用地存量来看，东部地区城镇扩张速度快且城市建设用地供应紧张，而与之形成鲜明对比的是农村拥有巨大的集体经营性建设用地存量，且这些土地要素在城乡之间流动困难，大多数被固化。基于东部巨大的产业用地供应需求和集体建设用地存量，政府要积极鼓励集体经营建设用地入市流转，增加可以用于抵押融资的土地资产，并出台相应政策措施，保证集体经营性建设用地能够在二级市场抵押、出租和转让。这一措施既有利于乡村振兴，又有利于城市发展。一方面，它盘活了农村低效闲置的土地，向乡村居民释放了城镇化红利。另一方面，它迎合了城镇化建设外溢需求，降低了工商业企业用地成本，拓宽了中小企业的融资途径。近年来，中、西部地区人口流失较为严重，因此闲置的土地数量也多，但空闲的土地大多是以宅基地的形式存在，真正可以利用的集体经营性建设用地的存量却很少。基于此，首先，政府要提高城镇社会保障服务水平，尽量为农民提供保障性住房，使进城的农民愿意留在城市生活，这样农村宅基地才能真正做到有效回收。其次，西部地区的宅基地改革要与集体经营性建设用地改革联动进行，可以统一规划居民住宅区，归并现有乡村宅基地，将腾出的宅基地流转出来，形成待开发的集体建设用地并推进其入市，为西部工业发展提供广阔空间。另外，无论是东部、中部还是西部，政府都要加强对集体建设用地入市的统一管理，加快出台相应配套法律规范，借着集体建设用地流转改革的东风，实现城乡统筹发展和新型城镇化建设的目标。

从城市溢价程度来看，要依据不同区域溢价程度的不同，区别分配流转收益，不宜采取"一刀切"的模式。城市与乡镇接壤的区域，由于城镇化快速扩张中公共服务与基础设施的外延，再加上产业集聚带来的财富集聚效应，地价和房价上涨。为了保证公平性，同时使这些地区的城镇化可持续发展，政府、集体、农民要共同参与到流转收益的初次分配当中。而位于远郊地区的乡村，基础设施薄弱，公共服务体系不健全，在集体建设用地流转收益的初次分配中，集体经济组织的分配收益相对较高，其所获得收益主要用于完善乡村基础设施建设、健全农民社会保障、提高农村公共服务水平。需要注意的是，无论是近郊区还是远郊区，在进行集体建设用地利益分配时，都要以农民的利益分配为主，保障农民的财产性收益，使农民在利益分配中真正受益。提高农民生活幸福感、获得感和安全感，促进城乡统筹发展，这也是我国城镇化建设的一个重要方面。

# 参考文献

[1] Ahvenniemi, H., Huovila, A., Pinto-Seppä, I., et al., What Are the Differences Between Sustainable and Smart Cities?, *Cities*, 2017, 60.

[2] Albino, V., Berardi, U., Dangelico, R. M., Smart Cities: Definitions, Dimensions, Performance, and Initiatives, *Journal of Urban Technology*, 2015, 22 (1).

[3] Allwinkle, Cruickshank, P., Creating Smarter Cities: An Overview, *Journal of Urban Technology*, 2011, 18 (2).

[4] Bloom, D. E., Canning, D., Fink, G., Urbanization and the Wealth of Nations, *PGDA Working Papers*, 2008, 319.

[5] Bonow, M., Normark, M., Community Gardening in Stockholm: Participation, Driving Forces and the Role of the Municipality, *Renewable Agriculture and Food Systems*, 2018.

[6] Brueckner, J. K., Mills, E., Kremek, M., Urban Sprawl: Lessons from Urban Economics, *Brookings-Wharton Papers on Urban Affairs*, 2001 (1).

[7] Brueckner, J. K., Urban Sprawl: Diagnosis and Remedies, *International Regional Science Review*, 2000 (2).

[8] Button, K. J., *Urban Economics: Theory and Policy*, Palgrave Macmillan, 1976.

[9] Camagni, R., Gibelli, M. C., Rigamonti, P., Urban Mobility and Urban form: The Social and Environmental Costs of Different Patterns of Urban Expansion, *Ecological Economics*, 2002, 40 (2).

[10] Carruthers, J. I., Uifarsson, G. F., Fragmentation and Sprawl: Evidence

from Interreqional Analysis, *Growth and Change*, 2003, 33 (3).

[11] Deng, X., Huang, J., Rozelle, S., et al., Growth, Population and Industrialization, and Urban Land Expansion of China, *Journal of Urban Economics*, 2008, 63 (1).

[12] Dutton, J., *A New American Urbanism*: *Reforming the Suburban Metropolis*, London: Distributed Elsewhere by Thames & Hudson, 2000.

[13] Firman, Tommy, Land Conversion and Urban Development in the Northern Region of West Java, Indonesia, *Urban Studies*, 1997, 34 (7).

[14] Gianni, G., Stefano, P., Urban Systems, Urbanization Dynamics and Land Use in Italy: Evidence from a Spatial Analysis, *Current Urban Studies*, 2014 (2).

[15] Glaeser, E. L., Kahn, M. E., Sprawl and Urban Growth, *NBER Working Paper*, 2004 (4).

[16] Govil, P. K., Reddy, G. L. N., Krishna, A. K., Contamination of Soil Due to Heavy Metals in the Patancheru Industrial Development Area, Andhra Pradesh, India, *Environmental Geology*, 2001 (41).

[17] Gray, C. L., Environment, Land, and Rural Outmigration in the Southern Ecuadorian Andes, *World Development*, 2009 (2).

[18] Haughton, G., Hunter, R. C., The Thames Gateway and the Re-Emergence of Regional Strategic Planning: The Implications for Water Resource Management, *Town Planning Review*, 1997, 68 (4).

[19] Henderson, J. V., Wang, H. G., Urbanization and City Growth: The Role of Institutions, *Regional Science and Urban Economics*, 2007, 37 (3).

[20] Islam, M. S., Rana, M. M. P., Ahmed, R., Environmental Perception During Rapid Population Growth and Urbanization: A Case Study of Dhaka City, *Environment Development & Sustainability*, 2014, 16 (2).

[21] Jabareen, Y. R., Sustainable Urban Forms Their Typologies, Models, and Concepts, *Journal of Planning Education and Research*, 2006, 26 (1).

[22] Kug, J. S., Ahn, M. S., Impact of Urbanization on Recent Temperature and Precipitation Trends in the Korean Peninsula, *Asia-Pacific Journal of*

*Atmospheric Sciences*, 2013（2）.

［23］ Leah, K., et al., Land Ownership as a Determinant of International and Internal Migration in Mexico and Internal Migration in Thailand1, *International Migration Review*, 2006.

［24］ Liu, Y., Yan, B., Zhou, Y., Urbanization, Economic Growth, and Carbon Dioxide Emissions in China: A Panel Cointegration and Causality Analysis,《地理学报》（英文版），2016。

［25］ Manju, M., Subhan, K. P., Kolli, N., Dynamics of Urbanization and Its Impact on Land-Use/Land Cover: A Case Study of Megacity Delhi, *Journal of Environmental Protection*, 2011（2）.

［26］ Maxim, S., Naftaly, G., Land-use and Population Density Changes in Israel－1950 to 1990: Analysis of Regional and Local Trends, *Land Use Policy*, 2002, 19（2）.

［27］ Miceli, T. J., Sirmans, C. F., The Holdout Problem, Urban Sprawl, and Eminent Domain, *Journal of Housing Economics*, 2007（16）.

［28］ Mustafa, A., Rompaey, A. V., Cools, M., et al., Addressing the Determinants of Built-up Expansion and Densification Processes at the Regional Scale, *Urban Studies*, 2018.

［29］ Neuman, M., The Compact City Fallacy, *Journal of Planning Education and Research*, 2005, 25（1）.

［30］ Nilsson, A., Wester, M., Lazarevic, D., Smart Homes, Home Energy Management Systems and Real-time Feed-back: Lessons for Influencing Household Energy Consumption from a Swedish Field Study, *Energy and Buildings*, 2018, 179.

［31］ Oueslati, W., Alvanides, S., Garrod, G., Determinants of Urban Sprawl in European Cities, *Urban Studies*, 2015, 52（9）.

［32］ Ranis, G., Fei, J. C., A Theory of Economic Development, *American Economic Review*, 1961, 51（4）.

［33］ Ravallion, M., Chen, S., et al., New Evidence on the Urbanization of Global Poverty, *Policy Research Working Paper*, 2007, 33（4）.

［34］ Ridder，K. D. ，Lefebre，Simulating the Impact of Urban Sprawl on Air Quality and Population Exposure in the German Ruhr Area Part 2：Development and Evaluation of an Urban Growth Scenario，*Atmospheric Environment*，2008（42）.

［35］ Su，C. W. ，Liu，T. Y. ，Chang，H. L. ，Is Urbanization Narrowing the Urban-rural Income Gap：A Cross-regional Study of China，*Habitat International*，2015，48.

［36］ Sun，P. J. ，Song，W. ，Xiu，C. L. ，et al. ，Non-coordination in China's Urbanization：Assessment and Affecting Factors，*Chinese Geographical Science*，2013（6）.

［37］ The World Commission on Enviroment and Development：*Our Common Future*，Oxford England Oxford University Press，1987，11（1）.

［38］ Todaro，Michael，P. ，A Model of Migration and Urban Unemployment in Less-developed Countries，*The American Economic Review*，1969（59）.

［39］ Wimberley，D. W. ，Flinn，W. L. ，Berry，E. H. ，Migrant Selectivity and Development Milieus in Rural Colombia：Differences Among Three Communities，*Unpublished* 1983，25（2）.

［40］ Wu，J. ，Loucks，O. ，From Balance of Nature to Hierarchical Patch Dynamics：A Paradigm Shift in Ecology RID A－4055－2009，*Quarterly Review of Biology*，1995，70（4）.

［41］ Zhang，T. W. ，Community Features and Urban Sprawl：the Case of the Chicago Metropolitan Region，*Land Use Policy*，2001，18（3）.

［42］〔德〕阿尔弗雷德·韦伯：《工业区位论》，李刚剑等译，商务印书馆，2010。

［43］〔美〕阿瑟·刘易斯：《二元经济论》，施炜、谢兵、苏玉宏译，北京经济学院出版社，1989。

［44］〔英〕埃比尼泽·霍华德：《明日的田园城市》，金经元译，商务印书馆，2010。

［45］ 蔡秀玲：《中国城镇化历程、成就与发展趋势》，《经济研究参考》2011 年第 63 期。

［46］蔡秀云、李雪、汤寅昊：《公共服务与人口城市化发展关系研究》，《中国人口科学》2012 年第 6 期。

［47］陈春：《健康城镇化发展研究》，《国土与自然资源研究》2008 年第 4 期。

［48］陈春、于立、张锐杰等：《中国城镇化加速阶段中期土地城镇化与人口城镇化的协调程度》，《长江流域资源与环境》2016 年第 11 期。

［49］陈凤桂、张虹鸥、吴旗韬等：《我国人口城镇化与土地城镇化协调发展研究》，《人文地理》2010 年第 5 期。

［50］陈明星：《城市化领域的研究进展和科学问题》，《地理研究》2015 年第 4 期。

［51］陈明星、叶超、陆大道等：《中国特色新型城镇化理论内涵的认知与建构》，《地理学报》2019 年第 4 期。

［52］陈晓华、张小林、梁丹：《国外城市化进程中乡村发展与建设实践及其启示》，《世界地理研究》2005 年第 3 期。

［53］陈颐：《中韩城镇化比较研究》，《江海学刊》2001 年第 6 期。

［54］崔桂莲：《城乡一体化视角下中韩城镇化发展状况比较》，《商业经济研究》2017 年第 1 期。

［55］崔许锋：《民族地区的人口城镇化与土地城镇化：非均衡性与空间异质性》，《中国人口·资源与环境》2014 年第 8 期。

［56］戴均良、高晓路、杜守帅：《城镇化进程中的空间扩张和土地利用控制》，《地理研究》2010 年第 10 期。

［57］党国英：《提高城镇化质量必须深化土地制度改革》，《农村工作通讯》2015 年第 10 期。

［58］邓飞、柯文进：《异质型人力资本与经济发展——基于空间异质性的实证研究》，《统计研究》2020 年第 2 期。

［59］丁声俊：《德国小城镇的发展道路及启示》，《世界农业》2012 年第 2 期。

［60］丁怡丹：《调查研究法在高中思想政治探究性学习中的运用研究》，硕士学位论文，湖南师范大学，2017。

［61］杜凤姣、宁越敏：《拉美地区的城镇化、城市问题及治理经验》，

《国际城市规划》2015 年第 S1 期。

[62] 杜帼男、蔡继明：《城市化测算方法的比较与选择》，《当代经济研究》2013 年第 10 期。

[63] 杜链：《顶层设计的思路与方法——城镇信息化战略研究》，《电子政务》2016 年第 6 期。

[64] 段禄峰、魏明：《人口城镇化与土地城镇化同步发展研究》，《当代经济管理》2019 年第 11 期。

[65] 范进、赵定涛：《土地城镇化与人口城镇化协调性测定及其影响因素》，《经济学家》2012 年第 5 期。

[66] 方创琳、王德利：《中国城市化发展质量的综合测度与提升路径》，《地理研究》2011 年第 11 期。

[67] 方永丽、胡雪萍：《农业转移人口市民化进程中的"推力－拉力"分析》，《中国农业资源与区划》2017 年第 8 期。

[68] 冯云廷：《城市聚集经济：一般理论及其对中国城市化问题的应用分析》，东北财经大学出版社，2001。

[69] 高宝华：《英、德城镇化发展经验及其对我国的启示》，《商业经济研究》2017 年第 15 期。

[70] 高金龙、包菁薇、刘彦随等：《中国县域土地城镇化的区域差异及其影响因素》，《地理学报》2018 年第 12 期。

[71] 高姝君：《韩国城镇化历程及其经验分析》，硕士学位论文，兰州大学，2013。

[72] 辜胜阻：《非农化与城镇化研究》，浙江人民出版社，1991。

[73] 顾超林：《经济全球化与中国城市发展》，商务印书馆，1999。

[74] 顾俊杰：《基于新型城镇化城市精明增长与城市蔓延的关系研究》，《建材与装饰》2018 年第 48 期。

[75] 官锡强：《从增长极理论看广西北部湾经济区临海工业的选择》，《学术论坛》2010 年第 12 期。

[76] 郭安宁：《中国城镇化特点及影响因素分析》，硕士学位论文，福州大学，2016。

[77] 郭付友、李诚固、陈才等：《2003 年以来东北地区人口城镇化与土

地城镇化时空耦合特征》,《经济地理》2015 年第 9 期。

[78] 郭莎莎、陈明星、刘慧:《城镇化与资源环境的耦合过程与解耦分析——以北京为例》,《地理研究》2018 年第 8 期。

[79] 郭叶波:《城镇化质量的本质内涵与评价指标体系》,《学习与实践》2013 年第 3 期。

[80] 国务院发展研究中心和世界银行联合课题组、李伟、SriMulyaniIndrawati 等:《中国:推进高效、包容、可持续的城镇化》,《管理世界》2014 年第 4 期。

[81] 国务院发展研究中心农村部课题组、叶兴庆、徐小青:《从城乡二元到城乡一体——我国城乡二元体制的突出矛盾与未来走向》,《管理世界》2014 年第 9 期。

[82] 何平、倪苹:《中国城镇化质量研究》,《统计研究》2013 年第 6 期。

[83] 何志扬:《城市化道路国际比较研究》,博士学位论文,武汉大学,2009。

[84] 〔美〕赫茨勒:《世界人口的危机》,何新译,商务印书馆,1963。

[85] 洪银兴:《新阶段城镇化须政府积极引导》,《郑州日报》2013 年 10 月 18 日。

[86] 胡蓓蓓、宗刚:《非参数核密度估计在异方差模型中的应用》,《数量经济技术经济研究》2014 年第 10 期。

[87] 〔德〕黄璜、杨贵庆、菲利普·米塞尔维茨等:《“后乡村城镇化”与乡村振兴——当代德国乡村规划探索及对中国的启示》,《城市规划》2017 年第 11 期。

[88] 黄金川、方创琳:《城市化与生态环境交互耦合机制与规律性分析》,《地理研究》2003 年第 2 期。

[89] 贾静:《借鉴美国、日本经验完善中国城镇化进程中农地制度》,《世界农业》2009 年第 12 期。

[90] 姜海、曲福田:《不同发展阶段建设用地扩张对经济增长的贡献与响应》,《中国人口·资源与环境》2009 年第 1 期。

[91] 孔伟、郭杰、欧名豪:《不同经济发展水平下的建设用地集约利用及区域差别化管控》,《中国人口·资源与环境》2014 年第 4 期。

[92] 孔雪松、谢世姣、朱思阳等：《湖北省人口-土地-产业城镇化的时空分异与动态耦合分析》，《经济地理》2019年第4期。

[93] 冷智花、付畅俭：《人口与土地城镇化区域效应异质性研究——基于1990-2012年284个城市的经验数据分析》，《湘潭大学学报》（哲学社会科学版）2017年第4期。

[94] 黎夏、叶嘉安：《利用遥感监测和分析珠江三角洲的城市扩张过程——以东莞市为例》，《地理研究》1997年第4期。

[95] 李宝礼、胡雪萍：《我国土地城镇化过快的生成与演化——基于金融支持过度假说的研究》，《经济经纬》2016年第1期。

[96] 李广众、陈平：《金融中介发展与经济增长：多变量VAR系统研究》，《管理世界》2002年第3期。

[97] 李辉：《韩国工业化过程中人口城镇化进程的研究》，《东北亚论坛》2005年第2期。

[98] 李辉、刘春艳：《日本与韩国城镇化及发展模式分析》，《现代日本经济》2008年第4期。

[99] 李辉：《中国人口城市化综述》，《人口学刊》2003年第6期。

[100] 李加林、许继琴、李伟芳等：《长江三角洲地区城市用地增长的时空特征分析》，《地理学报》2007年第4期。

[101] 李进涛、刘彦随、杨园园等：《1985-2015年京津冀地区城市建设用地时空演变特征及驱动因素研究》，《地理研究》2018年第1期。

[102] 李力行：《中国的城市化水平：现状、挑战和应对》，《浙江社会科学》2010年第12期。

[103] 李明桥、傅十和、王厚俊：《对农村劳动力转移"钟摆现象"的解释》，《人口研究》2009年第1期。

[104] 李明月、胡竹枝：《广东省人口城市化与土地城市化速率比对》，《城市问题》2012年第4期。

[105] 李娜、谢德体、王三：《重庆市土地利用结构效率的空间差异与影响因素探析》，《土壤》2018年第4期。

[106] 李小建：《全面理解新型城镇化内涵》，《人民日报》2014年12月18日。

[107] 李晓梅:《中国城镇化模式研究综述》,《西北人口》2012 年第 2 期。

[108] 李鑫、李兴校、欧名豪:《江苏省城镇化发展协调度评价与地区差异分析》,《人文地理》2012 年第 3 期。

[109] 李毅震:《国外城镇化中城市规模结构演化经验及借鉴——基于德、美、日、巴西的历史考察》,《商业经济研究》2016 年第21 期。

[110] 李智礼、匡文慧、赵丹丹:《京津冀城市群人口城镇化与土地利用耦合机理》,《经济地理》2020 年第 8 期。

[111] 李子联:《人口城镇化滞后于土地城镇化之谜——来自中国省际面板数据的解释》,《中国人口·资源与环境》2013 年第 11 期。

[112] 梁流涛、赵庆良、陈聪:《中国城市土地利用效率空间分异特征及优化路径分析——基于 287 个地级以上城市的实证研究》,《中国土地科学》2013 年第 7 期。

[113] 梁振民:《新型城镇化背景下的东北地区城镇化质量评价研究》,博士学位论文,东北师范大学,2014。

[114] 林爱文、樊星:《湖北省人口城镇化与土地城镇化协调发展分析》,《地域研究与开发》2015 年第 6 期。

[115] 林坚:《中国城乡建设用地增长研究》,商务印书馆,2009。

[116] 林琳:《中日人口城市化过程比较研究》,硕士学位论文,吉林大学,2004。

[117] 林伟:《美国、日本和巴西的城市化模式比较》,硕士学位论文,河南大学,2014。

[118] 刘传江、程建林:《双重"户籍墙"对农民工市民化的影响》,《经济学家》2009 年第 10 期。

[119] 刘芳:《绿色未来与新思维》,安徽文艺出版社,2012。

[120] 刘贺贺、杨青山、张郁:《东北地区城镇化与生态环境的脱钩分析》,《地理科学》2016 年第 12 期。

[121] 刘欢、邓宏兵、李小帆:《长江经济带人口城镇化与土地城镇化协调发展时空差异研究》,《中国人口·资源与环境》2016 年第

5 期。

[122] 刘纪远、王新生、庄大方等：《凸壳原理用于城市用地空间扩展类型识别》，《地理学报》2003 年第 6 期。

[123] 刘娟、郑钦玉、郭锐利等：《重庆市人口城镇化与土地城镇化协调发展评价》，《西南师范大学学报》（自然科学版）2012 年第 11 期。

[124] 刘黎明：《韩国的土地利用制度及城市化问题》，《中国土地科学》2000 年第 5 期。

[125] 刘绿怡、丁圣彦、任嘉衍等：《景观空间异质性对地表水质服务的影响研究——以河南省伊河流域为例》，《地理研究》2019 年第 6 期。

[126] 刘盛和、蒋芳、张擎：《我国城市化发展的区域差异及协调发展对策》，《人口研究》2007 年第 3 期。

[127] 刘世薇、张平宇、李静：《黑龙江垦区城镇化动力机制分析》，《地理研究》2013 年第 11 期。

[128] 刘同山、张云华：《城镇化进程中的城乡二元土地制度及其改革》，《求索》2020 年第 2 期。

[129] 卢丽文、张毅、李永盛：《中国人口城镇化影响因素研究——基于31 个省域的空间面板数据》，《地域研究与开发》2014 年第 3 期。

[130] 卢新海、柯楠、匡兵等：《中部地区土地城镇化水平差异的时空特征及影响因素》，《经济地理》2019 年第 4 期。

[131] 鲁德银：《论中国特色的土地城镇化道路》，《农村经济》2010 年第 8 期。

[132] 陆大道：《我国的城镇化进程与空间扩张》，《城市规划学刊》2007 年第 4 期。

[133] 陆大道、姚士谋、李国平等：《基于我国国情的城镇化过程综合分析》，《经济地理》2007 年第 6 期。

[134] 陆大道、姚士谋：《中国城镇化进程的科学思辨》，《人文地理》2007 年第 4 期。

[135] 路昌、周浩：《城市人口与建设用地空间格局及耦合特征分析》，《城市问题》2020 年第 5 期。

[136] 吕萍、周滔、张正峰等：《土地城市化及其度量指标体系的构建与应用》，《中国土地科学》2008 年第 8 期。

[137] 吕添贵、吴次芳、李洪义等：《人口城镇化与土地城镇化协调性测度及优化——以南昌市为例》，《地理科学》2016 年第 2 期。

[138] 马丁：《论法国城市化进程中的移民管理经验及其对我国的启示》，《杭州师范大学学报》（社会科学版）2011 年第 2 期。

[139] 马孝先：《中国城镇化的关键影响因素及其效应分析》，《中国人口·资源与环境》2014 年第 12 期。

[140] 马裕祥：《日本城镇化及其中心城市的空间结构模式》，《浙江经济》1997 年第 3 期。

[141] 闵捷、张安录、吴中元、蔡为民：《农地城市流转驱动机制的时空尺度效应分析》，《自然资源学报》2008 年第 5 期。

[142] 慕晓飞、雷磊：《东北经济重心演变及区域发展均衡性研究》，《经济地理》2011 年第 3 期。

[143] 牛文元：《可持续发展理论内涵的三元素》，《中国科学院院刊》2014 年第 4 期。

[144] 潘爱民、刘友金：《湘江流域人口城镇化与土地城镇化失调程度及特征研究》，《经济地理》2014 年第 5 期。

[145] 庞瑞秋、腾飞、魏冶：《基于地理加权回归的吉林省人口城镇化动力机制分析》，《地理科学》2014 年第 10 期。

[146] 齐红倩、席旭文、高群媛：《中国城镇化发展水平测度及其经济增长效应的时变特征》，《经济学家》2015 年第 11 期。

[147] 《区域经济学》编写组：《区域经济学》，高等教育出版社，2018。

[148] 任辉、胡佳乐：《湖南省人口城市化和土地城市化的协调关系评价》，《国土与自然资源研究》2017 年第 5 期。

[149] 商桃桃、胡石元、唐旭：《2005～2015 年中国人口与土地城镇化耦合协调的时空特征研究》，《资源与产业》2017 年第 6 期。

[150] 邵大伟、吴殿鸣：《山东省人口城镇化动态特征及其影响因素》，《经济地理》2013 年第 9 期。

[151] 邵挺、崔凡、范英等：《土地利用效率、省际差异与异地占补平

衡》,《经济学（季刊）》2011 年第 3 期。

[152] 沈彦、朱翔、雷志刚:《新型城镇化视角下的湖南省土地城镇化与人口城镇化协调发展研究》,《中国人口·资源与环境》2015 年第 S1 期。

[153] 石忆邵:《德国均衡城镇化模式与中国小城镇发展的体制瓶颈》,《经济地理》2015 年第 11 期。

[154] 史培军、陈晋、潘耀忠:《深圳市土地利用变化机制分析》,《地理学报》2000 年第 2 期。

[155] 宋金平、李香芹:《美国的城市化历程及对我国的启示》,《城市问题》2006 年第 1 期。

[156] 宋全成:《从民族国家到现代移民国家——论法国的移民历史进程》,《厦门大学学报》(哲学社会科学版) 2006 年第 3 期。

[157] 宋亚平:《中国"三农"问题的历史透视》,《江汉论坛》2017 年第 12 期。

[158] 孙红、张乐柱:《美英日三国城镇化路径比较分析》,《亚太经济》2016 年第 3 期。

[159] 孙鸿志:《拉美城镇化及其对我国的启示》,《财贸经济》2007 年第 12 期。

[160] 孙伟、夏锋:《以居住证制度取代城乡二元户籍制度的改革路径研究》,《经济体制改革》2018 年第 4 期。

[161] 谭崇台:《发展经济学》,高等教育出版社,2002。

[162] 谭术魁、朱祥波、张路:《城市土地利用与经济发展和谐度研究——以武汉城市圈为例》,《土地经济研究》2014 年第 1 期。

[163] 唐隽捷、顾剑华、陈铭杰等:《民族地区人口城市化质量综合评价及系统耦合分析》,《系统科学学报》2019 年第 3 期。

[164] 唐宇娣、朱道林、程建:《人地挂钩视角下人口与土地城镇化协调发展关系研究——以长江经济带上游地区为例》,《长江流域资源与环境》2020 年第 2 期。

[165] 陶然、徐志刚:《城市化、农地制度与迁移人口社会保障——一个转轨中发展的大国视角与政策选择》,《经济研究》2005 年第 12 期。

[166] 涂波:《韩国新村运动对中国建设社会主义新农村的启示》,硕士学位论文,西南大学,2008。

[167] 万马:《日本城市化模式研究》,硕士学位论文,吉林财经大学,2014。

[168] 万欣:《拉美城市化问题的成因检验及对中国的启示》,硕士学位论文,复旦大学,2013。

[169] 王春艳:《美国城市化的历史、特征及启示》,《城市问题》2007年第6期。

[170] 王富喜:《山东半岛城市群人口城镇化和土地城镇化质量测度与协调发展研究》,《地理科学》2020年第8期。

[171] 王然、戢晓峰、陈方:《物流业对人口和土地城镇化的空间溢出效应》,《城市问题》2019年第12期。

[172] 王少剑、高爽、陈静:《基于GWR模型的中国城市雾霾污染影响因素的空间异质性研究》,《地理研究》2020年第3期。

[173] 王硕、符雅乾:《山东省土地城镇化与人口城镇化协调度研究》,《东南大学学报》(哲学社会科学版)2019年第S1期。

[174] 王万茂、韩桐魁:《土地利用规划学》,中国农业出版社,2002。

[175] 王晓云、杨秀平、张雪梅:《基于DEA-Tobit两步法的城镇化效率评价及其影响因素——从人口城镇化与土地城镇化协调发展的视角》,《生态经济》2017年第5期。

[176] 王新生、刘纪远、庄大方等:《中国特大城市空间形态变化的时空特征》,《地理学报》2005年第3期。

[177] 王雪峰、温彦平:《湖南省人口城镇化与土地城镇化空间格局演化及协调性研究》,《湖南师范大学自然科学学报》2019年第5期。

[178] 王亚华、袁源、王映力等:《人口城市化与土地城市化耦合发展关系及其机制研究——以江苏省为例》,《地理研究》2017年第1期。

[179] 王亚力、彭保发、熊建新等:《环洞庭湖区人口城镇化的空间格局及影响因子》,《地理研究》2013年第10期。

[180] 韦廷柒、孙德江:《韩国新农村运动对我国统筹城乡发展的启示》,《探索》2007年第5期。

[181] 魏宏森、曾国屏：《系统论——系统科学哲学》，清华大学出版社，1995。

[182] 吴次芳、叶艳妹：《土地利用中的伦理学问题探讨》，《浙江大学学报》（人文社会科学版）2001 年第 2 期。

[183] 吴霓：《农民工随迁子女异地中考政策研究》，《教育研究》2011 年第 11 期。

[184] 吴一凡、刘彦随、李裕瑞：《中国人口与土地城镇化时空耦合特征及驱动机制》，《地理学报》2018 年第 10 期。

[185] 吴泽斌、刘卫东、罗文斌等：《我国耕地保护的绩效评价及其省际差异分析》，《自然资源学报》2009 年第 10 期。

[186] 武延叶：《京津冀人口城镇化与土地城镇化协调度空间特征及影响因素分析》，硕士学位论文，天津财经大学，2019。

[187] 肖蓓、苏永刚、秦强等：《新型城镇化标准体系建设理论探索》，《中国标准化》2020 年第 5 期。

[188] 肖金成、安树伟：《从区域非均衡发展到区域协调发展——中国区域发展 40 年》，《区域经济评论》2019 年第 1 期。

[189] 邢建军：《美国城市化发展探析》，硕士学位论文，吉林大学，2011。

[190] 熊芳芳：《"乡村的复兴"：19 世纪以来法国的乡村城镇化与城乡关系的转变》，《历史教学问题》2018 年第 1 期。

[191] 徐继承：《以色列城市化进程中的移民因素》，《安徽史学》2011 年第 3 期。

[192] 徐维祥、张凌燕、杨蕾等：《多维邻近下新型城镇化的时空分异特征和驱动机制——以长江经济带为实证》，《经济地理》2017 年第 9 期。

[193] 薛德升、曾献君：《中国人口城镇化质量评价及省际差异分析》，《地理学报》2016 年第 2 期。

[194] 薛欧、赵凯、陈艳蕊等：《陕西省土地城市化水平评价分析》，《山东农业大学学报》（自然科学版）2011 年第 3 期。

[195] 严思齐、吴群：《土地城镇化与人口城镇化的非协调性和互动关

系》,《中国人口·资源与环境》2016年第11期。

[196] 杨凤、陶斯文:《中国城镇化发展的历程、特点与趋势》,《兰州学刊》2010年第6期。

[197] 杨澜、付少平、蒋舟文:《法国城市化历程对当今中国城市化的启示》,《法国研究》2008年第4期。

[198] 杨丽霞、苑韶峰、王雪禅:《人口城镇化与土地城镇化协调发展的空间差异研究——以浙江省69县市为例》,《中国土地科学》2013年第11期。

[199] 杨佩仪、崔许锋:《人口-土地-产业城镇化协调性测度及政策启示——以武汉市为例》,《沈阳大学学报》(社会科学版)2018年第1期。

[200] 杨忍、刘彦随、龙花楼等:《中国乡村转型重构研究进展与展望——逻辑主线与内容框架》,《地理科学进展》2015年第8期。

[201] 杨洋、黄庆旭、章立玲:《基于DMSP/OLS夜间灯光数据的土地城镇化水平时空测度研究——以环渤海地区为例》,《经济地理》2015年第2期。

[202] 杨洋、梅洁:《环渤海地区县域土地——人口城镇化水平时空演化与失调发展特征》,《经济地理》2019年第7期。

[203] 杨勇、杨忍:《河南省人口城镇化特征及影响因素的空间异质性》,《地理与地理信息科学》2014年第5期。

[204] 姚士谋、陈维肖、陈振光等:《新常态下中国新型城镇化的若干问题》,《地域研究与开发》2016年第1期。

[205] 姚士谋、王肖惠、陈振光:《大城市群内新型城镇化发展的策略问题》,《人文地理》2015年第4期。

[206] 姚士谋、张平宇、余成等:《中国新型城镇化理论与实践问题》,《地理科学》2014年第6期。

[207] 姚永康、姚益炘:《新型城镇化中"市场主导、政府引导"深度思考》,《生产力研究》2015年第6期。

[208] 〔美〕伊利尔·沙里宁:《城市:它的发展、衰败与未来》,顾启源译,中国建筑工业出版社,1986。

[209] 尹宏玲、徐腾：《我国城市人口城镇化与土地城镇化失调特征及差异研究》，《城市规划学刊》2013年第2期。

[210] 尹鹏、李诚固、陈才等：《新型城镇化情境下人口城镇化与基本公共服务关系研究——以吉林省为例》，《经济地理》2015年第1期。

[211] 尹晓波、王巧：《中国金融发展、城镇化与城乡居民收入差距问题分析》，《经济地理》2020年第3期。

[212] 于克斌、许科龙波：《新时代城乡融合发展的问题及对策分析》，《湖北经济学院学报》（人文社会科学版）2019年第10期。

[213] 俞云峰：《统筹城乡发展与城镇化：日韩两国的经验及启示》，《生产力研究》2010年第1期。

[214] 俞振宁、吴次芳：《基于ESDA-GWR的浙江省土地城镇化空间特征及影响因素分析》，《中国土地科学》2016年第3期。

[215] 张丁发：《城市化进程中土地市场调控的制度保障研究》，博士学位论文，复旦大学，2005。

[216] 张家唐：《拉美的城镇化与"城市病"》，《河北大学学报》（哲学社会科学版）2003年第3期。

[217] 张俊峰、张安录、董捷：《武汉城市圈土地利用碳排放效应分析及因素分解研究》，《长江流域资源与环境》2014年第5期。

[218] 张凯煌、千庆兰、杨青生：《中国城市土地城镇化多层级影响因素分析》，《地理学报》2020年第1期。

[219] 张岚珂：《借鉴德国城乡空间整备经验的乡村规划研究》，硕士学位论文，重庆大学，2019。

[220] 张之秀：《德国城镇化发展经验及其对我国的启示》，硕士学位论文，山西大学，2015。

[221] 张子龙、薛冰、陈兴鹏等：《中国工业环境效率及其空间差异的收敛性》，《中国人口·资源与环境》2015年第2期。

[222] 赵春燕：《人口老龄化对区域产业结构升级的影响——基于面板门槛回归模型的研究》，《人口研究》2018年第5期。

[223] 赵可、徐唐奇、李平等：《不同规模城市土地利用效率的差异及收

敛性研究》,《干旱区资源与环境》2015 年第 12 期。

[224] 赵小风、张鸣鸣、赵雲泰等:《乡村振兴背景下村庄规划的总体思路》,《土地经济研究》2018 年第 2 期。

[225] 郑鑫:《城镇化对中国经济增长的贡献及其实现途径》,《中国农村经济》2014 年第 6 期。

[226] 郑宇:《战后日本城镇化过程与主要特征》,《世界地理研究》2008 年第 2 期。

[227] 周常萍、余述琼:《广东省人口城镇化与土地城镇化协调发展空间差异研究》,《特区经济》2020 年第 8 期。

[228] 周彦珍、李杨:《英国、法国、德国城镇化发展模式》,《世界农业》2013 年第 12 期。

[229] 周一星:《关于中国城镇化速度的思考》,《城市规划》2006 年第 S1 期。

[230] 朱纪广、许家伟、李小建等:《中国土地城镇化和人口城镇化对经济增长影响效应分析》,《地理科学》2020 年第 10 期。

[231] 朱晓丹、叶超、李思梦:《可持续城市研究进展及其对国土空间规划的启示》,《自然资源学报》2020 年第 9 期。

[232] 朱选祥:《我国区域经济发展的战略阶段之探讨》,《北方经济》2012 年第 12 期。

[233] 踪家峰、林宗建:《中国城市化 70 年的回顾与反思》,《经济问题》2019 年第 9 期。

图书在版编目（CIP）数据

人口城镇化与土地城镇化互动机理及政策优化研究/
陈昱著. --北京：社会科学文献出版社，2022.11
ISBN 978-7-5228-0791-1

Ⅰ.①人… Ⅱ.①陈… Ⅲ.①城市化-研究-中国
Ⅳ.①F299.21

中国版本图书馆 CIP 数据核字（2022）第 179296 号

人口城镇化与土地城镇化互动机理及政策优化研究

著　　者／陈　昱

出 版 人／王利民
组稿编辑／任文武
责任编辑／郭　峰
责任印制／王京美

出　　版／社会科学文献出版社·城市和绿色发展分社（010）59367143
　　　　　　地址：北京市北三环中路甲 29 号院华龙大厦　邮编：100029
　　　　　　网址：www.ssap.com.cn
发　　行／社会科学文献出版社（010）59367028
印　　装／三河市东方印刷有限公司

规　　格／开　本：787mm×1092mm　1/16
　　　　　　印　张：13.5　字　数：215 千字
版　　次／2022 年 11 月第 1 版　2022 年 11 月第 1 次印刷
书　　号／ISBN 978-7-5228-0791-1
定　　价／88.00 元

读者服务电话：4008918866